典藏诵读版

墨子

〔春秋〕 墨子◎编撰

余长保◎解译

全鉴

扫一扫
免费赠送3种国学音频！

国家一级出版社　中国纺织出版社　全国百佳图书出版单位

内容提要

《墨子》就是记载墨翟言论和墨家学派思想资料的总集，全书倡导尚贤、尚同、兼爱、非攻、节用、节葬等主张，基本反映了广大劳动阶层的呼声。《墨子》一书思想内容非常丰富，其中政治思想、伦理思想、哲学思想、逻辑思想和军事思想都比较突出，尤其是它的逻辑思想，堪称先秦逻辑思想史的奠基作。书中的许多思想与观点在当今社会仍有积极的意义，值得我们去借鉴与学习。《墨子全鉴》典藏版是在总结前人研究成果的基础上，再次加以精校、精注、精解。本书为《墨子全鉴》的典藏诵读版，在典藏版的基础上进行修订并附赠配乐诵读音频，以使读者全方位感受这部传世名作。

图书在版编目（CIP）数据

墨子全鉴：典藏诵读版／（春秋）墨子编撰；余长保解译．—北京：中国纺织出版社，2018.9
ISBN 978－7－5180－5235－6

Ⅰ.①墨… Ⅱ.①墨…②余… Ⅲ.①墨家②《墨子》－注释③《墨子》－译文 Ⅳ.①B224

中国版本图书馆 CIP 数据核字（2018）第 164367 号

策划编辑：曹炳镝　　　　　责任印制：储志伟

中国纺织出版社出版发行
地址：北京市朝阳区百子湾东里 A407 号楼　邮政编码：100124
销售电话：010－67004422　传真：010－87155801
http：//www.c-textilep.com
E-mail：faxing@c-textilep.com
中国纺织出版社天猫旗舰店
官方微博 http：//weibo.com/2119887771
北京佳诚信缘彩印有限公司印刷　各地新华书店经销
2018 年 9 月第 1 版第 1 次印刷
开本：710×1000　1/16　印张：20
字数：278 千字　定价：49.80 元

凡购本书，如有缺页、倒页、脱页，由本社图书营销中心调换

　　《墨子》一书是记载墨翟言论和墨家学派思想的总集，主要倡导尚贤、尚同、兼爱、非攻、节用、节葬等主张，基本反映了广大劳动阶层的呼声。全书思想内容非常丰富，有政治思想、伦理思想、哲学思想、逻辑思想和军事思想等，其中逻辑思想尤为突出，堪称先秦逻辑思想史的奠基作。《墨子》在中国思想发展史上占有重要的学术地位。

　　《墨子》一书的作者墨子（约公元前468～公元前376年），名翟，春秋时期鲁国人，相传做过宋国大夫，曾到过楚、卫、齐等国。相传墨子早年受过孔子的儒家教育，后舍弃儒学而开创了与儒学相对独立的墨家学派。

　　综观墨子一生的活动，可以发现其精力主要集中在两个方面：一是广收弟子，积极宣传自己的学说；二是不遗余力地反对兼并战争。为宣传自己的主张，墨子广收门徒，亲信弟子达数百人，形成了声势浩大的墨家学派。

　　墨子死后，墨家分为相里氏之墨、相夫氏之墨、邓陵氏之墨三个学派。其弟子根据墨子生平事迹史料，收集其言论语录，完成了《墨子》一书并流传于世。

　　《墨子》一书，原有71篇，现存53篇。《墨子》一书的主要内容包括兼爱、非攻、天志、明鬼、尚同、尚贤、节用、节葬、非乐、非命、军事等，大致可分为两大部分：一部分记载墨子言行，阐述墨子思想，主要反映了前期墨家的思想；另一部分有《经上》《经下》《经说上》《经说下》《大取》《小取》6篇，一般称作墨辩或墨经，着重阐述墨家的认识论和逻辑思想，还包含许多自然科学内容，反映了后期墨家的思想。

《墨子》一书，由于年代久远、传抄错漏等原因，早已残缺不全。今本《墨子》为汉代刘向所校定，收录于《别录》中，刘歆的《七略》与班固的《汉书·艺文志》均据此收录。晋惠帝时，鲁胜曾作《墨辩注》，可惜早已失传，现仅存其《叙》。清代以前以明嘉靖唐尧臣刻本为善本。清代乾隆、嘉庆年间，《墨子》研究兴起，陆续涌现出许多注释或阐发墨学的著作，有清毕沅的《墨子注》、孙诒让的《墨子閒诂》，近人吴毓江的《墨子校注》、梁启超的《墨子学案》、陈柱的《墨学十论》、方授楚的《墨学源流》等问世。

《墨子全鉴》典藏版是在总结前人研究成果的基础上，再次加以精校精注精解。本书为《墨子全鉴》的典藏诵读版。本书将纸质图书和配乐诵读音频完美结合，以二维码的方式在内文和封面等相应位置呈现，读者扫一扫即可欣赏、诵读经典片段。诵读音频由中国国际广播电台、中央人民广播电台专业播音员，以及中国传媒大学等知名高校播音系教师构成的实力精英团队录制完成，朗读中融进了对传统文化的理解，声音感染力极强。衷心希望本书能成为您全方位感受和理解《墨子》这部传世名作的良师益友。

编译者
2018 年 8 月

目录

第一章　亲士
　　——用贤亲士，才能成就霸业，治理好国家 / 1

第二章　修身
　　——品行是为人治国的根本，君子必须以品德修养为重 / 7

第三章　所染
　　——影响的好坏关系着事业的成败、国家的兴亡 / 12

第四章　法仪
　　——天下人做所有的事情都有必须遵循的法则 / 17

第五章　七患
　　——仓之备粟、库之备兵、城之备全、心之备虑乃国之必"备" / 22

第六章　辞过
　　——只有节制各自的欲望，才能使国家因"节俭"而昌盛 / 29

第七章　三辩
　　——追求音乐越繁复，治理天下的功绩就越少 / 37

第八章　尚贤（上）
　　——尚贤乃为政之本，有能则举之，无能则下之 / 40

第九章　尚贤（中）
　　——明小物而不明大物，社稷长存需尚贤 / 46

第十章　尚贤（下）
　　——崇尚贤能是百姓的利益所在，也是政务的根本 / 60

第十一章　尚同（上）
　　——遵循上天的意志，不可独断专行，才能治理好天下 / 69

第十二章　尚同（中）
　　——"富其国家，众其人民，治其刑政，定其社稷"的根本／75

第十三章　尚同（下）
　　——治国之道的关键是统一百姓的是非观念／89

第十四章　兼爱（上）
　　——爱人如己，天下兼相爱则治，兼相恶则乱／100

第十五章　兼爱（中）
　　——对症下药，只有"兼相爱，交相利"，社会才能安定／105

第十六章　兼爱（下）
　　——古代贤王的治国之道，广大百姓的最大利益／114

第十七章　非攻（上）
　　——强权者不可打着"正义"的旗号四处掠夺／130

第十八章　非攻（中）
　　——劳民伤财的战争只能取得一时的胜利，最终会自食恶果／134

第十九章　非攻（下）
　　——攻战是弊极大、利极小之事，必须加以非难／142

第二十章　节用（上）
　　——圣明的君王治理天下，不追求华美而只在乎实用／154

第二十一章　节用（中）
　　——要称霸天下就要尽力地做爱民利民的事情／158

第二十二章　天志（上）
　　——顺从天意的，就是仁义政治；违反天意的，就是暴力政治／163

第二十三章　天志（中）
　　——追求法律的公正和平等，行义便会符合天志／172

第二十四章　天志（下）
　　——天的意志是判断人世间一切行为的准则／186

第二十五章　非乐（上）
　　——凡事应该利国利民，乐之为物，而不可不禁而止／200

第二十六章　非命（上）
　　——我命由我不由天，成功要靠自己的努力去创造 / 210

第二十七章　非命（中）
　　——人定胜天，事在人为，与天斗，其乐无穷 / 220

第二十八章　非命（下）
　　——执有命是天下之大害，努力奋斗掌握自己的命运 / 227

第二十九章　非儒（下）
　　——满口仁义道德，不如日行一善 / 236

第三十章　大取
　　——兼爱天下，尽利苍生 / 249

第三十一章　小取
　　——明是非、审治乱、明同异、察名实、处利害、决嫌疑 / 262

第三十二章　贵义
　　——万事莫贵于义 / 268

第三十三章　公输
　　——不尚空谈，不辞辛苦，维护正义 / 280

第三十四章　备高临
　　——城池防守战术之一，破解居高临下攻城法 / 285

第三十五章　备梯
　　——城池防守战术之一，破解云梯攻城法 / 289

第三十六章　备水
　　——城池防守战术之一，破解以水攻城法 / 296

第三十七章　备突
　　——城池防守战术之一，破解从城墙突入攻城法 / 298

第三十八章　杂守
　　——打好防御战，立足于不败之地 / 300

第一章　亲士
——用贤亲士，才能成就霸业，治理好国家

【原文】

入国①而不存其士②，则亡国矣。见贤而不急，则缓其君矣。非贤无急，非士无与虑国。缓贤忘士，而能以其国存者，未曾有也。

昔者文公出走而正天下；桓公去国而霸诸侯；越王勾践遇吴王之丑而尚摄中国之贤君。三子之能达名成功于天下也，皆于其国抑③而大丑也。太上无败，其次败而有以成，此之谓用民。

吾闻之曰："非无安居也，我无安心也；非无足财也，我无足心也。"是故君子自难而易彼，众人自易而难彼。君子进不败其志，内④究其情；虽杂庸民，终无怨心。彼有自信者也。是故为其所难者，必得其所欲焉；未闻为其所欲，而免其所恶者也。

【注释】

①入国："入"疑为"乂"之形误，乂国即治国。

②士：贤士，指人才。

③抑：压抑，忍耐。

④内：当作"退"，指不得志。

【译文】

治理国家如果不能优待贤士，那么国家就会灭亡。如果发现贤士而不立刻予以任用，那么贤能的人就会怠慢他们的君主。没有比任用贤士更为紧迫的事情了，因为如果没有贤士，就没有人和国君讨论国事。怠慢贤士、弃用贤士而又能使国家长治久安的，这样的事还不曾有过。

从前，晋文公被迫逃亡在外，而最终匡正天下；齐桓公被迫离开国家，后来称霸于诸侯；越王勾践遭受过吴王的羞辱，最终成为威慑中原诸国的一代贤君。这三个人之所以能取得成功而名扬天下，都是因为他们能忍辱负重。最成功的人是从不失败，其次是失败以后再想办法获得成功，这才叫善于用人。

我曾听说："我不是没有安定的住所，而是自己没有安定之心；我不是没有丰厚的财富，而是自己有着无法满足的内心。"所以君子总是能够严以律己，宽以待人；而一般人则是宽以待己，严以律人。君子在前途顺利时要不改变他的志向，在不得意时就要仔细分析一下自己的实际情况；一个人即使杂处于平凡人之中，也始终没有怨恨之心，这样的人就是有自信的人。所以说，一个人凡事如果能从难处做起，就一定能达到自己的愿望；但却从来没有听说只做自己所想的事情，而能避免他所不愿意见到的后果。

【原文】

是故偪臣①伤君，谄下伤上。君必有弗弗②之臣，上必有詻詻③之下。分议者延延④，而支苟⑤者詻詻，焉可以长生保国。臣下重其爵位而不言，近臣则喑，远臣则吟，怨结于民心；谄谀在侧，善议障塞，则国危矣。桀纣不以其无天下之士邪？杀其身而丧天下。故曰："归国宝，不若献贤而进士。"

今有五锥，此其铦，铦者必先挫。有五刀，此其错⑥，错者必先靡。是以甘井近竭，招木近伐，灵龟近灼，神蛇近暴。是故比干之殪⑦，其抗也；孟贲⑧之杀，其勇也；西施之沈⑨，其美也；吴起之裂，其事也。故彼人者，寡不死其所长，故曰：太盛难守也。

【注释】

①侫臣："侫"同"嬖"，佞臣。
②弗：通"拂"，反对，矫正过失。
③咯（luò）咯：同"谔谔"直言，争辩。
④延延：纷纷。
⑤支苟：疑为"交苛"二字形误，指互相责难。
⑥错：同"厝"，磨刀石。
⑦殪（yì）：死。
⑧孟贲（bēn）：战国时期卫国人，是古代著名的武士，因为举鼎而获罪被诛九族。
⑨沈：通"沉"。

【译文】

所以侫臣会损害到君主，谗佞之辈会有害于主上。君主必须有敢于矫正君主过失的臣子，上级必须有直言极谏的下属。讨论议事的人要敢于表达不同的观点，互相责难的人要敢于坚持己见，只有这样才可以长养民生，保全国家。如果臣子只以爵禄为重而不敢直言进谏，心腹大臣也都缄默不言，那些关系不好的大臣只是暗自感叹，那么怨恨就郁结于民心了；如果身边全是谄谀奉承之人，正确的建议就会被他们阻拦，那样国家就危险了。桀、纣不正是因为他们失去了天下贤士，结果丧身亡国。所以说，与其赠送国宝，不如推举贤人、举荐能士。

比如现在有五把锥子,其中一把最为尖锐,那么这一把一定会最先被折断。有五把刀,其中一把磨得最快,那么这一把必定最先被损坏。所以甘甜的水井最易干枯,挺拔的树木最易被砍伐,灵验的宝龟最先被灼烧用于占卜,神异的蛇最先被曝晒来求雨。所以,比干之死,是因为他刚强正直;孟贲被杀,是因为他恃武逞勇;西施被沉江,是因为她长得太美;吴起被车裂,是因为他功劳太大。可见,这些人很少有不是死于他们的过人之处的。所以说:太兴盛了就难以保全。

【原文】

故虽有贤君,不爱无功之臣;虽有慈父,不爱无益之子。是故不胜其任而处其位,非此位之人也;不胜其爵而处其禄,非此禄之主也。良弓难张,然可以及高入深;良马难乘,然可以任重致远;良才难令,然可以致君见尊。是故江河不恶小谷之满己也,故能大。圣人者,事无辞也,物无违也,故能为天下器。是故江河之水,非一不之源也;千镒①之裘,非一狐之白也。夫恶有同方,取不取同而已者乎?盖非兼王之道也!

是故天地不昭昭②,大水不潦潦③,大火不燎燎④,王德不尧尧⑤

者,乃千人之长也。其直如矢,其平如砥,不足以覆万物。是故溪陕者速涸,逝浅者速竭,硗埆⑥者其地不育。王者淳泽,不出宫中,则不能流国矣。

【注释】

① 镒:古代重量单位,合二十两(一说二十四两)。
② 昭昭:明亮,光明。
③ 潦(liáo)潦:雨大水流貌。
④ 燎燎:形容火势大。
⑤ 尧尧:道德高尚的样子。
⑥ 硗埆(qiāo què):土地坚硬而瘠薄。

【译文】

因此,即使是贤明的君主,也不会喜欢无功之臣;即使是慈爱的父亲,也不会喜欢无用之子。所以,凡是不能胜任工作却占据那一位置的,就不是该居于此位的人;凡是不胜任其爵位却享受这一俸禄的,就不是该享用这些俸禄的人。良弓难以拉开,但能够射得高射得深;良马难以驾驭,但可以载得重行得远;人才难以驾驭,但可以使国君受人尊重。所以,长江黄河就因为不嫌弃小的溪流灌注它里面,才能让自己变大。圣人勇于任事,又能接受他人的意见,所以成为盖世英才。所以,长江黄河里的水,并不是只有一个源头;价值千金的白狐裘,也不是从一只狐狸腋下采集的。哪里有与自己相同的意见才采纳,与自己不同的意见就不采纳的道理呢?这不是一统天下的君主该有的做法。

所以大地不以一点光线为光明,大水不以阴雨绵绵为盛大,大火不以火势猛烈为炎热,君王不以自己德行高尚而自大,才能成为千万人的首领。如果心像箭一样直,像磨刀石一样平,那就不能包容万物了。所以狭窄的溪流干得快,平浅的川泽枯得早,坚硬贫瘠的土地不长五谷。如果君主的深恩厚泽只限于宫廷之内,就不能遍及全国。

【解析】

"亲士",是《墨子》的第一篇。本篇的主题为用贤亲士,讲的是只有亲近和任用贤良的人,才能成就霸业,治理好国家。作者以齐桓公、晋文公、越王勾践等贤君与桀、纣等昏君对待贤人的两种截然不同的态度为例,说明能否亲士用贤,关系着国家的兴衰成败。在墨子看来,任用贤人就要宽容地对待他们,允许他们直言进谏,绝不能因为他们说了逆耳的忠言而怪罪,只有这样才能广开言路,否则就会偏听偏信,受小人蒙蔽,最终招致杀身亡国的灾祸。

墨子在开篇说,如果不亲近贤士、与贤士共治天下,那么就不能保存邦国。作者认为晋文公、齐桓公、越王勾践在危难中仍然能得到贤士的帮助,这是达到了用贤的高境界。首先,墨子通过"严于律己,面对困难"的道理,告诉君王要防止"权臣、拍马"两类恶臣可能造成恶劣的后果,就必须任用贤士,让贤士指出君王的错误和明察臣子的违规。其次,墨子指出"自任其事"是危险的,君王不能出错,所以必须任用贤能去处理政务。再次,墨子指出,贤能的人虽然不好驾驭,但却能真正帮助君王,君王应该做到大度有容,放手让贤士去做事,如此则能获得"能大"的效果。最后,墨子批评"亲亲"违背"亲士"的道理,认为"亲亲"不能润泽天下。

文中以晋文公、齐桓公、越王勾践为例,说明一时亡国之辱并不可怕,只要能发现并任用国中的贤能之人,就一定能忍辱负重,重新建立霸业。相反地,即使建立了一个国家,如果不能发现和使用贤人,那么这个国家也是不会长久的。

为了强调贤士的重要性,作者甚至认为"归国宝,不若献贤而进士",也就是将贤士提到了至高的、最可宝贵的地位。所以,即使"良才难令",也一定要想方设法招纳各种人才为己所用,从而实现民安国强。

第二章　修身
——品行是为人治国的根本，君子必须以品德修养为重

【原文】

君子战虽有陈①，而勇为本焉；丧虽有礼，而哀为本焉；士虽有学，而行为本焉。是故置本不安者，无务丰末②；近者不亲，无务求远；亲戚不附，无务外交；事无终始，无务多业；举物而暗③，无务博闻。

是故先王之治天下也，必察迩来远，君子察迩而迩修者也。见不修行见毁而反之身者也，此以怨省而行修矣。谮慝④之言，无入之耳；批扞⑤之声，无出之口；杀伤人之孩⑥，无存之心，虽有诋讦之民，无所依矣。

故君子力事日强，愿欲日逾，设壮⑦日盛。

【注释】

①陈：通"阵"指作战陈形。

②末：根本。

③暗：不明事理。

④谮慝（zèn tè）：恶意的诽谤。谮：说别人的坏话，诬陷。慝：

奸邪，邪恶。

⑤批扞（hàn）：抨击。

⑥孩：为"刻"之误，残酷、残暴。

⑦设壮：疑作"饰壮"，品行端正。

【译文】

君子作战时虽然要排兵布阵，但勇敢才是最根本的；办丧事虽讲礼仪，但哀伤才是最根本的；士人虽有才学，但德行才是最根本的。因此，根基不牢的，就不要奢望枝叶繁盛；身边的人都不能亲近，就不要奢望能招徕远方的人才；连亲戚都不能使之归附的，就不要奢望能结纳外人；做一件事情有始无终，就不必奢望能从事多种事业；对一件事物尚且弄不明白其中的道理，就不必奢望做到见闻广博。

所以，先王治理天下，必定要明察左右的人，招徕远方的贤人。君子能明察左右的人，左右之人也就能修养自己的品行了。不能修养自己的品行而受人诋毁，那就应当自我反省，这样别人的怨言就减少了，而自己的品德也得到了修养。诽谤之言不入于耳，攻击他人之语不出于口，伤人的念头不存于心，这样，即使遇有喜欢诋毁别人的人，他们也就无从入手了。

所以，君子本身的能力会一天比一天加强，志向会一天比一天远大，品行会一天比一天端正。

【原文】

君子之道也：贫则见廉，富则见义，生则见爱，死则见哀；四行者不可虚假，反之身者也。藏于心者，无①以竭爱；动于身者，无以竭恭；出于口者，无以竭驯②。畅之四支③，接之肌肤，华发隳颠④，而犹弗舍者，其唯圣人乎！

【注释】

①无：发语词，无实义。
②驯：通"训"，教导，教诲，雅言。
③支：通"肢"。
④隳（huī）颠：秃顶。隳：毁坏。颠：通"巅"，指头顶。

【译文】

君子要能够做到以下几点：贫穷时表现出廉洁，富足时表现出好义，对生者表示出仁爱，对死者表示出哀痛。这四种品行不能是虚情假意的，而必须是发自内心的。凡是存在于内心的，都是无穷的慈爱；举止于身体的，都是无比的谦恭；谈说于嘴上的，都是无上的雅言。能够让这些畅达于四肢，接触于肌肤，直到白发掉光之时仍不肯舍弃的，大概只有圣人吧！

【原文】

志不强者智不达；言不信者行不果；据财不能以分人者，不足与友；守道不笃，徧①物不博，辩②是非不察者，不足与游。本不固者末必几，雄而不修者，其后必惰，原浊者流不清，行不信者名必耗③。名不徒生而誉不自长。功成名遂，名誉不可虚假，反之身者也。务言而缓行，虽辩必不听。多力而伐④功，虽劳必不图。慧者心辩而不繁说，多力而不伐功，此以名誉扬天下。言无务为多而务为智，无务为文而务为察。故彼⑤智无察，在身而情⑥，反其路者也。善无主于心者不留，行莫辩于身者不立；名不可简而成也，誉不可巧而立也，君子以身戴⑦行者也。思利寻焉，忘名忽焉，可以为士于天下者，未尝有也。

【注释】

①徧：通"遍"。
②辩：通"辨"，辨明。
③耗：损坏。

④伐：夸耀。
⑤彼：借为"非"。
⑥情：应为"惰"。
⑦戴：通"载"。

【译文】

意志不坚定的人，其智慧一定不高；说话不讲信用的人，其行动一定不会有结果。有钱而不肯分给他人的人，不值得和他交友；守道不坚定、阅历事物不广博、辨别是非不清楚的人，不值得和他交往。根基不牢固的人，必然危及枝节。光有勇敢而不注重品行修养的人，最终必然会失败。源头混浊的河水必然不清澈，行为无信的人名声必受损害。名声不会无故产生，名誉也不会自己增长。建立了功业，名声也就有了。名誉不可虚假，必须要向自身寻求。只会说好听的话却行动迟缓，虽然会说，但没人听信。出力多而自夸功劳的，再劳苦也不可取。聪明人心里明白而不多说，努力做事而自我炫耀，因此才能名扬于天下。说话不图繁多而终于富有道理，不图文采而讲究明白。所以如果既无智慧又不能审察，再加上自身又懒惰，

那就会背离正道而行了。善如果不从本心生出就不能持久，行不由本身审辨就不能树立。名望是不会轻易形成的，声誉不会因投机取巧而树立，君子是身体力行、言行合一的人。以利为重，忽视名节，这样的人可以成为天下贤士的人，还不曾有过。

【解析】

　　本篇主要讨论品行修养与君子人格问题，强调品行是为人治国的根本，君子必须以品德修养为重。

　　作者先以作战、守丧与学习为例，说明其根本不在于阵列、礼节与才学，而分别在于勇气、哀伤与德行。作者总结先代圣王治理天下的方法主要在于能够"察迩来远"，也就是明察左右的人，招徕远方的君子贤人，让他们互相影响，共同为国效力。

　　作者认为，"君子之道"应包括"贫则见廉，富则见义，生则见爱，死则见哀"及明察是非、讲究信用、注重实际等方面的内容。作者指出对这四者都能很好实践的唯有圣人，所以，他提出了"慧者心辩而不繁说，多力而不伐功""言无务为多而务为智，无务为文而务为察"等切实可行的修身标准。他认为只有这样才能做到不立虚名，成为真正扬名天下的高贤大士。

第三章　所染
——影响的好坏关系着事业的成败、国家的兴亡

【原文】

子墨子言见染丝者而叹曰：染于苍则苍，染于黄则黄。所入者变，其色亦变；五入必而已则为五色矣。故染不可不慎也！

非独染丝然也，国亦有染①。舜染于许由、伯阳，禹染于皋陶、伯益，汤染于伊尹、仲虺②，武王染于太公、周公。此四王者所染当，故王③天下，立为天子，功名蔽天地。举天下之仁义显人，必称此四王者。

夏桀染于干辛、推哆④，殷纣染于崇侯、恶来，厉王染于厉公长父、荣夷终，幽王染于傅公夷、蔡公榖。此四王者所染不当，故国残身死，为天下僇⑤。举天下不义辱人，必称此四王者。

【注释】

①染：受到影响。

②仲虺（huǐ）：商汤时的大臣，曾担任左相。

③王（wàng）：称王。

④推哆（chǐ）：夏桀时的大臣。

⑤僇（lù）：通"戮"，杀戮。

【译文】

墨子说，他曾见人染丝而感叹说：丝用青颜料染就变成青色，用黄颜料染就变成黄色。染料不同，丝的颜色也跟着变化。把五种颜色的染料都放进去，就成五色丝了。所以染色这件事是不可不谨慎的。

不仅染丝如此，国君也有所"染"。舜被许由、伯阳所感染，禹被皋陶、伯益所感染，汤被伊尹、仲虺所感染，武王被太公、周公所感染。这四位君王因为受到的感染是得当的，所以能称王于天下，被拥立为天子，功盖四方，名扬天下。凡是提起天下著名的仁义之人，必定要称举这四位君王。

夏桀被干辛、推哆所熏染，殷纣被崇侯、恶来所熏染，周厉王被厉公长父、荣夷终所熏染，周幽王被傅公夷、蔡公榖所熏染。这四位君王因为受到的熏染是不当的，结果身死国亡，遗羞于天下。凡是提起天下不义可耻之人，必定要提起这四位君王。

【原文】

齐桓染于管仲、鲍叔，晋文染于舅犯、高偃，楚庄染于孙叔、沈尹，吴阖闾①染于伍员、文义，越勾践染于范蠡、大夫种。此五君者所染当，故霸诸侯，功名传于后世。范吉射染于长柳朔、王胜，中行寅染于藉秦、高强，吴夫差染于王孙雒②、太宰嚭③，智伯摇染于智国、张武，中山尚染于魏义、偃长，宋康染于唐鞅、佃不礼。此六君者所染不当，故国家残亡，身为刑僇，宗庙破灭，绝无后类④，君臣离散，民人流亡。举天下之贪暴苛扰者，必称此六君也。

【注释】

①阖闾（hé lǘ）：春秋时吴国国君。

②王孙雒（luò）：吴王夫差的大臣。

③太宰嚭（pǐ）：原为晋国公族，本名伯嚭，后为吴王夫差的大臣。

④绝无后类：断子绝孙。

【译文】

齐桓公被管仲、鲍叔牙所感染，晋文公被舅犯、高偃所感染，楚庄王被孙叔敖、沈尹所感染，吴王阖闾被伍员、文义所感染，越王勾践被范蠡、文种所感染。这五位君主因为所受到的感染得当，所以能称霸诸侯，功名传于后世。范吉射被长柳朔、王胜所感染，中行寅被藉秦、高强所感染，吴王夫差被王孙雒、太宰嚭所感染，智伯摇被智国、张武所感染，中山尚被魏义、偃长所感染，宋康王被唐鞅、佃不礼所感染。这六位君主因为所受到的感染不当，所以国破家亡，身受刑戮，宗庙毁灭，子孙灭绝，君臣离散，百姓逃亡。凡是要列举天下贪暴苛刻的人，必定提起这六位君王。

【原文】

凡君之所以安者何也？以其行理也。行理性①于染当。故善为君者，劳于论人而佚②于治官。不能为君者，伤形费神，愁心劳意；然国逾危，身逾辱。此六君者，非不重其国、爱其身也，以不知要故也。不知要者，所染不当也。

非独国有染也，士亦有染。其友皆好仁义，淳谨畏令，则家日益，身日安，名日荣，处官得其理矣，则段干木、禽子、傅说之徒是也。其友皆好矜奋，创作比周③，则家日损，身日危，名日辱，处官失其理矣，则子西、易牙、竖刁之徒是也。诗曰："必择所堪④，必谨所堪"者，此之谓也。

【注释】

①性：等同"于"。

②佚：通"逸"，轻松。

③创作：滋事。比周：结党营私。

④堪：当为"湛"，浸染。

【译文】

大凡国君之所以能够保持安定，是什么原因呢？是因为他们行事合理。行事合理源于所受到的感染要恰当，所以善于做国君的，用心致力于选拔人才，轻松地处理政务。不善于做国君的，劳神伤身，用尽心思；然而国家却更危险，自己受到的屈辱也更多。上述这六位国君，并非不重视他们的国家、爱惜他们的身体，而是因为他们不知道治国要领的缘故。所谓不知道治国要领，正是因为他们所受到的感染不恰当。

不仅国君会受到感染，士人也会受到感染。如果一个人所交的朋友都爱好仁义，都淳朴谨慎、

慑于法纪，那么他的家道就会日益兴盛，身体日益平安，名声日益显著，居官治政也合于正道了，如段干木、禽子、傅说等人即属此类。如果一个人所交的朋友都喜欢骄傲炫耀，结党营私，那么他的家道就会日益衰落，身体日益危险，名声日益降低，居官治政也不得其道，如子西、易牙、竖刁等人即属此类。《诗经》上说："必须谨慎地选好染料，必须谨慎地对待浸染"，说的正是这个道理。

【解析】

本篇以染丝为喻，说明"染于苍则苍，染于黄则黄"，即所谓"近朱赤，近墨黑"的道理，以此引出"染不可不慎"，说明天子、诸侯、大夫、士必须正确选择自己的亲信和朋友，以受到良好的熏陶和积极的影响。然后，以舜、禹、汤、武王染于各贤士忠臣而国治，而桀、纣、幽、厉染于小人奸佞而国亡为例，另有齐桓、晋文、楚庄、阖闾、勾践，以及范吉射、中行寅、夫差、智伯摇、中山尚、宋康等人的例子，说明"国亦有染"。下文又论"士亦有染"，反复论证，极言"必谨所堪"的道理。

全文以正论反论相结合，详细说明影响的好坏关系着事业的成败、国家的兴亡，国君对此必须谨慎。全文结构周密，说服力极强。

第四章　法仪
—— 天下人做所有的事情都有必须遵循的法则

【原文】

子墨子曰：天下从事者，不可以无法仪；无法仪而其事能成者，无有也。虽至士之为将相者，皆有法。虽至百工从事者，亦皆有法。百工为方以矩，为圆以规，直以绳，衡以水，正以县①。无巧工、不巧工，皆以此五者为法。巧者能中②之，不巧者虽不能中，放③依以从事，犹逾己。故百工从事，皆有法所度。今大者治天下，其次治大国，而无法所度，此不若百工辩④也。

【注释】

①县：即"悬"的本字。
②中：符合。
③放：通"仿"，仿效。
④辩：通"辨"，明辨。

【译文】

墨子说：天底下办事的人，不能没有法；没有法度而能把事情做好的，是从来没有的事。即使士人做了将相，他也必须遵循法度。即使从事各种行业的工匠，也都要遵循法度。工匠们用矩来画方形，用规来画圆形，用绳墨来画直线，用水平器衡定平面，用悬锤定好偏正。不论是能工巧匠还是一般工匠，都要以这五者为法度。能工巧匠能切合五者的标准，一般工匠虽达不到这种水平，但模仿着去做，还是要超过自身原来的水平。所以当工匠们工作时，都有法度可循。现在大的如治天下，其次如治大国，却没有法度可依，这是还不如工匠们能明辨事理啊！

【原文】

然则奚①以为治法而可？当皆法其父母，奚若？天下之为父母者众，而仁者寡。若皆法其父母，此法不仁也。法不仁，不可以为法。当皆法其学，奚若？天下之为学者众，而仁者寡。若皆法其学，此法不仁也。法不仁，不可以为法。当皆法其君，奚若？天下之为君者众，而仁者寡。若皆法其君，此法不仁也。法不仁，不可以为法。故父母、学、君三者，莫可以为治法。

然则奚以为治法而可？故曰：莫若法天。天之行广而无私，其施厚而不德②，其明久而不衰，故圣王法之。既以天为法，动作有为，必度于天。天之所欲则为之，天所不欲则止。

【注释】

①奚：何，什么。

②不德：不自以为有功。

【译文】

既然这样，那么用什么作为治理国家的法度才合适呢？假如以自己的父母为法度会怎样呢？天下做父母的很多，但有仁义的少，倘若人人都以自己的父母为法度，这实为效法不仁。效法不仁，这自然是不可以作为法度的。假若以自己从学的师长为法度会怎样呢？天下做师长的很多，但有仁义的少，倘若人人都以自己的师长为法度，这实为效法不仁。效法不仁，这自然是不可以作为法度的。假若以自己的国君为法度会怎样呢？天下做国君的很多，但有仁义的少，倘若人人都以自己的国君为法度，这实为效法不仁。效法不仁，这自然是不可以作为法度的。所以父母、师长和国君这三种人，都不可以作为治理国家的法度。

既然这样，那么用什么作为治理国家的法度才合适呢？所以最好是以天为法度。天的运行广大无私，它的恩泽深厚而不自居，它的光芒永远不衰，所以圣王以它为法度。既然以天为法度，行动做事就必须依天而行。天所希望的就去做，天所不希望的就不做。

【原文】

然而天何欲何恶者也？天必欲人之相爱相利，而不欲人之相恶相贼①也。奚以知天之欲人之相爱相利，而不欲人之相恶相贼也？以其兼而爱之，兼而利之也。奚以知天兼而爱之、兼而利之也？以其兼而有之、兼而食之也。

今天下无大小国，皆天之邑也。人无幼长贵贱，皆天之臣也。此以莫不犓②羊，豢犬猪，絜为酒醴粢③盛，以敬事天。此不为兼而有之、兼而食之邪④？天苟兼而有之，夫奚说以不欲人之相爱相利也？故曰：爱人利人者，天必福之；恶人贼人者，天必祸之。曰：杀不辜者，得不祥焉。夫奚说人为其相杀而天与祸乎？是以知天欲人相爱相利，而不欲人相恶相贼也。

昔之圣王禹汤文武，兼爱天下之百姓，率以尊天事鬼，其利人多，故天福之，使立为天子，天下诸侯，皆宾事之。暴王桀纣幽厉，兼恶天下之百姓，率以诟⑤天侮鬼。其贼人多，故天祸之，使遂失其国家，身死为僇于天下。后世子孙毁之,至今不息。故为不善以得祸者,桀纣幽厉是也。爱人利人以得福者,禹汤文武是也。爱人利人以得福者,有矣!恶人贼人以得祸者,亦有矣!

【注释】

①贼:残害。

②犓(chú):同"刍",喂养。

③絜:通"洁"。醴(lǐ):甜酒。粢(zī):古代供祭祀用的谷物。

④邪:通"也"。

⑤诟:骂。

【译文】

那么天希望什么不希望什么呢?天肯定希望人们互爱互惠,而不希望人们相互厌恶和残害。怎么知道天希望人互爱互惠,而不希望人相互厌恶和残害呢?这是因为天兼爱一切人、给所有人以利益的缘故。怎么知道天兼爱一切人、给所有人以利益呢?因为人类都为天所有,天全部供给他们食物。

现在天下不论大国小国,都是天的国家;人不论长幼贵贱,都是天的臣民。因此人无不喂牛羊、养猪狗,干干净净地准备好酒食和祭品,用来诚敬事天。这难道不是表明上天拥有人类和供给人们食物吗?天既然拥有人类和供给人们食物,又怎能说天不希望人们互爱互惠呢?所以说,爱人利人的人,天必定给他降福;相互厌恶和残害人的人,天必定给他降祸。所以说:杀害无辜的人,会得到不祥的后果。为何说人若相互残杀,天就降祸于他呢?这是因为知道天希望人们互爱互惠,而不希望人们相互厌恶和残害。

以前的圣王禹、汤、周文王、周武王,爱护天下百姓,带领他们崇敬上天、敬奉鬼神。他们给人带来的利益多,所以上天降福给他们,使他们成为天子,天下的诸侯都恭敬地侍奉他们。暴虐的君王桀、纣、

周幽王、周厉王，厌恶、憎恨天下的百姓，带领他们咒骂上天、侮辱鬼神。他们残害的人多，所以上天降祸于他们，使他们丧失了自己的国家，死了以后还要被戮尸于天下。后代子孙责骂他们，至今不休。所以做坏事而得祸的，桀、纣、周幽王、周厉王即是这类人；爱人利人而得福的，禹、汤、周文王、周武王即是这类人。可见，爱人利人而得福的是有的，厌恶人、残害人而得祸的也是有的！

【解析】

　　所谓法仪，就是法规准则。作者认为，天下所有的人做所有的事情都有必须遵循的法则，将相百工都不例外。如果没有法则，就会一事无成，而天子诸侯治理天下国家就更会无法可依。接着墨子进一步说明，天子、诸侯治理国家必须以天为法，以天意为归，因此要"天之所欲则为之，天所不欲则止"，也就是"欲人之相爱相利，而不欲人之相恶相贼"。所谓天意，其实就是墨家学派所主张的"兼爱兼利"原则。文中以古代圣王和暴君为正反两方面的例子，指出"爱人利人"即可得福，"恶人贼人"必然招祸。

　　通过逐一论证，墨子认为父母、学者和国君都不足以作为"法"，可以为"法"的只有天，这也是墨子的一个核心思想。作者通过上天对人的一视同仁，平等地给予他们食物，所有人也都为上天准备酒食祭品，因此天下人都要遵循上天的意志，实行"兼爱"之道。在墨子看来，禹、汤、文、武正是这样的典范，而桀、纣、幽、厉则是兼恶而失天下、需要引以为戒的反面例子。

第五章　七患
——仓之备粟、库之备兵、城之备全、心之备虑乃国之必"备"

【原文】

子墨子曰：国有七患。七患者何？城郭沟池不可守而治①宫室，一患也；边②国至境，四邻莫救，二患也；先尽民力无用之功，赏赐无能之人，民力尽于无用，财宝虚于待客，三患也；仕者持禄，游者爱佼③，君修法讨臣，臣慑而不敢拂，四患也；君自以为圣智而不问事，自以为安强而无守备，四邻谋之不知戒，五患也；所信者不忠，所忠者不信，六患也；畜种菽粟不足以食之，大臣不足以事之，赏赐不能喜，诛罚不能威，七患也。以七患居国，必无社稷；以七患守城，敌至国倾。七患之所当④，国必有殃。

【注释】

①治：修建。

②边："敌"字之误。

③佼：通"交"，结交。

④当：存在。

【译文】

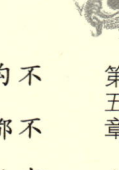

墨子说：国家存在七种祸患。是哪七种祸患呢？内外城池壕沟不足以守御而去修造宫室，这是第一种祸患；敌兵压境，四面邻国都不愿来救援，这是第二种祸患；把民力耗尽在无用的事情上，赏赐没有才能的人，用尽百姓的力量去做无用的事情，财宝全部用来款待宾客，这是第三种祸患；做官的人只求保住俸禄，游学未仕的人只顾结交朋友，国君修订法律以惩治臣下，臣下因畏惧而不敢违拂君命，这是第四种祸患；国君自以为圣明而有智慧而不过问国事，自以为安定强盛而不做防御准备，四面邻国在图谋攻打他却不知戒备，这是第五种祸患；所信任的人不忠诚，而忠诚的人却不被信任，这是第六种祸患；储存的粮食不够吃，大臣不足以委以重任，赏赐不能使人高兴，责罚不能使人畏惧，这是第七种祸患。

国家若存在这七种祸患，必定亡国；当守城时若存在这七种祸患，敌人到来则国都必陷。这七种祸患存在于哪个国家，哪个国家必将大祸临头。

【原文】

凡五谷者，民之所仰①也，君之所以为养也。故民无仰，则君无养；民无食，则不可事。故食不可不务也，地不可不力也，用不可不节也。五谷尽收，则五味尽御于主，不尽收则不尽御。一谷不收谓之馑，二谷不收谓之旱，三谷不收谓之凶，四谷不收谓之馈②，五谷不收谓之饥。

岁馑③，则仕者大夫以下皆损禄五分之一；旱，则损五分之二；凶，则损五分之三；馈，则损五分之四；饥，则尽无禄，禀食而已矣。故凶饥存乎国，人君彻④鼎食五分之五，大夫彻县⑤，士不入学，君朝之衣不革制；诸侯之客，四邻之使，雍⑥食而不盛；彻骖騑⑦，涂不芸⑧，马不食粟，婢妾不衣帛，此告不足之至也。

【注释】

①仰：依赖，依靠。

②馈：通"匮"，缺乏。

③馑：饥荒。

④彻：减少。

⑤县：通"悬"，指悬挂的乐器。

⑥雍：当作"饔"，指饭菜。

⑦骖騑（cān fēi）：指拉车时两边的马。

⑧涂：通"途"。芸：除草，此处指修整。

【译文】

五谷是百姓所赖以生存的东西，也是国君得以供养的东西。所以，如果百姓失去赖以生存的五谷，国君也就没有供养；百姓一旦没有吃的，就不可使役了。所以，粮食不能不加紧生产，田地不能不尽力耕作，财用不可不节约使用。五谷全部丰收，国君就可享用各种美味。若不能全都丰收，国君就不能尽情享用。一谷无收叫作馑，二谷无收叫作旱，三谷不收叫作凶，四谷不收叫作匮，五谷不收叫作饥。

遇到荒年，做官的自大夫以下就要减去俸禄的五分之一；遇到旱年，要减去俸禄的五分之二；遇到凶年，要减去俸禄的五分之三；遇到匮年，要减去俸禄的五分之四；遇到饥年，则要免去全部俸禄，只供给饭吃。所以，一个国家如果遇到凶饥，国君就要撤掉鼎食，大夫不能听音乐，读书人不能上学而要去种地，国君的朝服不制作新的；诸侯的客人、邻国的使者，不能用丰盛的饭菜来款待，驷马要撤掉左右两匹，道路不加修整，马不以粮食喂养，婢妾不穿丝绸衣服，这都表明国家的用费已经严重不足了。

【原文】

今有负其子而汲者，队①其子于井中，其母必从而道②之。今岁凶，民饥，道饿，重其子此疚于队，其可无察邪！故时年岁善，则民仁且良；时年岁凶，则民吝且恶。夫民何常此之有！为者疾③，食者众，则岁无丰。故曰：财不足则反之时，食不足则反之用。

故先民以时生财，固本而用财，则财足。故虽上世之圣王，岂能使五谷常收而旱水不至哉！然而无冻饿之民者，何也？其力时急而自养俭也。故《夏书》曰："禹七年水。"《殷书》曰："汤五年旱。"此其离④凶饿甚矣，然而民不冻饿者，何也？其生财密，其用之节也。故仓无备粟，不可以待凶饥；库无备兵，虽有义不能征无义；城郭不备全，不可以自守；心无备虑，不可以应卒⑤，是若庆忌无去之心，不能轻出。

【注释】

①队：通"坠"。

②道：当为"导"，引导，营救。

③疾：当作"寡"，少。

④离：通"罹"，遭受。

⑤卒：通"猝"，指突发事件。

【译文】

现在假如有个人背着孩子到井边打水，不慎把孩子掉到井里，那么他的母亲必定设法把孩子从井中救出。现在遇到凶年，百姓挨饿，路上甚至有饿死的人，这种情况比孩子掉入井中更为严重，怎么能毫无觉察呢？所以，当年成好的时候，老百姓就仁慈驯良；当年成不好的时候，老百姓就吝啬凶恶。民众的性情哪有一定呢？从事生产的人少，吃饭的人多，就不可能有丰年。所以说：财用不足时就要注重农时，粮食不足时就要注意节约。

因此古代贤人按农时生产创造财富，打好农业基础，节省开支，财用自然就充足了。所以即使是上古的圣明君王，也不能保证五谷永远丰收，水旱之灾永不发生啊！但他们那时却从无受冻挨饿的百姓，这是为何呢？这是因为他们努力按农时耕种，并且自己十分注重节俭。《夏书》上说："禹在位时有七年水灾。"《殷书》上说："汤在位时有五年旱灾。"那时遭受的凶荒够大的了，然而老百姓却没有受冻挨饿，这是为什么呢？因为他们生产的财用多，而用起来却很节俭。所以，如果粮仓中没有预备粮，就不能防备凶年饥荒；如果兵库中没有武器，即使自己出于正义也不能去讨伐无义之人；内外城池若不完备，就不可能自我保全；若没有戒备之心，就不能应付突发事件。这就好像庆忌没有逐走要离之意，就不该轻易外出一样。

【原文】

夫桀无待汤之备，故放①；纣无待武之备，故杀。桀纣贵为天子，富有天下，然而皆灭亡于百里之君者，何也？有富贵而不为备也。故备者国之重也：食者，国之宝也；兵者，国之爪也；城者，所以自守也，此三者，国之具也。

故曰：以其极赏，以赐无功；虚其府库，以备车马、衣裘、奇怪②；苦其役徒，以治宫室观乐；死又厚为棺椁，多为衣裘；生时治台榭，死又修坟墓。故民苦于外，府库单于内③，上不厌其乐，下不堪其苦。故国离寇敌则伤，民见凶饥则亡，此皆备不具之罪也。且夫食者，圣人之所宝也。故《周书》曰："国无三年之食者，国非其国也；家无三年之食者，子非其子也。"此之谓国备。

【注释】

①放：流放。

②奇怪：指奇珍异宝。

③单：通"殚"，竭尽。

【译文】

桀没有防御汤的准备，因此被放逐；纣没有防御周武王的准备，因此被杀。桀和纣虽贵为天子，富有天下，然而都被方圆百里的小国之君所灭，这是为什么呢？就是因为他们虽然富贵，却不做好防备。所以，防备是国家最重要的事情：粮食是国家的宝物，兵器是国家的爪牙，城郭是用来自我守卫的保障，这三者都是一个国家所必备的。

所以说，把最高的奖赏赐给无功之人；耗尽国库中的贮藏用以置备车马、衣裘和奇珍异宝；使役卒和奴隶受尽苦难，去建造宫室和观赏游乐之所；死后又制作厚重的棺椁，置办很多衣服；

活着时修造台榭，死后又修造坟墓。因此，老百姓在外受苦，国库内的财宝也已耗尽，上面的君主仍不满足其享受，下面的民众就会不堪其苦。所以国家一遇敌寇就受损伤，百姓一遭饥荒就死亡，这都是平时不做好准备的罪过。再说，粮食在圣人眼中也是十分宝贵的。所以《周书》上说："国家若不预备三年的粮食，国家就不可能成其国家；家庭若不预备三年的粮食，子女就不能做这一家的子女。"这就是国家的根本储备。

【解析】

本文首先分析了给国家造成危难的七种祸患，然后指出国家防治祸患的根本在于增加生产和节省财用，并对当时统治者竭尽民力和府库之财以追求享乐生活的做法提出了严正警告。

全篇主要分为两大部分。第一部分详细讲述了造成国家灾难的七种祸患，即边境不守、邻国不和、滥用民力、君主专断、臣子不忠、赏罚不明、国库空虚，认为主要有这七种情况存在，则国家面临危亡威胁，故将其称为"七患"。第二部分则具体论述了应如何从根本上杜绝这七种祸患，也就是要加强生产、节约用度，分析了年岁饥馑、用度不足的种种表现，同时建议国君和士大夫也应有相应的措施来解救百姓的灾难，这样才能保全国家。反之，便如桀、纣一般，虽有富贵但不做准备，奢侈无度，刻薄百姓，结果只会招来杀身亡国之祸。

此外，本问还论述了"库之备兵、城之备全、心之备虑"在防患上的重要作用，加上前文论述的"仓之备粟"，四者共同构成了国之必"备"。

第六章　辞过

——只有节制各自的欲望，才能使国家因"节俭"而昌盛

【原文】

子墨子曰：古之民，未知为宫室时，就陵阜①而居，穴而处，下润湿伤民，故圣王作为宫室。为宫室之法，曰室高足以辟润湿，边足以圉风寒，上足以待雪霜雨露，宫墙之高，足以别男女之礼，谨②此则止。凡费财劳力，不加利者，不为也。役③，修其城郭，则民劳而不伤，以其常正④，收其租税，则民费而不病。民所苦者非此也，苦于厚作敛于百姓。是故圣王作为宫室，便于生，不以为观乐也；作为衣服带履便于身，不以为辟⑤怪也。故节于身，诲于民，是以天下之民可得而治，财用可得而足。

当今之主，其为宫室，则与此异矣。必厚作敛于百姓，暴夺民衣食之财，以为宫室、台榭曲直之望，青黄刻镂之饰。为宫室若此，故左右皆法象⑥之，是以其财不足以待凶饥、振孤寡，故国贫而民难治也。君欲实天下之治，而恶其乱也，当为宫室，不可不节。

【注释】

①陵阜：山丘。

②谨：通"仅"。

③役：上当有"以其常"三字。

④正：通"征"。

⑤辟：通"癖"，癖好。

⑥法象：效法模仿。

【译文】

墨子说：古代的百姓在还不知道建造宫室之时，靠近山陵居住，或住在洞穴里。地下潮湿，损害人体，所以圣王开始营造宫室。营造宫室的法则是：地基的高度足以避免潮湿，四面的墙壁足以抵御风寒，屋顶足以防备霜雪雨露，宫墙的高度足以分隔内外使男女有别——仅此而已。凡是劳民伤财而不能带来更多好处的事情，是不会做的。按照常规分派劳役，修治城郭，那么百姓就虽劳苦但不至于伤害到根本；按照常规征收租税，那么民众虽有所耗费但不至于困苦。因为百姓所困苦的并不是这些，而是苦于横征暴敛。所以圣王开始制造宫室，只为方便生活，并不是为了观赏和享乐；开始创制衣服、腰带、鞋子，只为便利身体，而不是为了特殊的癖好。所以，圣王自身很节俭，并且以此教导百姓，因而天下的民众得以治理，财用得以充足。

而现在的君主，修造宫室却与此不同。他们必定要向百姓横征暴敛，强夺民众的衣食之资用来营造宫室、台榭曲折回转的景观，讲究色彩和雕刻的装饰。君王如此营造宫室，身边的人也都效仿这种做法，因此国家的钱财就不足以应付凶年饥馑、振恤孤寡之人，所以国家穷困而百姓也无法治理。国君若是真希望天下得到治理，而不愿其混乱，那么营造宫室就不能不注重节俭。

【原文】

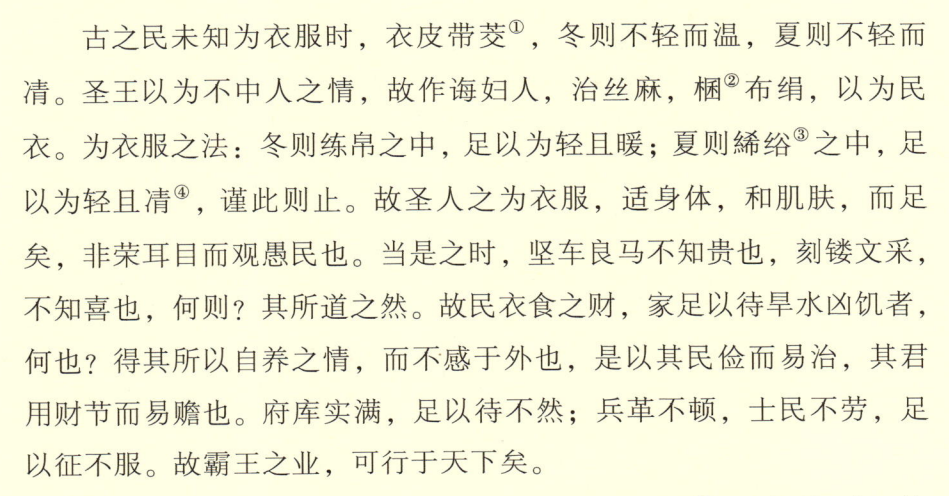

古之民未知为衣服时,衣皮带茭①,冬则不轻而温,夏则不轻而清。圣王以为不中人之情,故作诲妇人,治丝麻,梱②布绢,以为民衣。为衣服之法:冬则练帛之中,足以为轻且暖;夏则絺绤③之中,足以为轻且清④,谨此则止。故圣人之为衣服,适身体,和肌肤,而足矣,非荣耳目而观愚民也。当是之时,坚车良马不知贵也,刻镂文采,不知喜也,何则?其所道之然。故民衣食之财,家足以待旱水凶饥者,何也?得其所以自养之情,而不感于外也,是以其民俭而易治,其君用财节而易赡也。府库实满,足以待不然;兵革不顿,士民不劳,足以征不服。故霸王之业,可行于天下矣。

当今之主,其为衣服,则与此异矣,冬则轻煗⑤,夏则轻清,皆已具矣,必厚作敛于百姓,暴夺民衣食之财,以为锦绣文采靡曼之衣,铸金以为钩,珠玉以为珮,女工作文采,男工作刻镂,以为身服,此非云益煗之情也。单⑥财劳力,毕归之于无用也,以此观之,其为衣服,非为身体,皆为观好,是以其民淫僻而难治,其君奢侈而难谏也,夫以奢侈之君,御好淫僻之民,欲国无乱,不可得也。君实欲天下之治而恶其乱,当为衣服不可不节。

【注释】

① 茭:草绳。

② 梱(kǔn):当为"稇",编织。

③ 絺绤(chī xì):细葛布和粗葛布。

④ 清(qìng):清凉,凉爽。

⑤ 煗(nuǎn):同"暖"。

⑥ 单:通"殚",竭尽。

【译文】

古代的百姓在还不知道做衣服的时候,穿着兽皮,系着草绳,冬天既不轻便又不暖和，夏天既不轻便又不凉爽。圣王认为这不符合人的本性，所以开始教女子生产丝麻、纺织布匹，用它们制作人们的衣服。制造衣服的法则是：冬天穿生丝麻制的衣服，只求其轻便而暖和；夏天穿葛制的衣服，只求其轻便而凉爽，仅此而已。所以圣人制作衣服只图身体合适、肌肤舒适就够了，并不是让老百姓觉得好看。此时，坚车良马没有人认为贵重，雕刻文采没有人知道欣赏，为什么呢？这是君主教导的结果。所以民众的衣食财用，家家都足以防患水旱凶饥，为什么呢？因为他们懂得自我供养的道理，不被外界所诱惑，所以民众俭朴而容易治理，国君用财有节制而容易富足。国库充实，足以应付非常的变故；兵甲武器不损坏，士民百姓不劳苦，足以征伐不顺服的国家。所以可以称霸天下。

而现在的君主，他们制造衣服却与此不同：冬天的衣服轻便而暖和，夏天的衣服轻便而凉爽，这都已经具备了，他们还要向百姓横征暴敛，强夺民众的衣食之资，用来做锦绣文采华丽的衣服，拿黄金做成衣带钩，拿珠玉做成佩饰，让女工刺绣文采，让男工装饰雕刻，以此作为自己的衣服。这并非真的是为了更加暖和，耗尽钱财费了民力，都是为了无用之事。由此看来，他们做衣服不是为身体，而是图好看。因此，民众邪僻而难以治理，国君奢侈而难以进谏。以奢侈的国君统治邪僻的民众，还希望国家不发生混乱，是不可能的。国君若真希望天下治理好而厌恶混乱，那么制作衣服时就不可不节俭。

【原文】

古之民未知为饮食时，素①食而分处，故圣人作，诲男耕稼树艺，以为民食。其为食也，足以增气充虚，强体养腹而已矣。故其用财节，其自养俭，民富国治。今则不然，厚作敛于百姓，以为美食刍豢②，蒸炙鱼鳖，大国累百器，小国累十器，前方丈，目不能遍视，手不能遍操，口不能遍味，冬则冻冰，夏则饰饐③。人君为饮食如此，故左右象之，是以富贵者奢侈，孤寡者冻馁，虽欲无乱，不可得也。君实欲天下治而恶其乱，当为食饮不可不节。

古之民未知为舟车时，重任不移，远道不至，故圣王作为舟车，以便民之事。其为舟车也，全固轻利，可以任重致远，其为用财少，而为利多，是以民乐而利之。故法令不急而行，民不劳而上足用，故民归之。当今之主，其为舟车，与此异矣，全固轻利皆已具，必厚作敛于百姓，以饰舟车。饰车以文采，饰舟以刻镂。女子废其纺织而修文采，故民寒；男子离其耕稼而修刻镂，故民饥。人君为舟车若此，故左右象之，是以其民饥寒并至，故为奸衺④。奸衺多则刑罚深⑤，刑罚深则国乱。君实欲天下之治而恶其乱，当为舟车不可不节。

【注释】

① 素：当为"索"，索取，寻找。
② 刍豢：指家畜家禽。
③ 饰饐（yì）：指食物变坏变味。
④ 衺（xié）：邪恶。
⑤ 深：深重，严厉。

【译文】

古代的百姓在还不知道制作饮食时，为了寻找食物而分居各地，所以圣人教导男子耕耘种植，来作为百姓的食物。这些食物以供饮食的原则是，只求补气益虚、强身饱腹就够了。所以他们用财节省，自我节俭，因而百姓富足，国家安定。而现在却不是这样：向老百姓厚敛钱财，用来享受美味牛羊，蒸烤鱼鳖，大国之君要有上百样的菜，小国之君也有几十种菜，面前摆放的食物达一丈见方，眼不能全看到，手不能都够到，嘴也不能全尝到，冬天结冻，夏天臭烂。国君这样讲

究饮食，左右大臣都效法他。因此富贵的人奢侈，孤寡的人挨冻受饿。这样一来，即使不希望国家混乱，也是不可能的。国君若真希望天下治理好而厌恶其混乱，饮食就不可不节制。

古代的百姓在还不知道制造舟车时，重的东西搬不动，远的地方去不了，所以圣王开始制造舟车，用以便利民事。他们制造舟车只求坚固轻便，可以运重物、行远路，费用花得少，而好处很多，所以百姓乐于使用。所以法令不用催促而可推行，民众不用劳苦而上面财用充足，所以百姓都来归顺他。而现在的君主制造舟车却与此不同：舟车已经坚固轻便了，他们还要向百姓横征暴敛，用以装饰舟车。在车上画以文采，在舟上加以雕刻。让女子废弃纺织而去描绘文采，所以百姓受冻；让男子脱离耕稼而去从事雕刻，所以百姓挨饿。国君这样制造舟车，左右大臣都跟着仿效，所以民众饥寒交迫，不得已而做奸邪之事。奸邪之事一多，刑罚必然苛重。刑罚一苛重，国家就会混乱。国君如果真的希望天下治理好而厌恶混乱，制造舟车就不能不节制。

【原文】

凡回①于天地之间，包于四海之内，天壤之情，阴阳之和，莫不有也，虽至圣不能更也。何以知其然？圣人有传：天地也，则曰上下；四时也，则曰阴阳；人情也，则曰男女；禽兽也，则曰牝牡雌雄也。真天壤之情，虽有先王不能更也。虽上世至圣，必蓄私②，不以伤行，故民无怨。宫无拘女③，故天下无寡夫。内无拘女，外无寡夫，故天下之民众。当今之君，其蓄私也，大国拘女累千，小国累百，是以天下之男多寡无妻，女多拘无夫，男女失时，故民少。君实欲民之众而恶其寡，当蓄私不可不节。

凡此五者，圣人之所俭节也，小人之所淫佚也。俭节则昌，淫佚则亡，此五者不可不节。夫妇节而天地和，风雨节而五谷熟，衣服节而肌肤和。

【注释】

①回：旋转，轮回。
②蓄私：蓄养妾媵。
③拘女：指宫女。

【译文】

凡周回于天地之间，包容于四海之内的，天地万物之禀性，阴阳的调和，一切都具备了，即使最伟大的圣人也不能更改。怎么知道是这样的呢？圣人传下的书记载说：天地称作上下，四时称作阴阳，人类分为男女，禽兽分为牝牡雌雄。天地间的真实情况就是这样，即使有先世贤王也不能更改。即使上代至圣，一定都养有侍妾，但却不因此损害他们的品行，所以民众无怨。宫中没有被强留的宫女，所以天下没有鳏夫。宫内没有被强留的宫女，外无鳏夫，因而天下人口众多。现在的国君蓄养侍妾，大国拘禁女子数千，小国也有数百，所以天下男子大多没有妻子，女子多遭被留在宫中而没有丈夫。男女错失婚嫁的时机，所以人口减少。国君如果真想人口增多而厌恶人少，蓄养侍妾就不可不节制。

以上所说的五个方面，都是圣人所节俭而小人所奢侈放纵的。节俭的就昌盛，奢侈放纵的就灭亡，在这五个方面上不可不节制。男女婚嫁有节制，天地就和顺；风调雨顺，五谷就丰收；衣服有节制，身体肌肤就舒适。

【解析】

本篇主要通过对统治者为宫室、衣服、饮食、舟车、蓄私的古今对照，批判当时统治者的奢侈生活。篇题所谓辞过，即要求时君改正这五个方面的过失。

作者从为宫室、城郭、衣服、饮食、舟船和蓄私六个方面来说明财力必须使用有度，应有所节制。作者也并不是全盘反对做这些事情，只是认为如果君王追求奢华享受，那么远近之臣就会争相效仿，这样必将使百姓的负担加重，生活更加窘迫。所以墨子认为，在百姓生活还不能完全得到保障的当时，君主和士大夫应节制自己的欲望，才能使国家因节俭而昌盛，否则必将引起百姓的不满和反抗，从而使国家陷入混乱，严重的还会导致社稷不保，因此对此不能不有所节制。

通观全篇内容，此篇虽以《辞过》为名，但全篇所说的都是为宫室、城郭、衣服、饮食、舟船和蓄私均要注意节制，因此有的研究者认为这与《节用》上篇、中篇内容十分相近，因而主张将此篇视为《节用》的下篇，读者可以据此加以理解。

第七章 三辩
——追求音乐越繁复，治理天下的功绩就越少

【原文】

程繁问于子墨子曰："夫子曰：'圣王不为乐。'昔诸侯倦于听治①，息于钟鼓之乐；士大夫倦于听治，息于竽瑟之乐；农夫春耕、夏耘、秋敛、冬藏，息于聆②缶之乐。今夫子曰：'圣王不为乐'，此譬之犹马驾而不税③，弓张而不弛，无乃非有血气者之所不能至邪！"

【注释】

①听治：处理政务。
②聆：通"瓴"，一种形如瓶子的容器。
③税：通"脱"，解脱。

【译文】

程繁问墨子说："先生曾经说过：'圣明的君王不创作音乐。'以前的诸侯处理政务太劳累了，就听钟鼓之乐来休息；士大夫处理政务太累了，就听竽瑟之乐来休息；农夫春天耕种、夏天除草、秋天收获、冬天贮藏，也要借听陶瓶瓦盆之乐来休息。现在先生说：'圣明的君

王不创作音乐。'这好比将马套上车后就不再卸下,将弓拉开后就不再放松,这恐怕不是有血气的人所能做到的吧!"

【原文】

子墨子曰:"昔者尧舜有茅茨①者,且以为礼,且以为乐。汤放桀于大水②,环天下自立以为王,事成功立,无大后患,因先王之乐,又自作乐,命曰《护》③,又修《九招》。武王胜殷杀纣,环天下自立以为王,事成功立,无大后患,因先王之乐,又自作乐,命曰《象》。周成王因先王之乐,又自作乐,命曰《驺虞》。周成王之治天下也,不若武王;武王之治天下也,不若成汤;成汤之治天下也,不若尧舜。故其乐逾繁者,其治逾寡。自此观之,乐非所以治天下也。"

程繁曰:"子曰:'圣王无乐。'此亦乐已,若之何其谓圣王无乐也?"子墨子曰:"圣王之命也,多寡之,食之利也。以知饥而食之者,智也,故④为无智矣。今圣有乐而少,此亦无也。"

【注释】

①茅茨:当作"第期",尧舜时创造礼乐的人。
②大水:地名。
③《护(hù)》:汤时的乐名。下同。
④因:疑为"固",本来,其实。

【译文】

墨子说:"以前尧舜时期有个叫第期的人,既制定了礼仪,也创作了音乐。后来汤把桀放逐到大水,统一天下,自立为王,事成功立,没有什么大的后患了,于是就承袭先王之乐而自创新乐,取名为《护》,又重新修订了《九招》之乐。周武王战胜殷朝,杀死纣王,统一天下,自立为王,事成功立,没有什么大的后患了,于是沿袭先王之乐而自创新乐,取名为《驺虞》。周成王治理天下不如武王,周武王治理天下不如成汤，成汤治理天下不如尧舜。所以创作的音乐越是繁杂的国王，他的政绩就越少。由此看来，音乐不是用来治理天下的。"

程繁说："先生说：'圣明的君王没有音乐。'但这些就是音乐，怎么能说圣明的君王没有音乐呢？"墨子说："圣明的君王的教令：凡是太盛的东西就减损它。饮食于人有利，若因知道饿了就吃也算是有智慧，也就无所谓智慧了。现在圣明的君王虽然有音乐，但却很少，这就等于没有音乐一样。"

【解析】

本篇通过墨子与程繁对音乐的讨论，论辩音乐究竟对治理政务起到怎样的作用，强调圣人治理天下重在"事功"，反对追求音乐享受。墨子认为追求音乐越繁复，治理天下的功绩就越少，观点虽然偏颇，但针对当时统治者极度追求声乐享乐的现状，还是具有值得肯定的现实意义的。

本篇名为"三辩"，内容却主要反映了墨子的"非乐"思想，因此有人认为是"非乐"篇的残文。

第八章　尚贤（上）
——尚贤乃为政之本，有能则举之，无能则下之

【原文】

子墨子言曰："今者王公大人为政于国家者，皆欲国家之富，人民之众，刑政之治。然而不得富而得贫，不得众而得寡，不得治而得乱，则是本①失其所欲，得其所恶。是其故何也？"子墨子言曰："是在王公大人为政于国家者，不能以尚贤事能为政也。是故国有贤良之士众，则国家之治厚；贤良之士寡，则国家之治薄。故大人之务，将②在于众贤而已。"

【注释】

①本：根本，完全。
②将：应当。

【译文】

墨子说："现在王公大臣治理国家，都希望国家富强，人口众多，刑政有序，然而结果却是国家没有富强却得到了贫困，人口没有增加反而减少，刑政没有得到治理却引发了混乱，完全失去他们原先所希

望的，却得到他们所厌恶的。这是什么原因呢？"墨子说："这是因为王公大人治理国家不能做到尊贤使能。在一个国家中，如果国家的贤良之士众多，那么治理国家的基础就厚实；如果国家的贤良之士稀少，那么治理国家的基础就薄弱。所以王公大臣的急务，将是如何使贤人增多。

【原文】

曰①："然则众②贤之术将奈何哉？"子墨子言曰："譬若欲众其国之善射御之士者，必将富之、贵之、敬之、誉之，然后国之善射御之士，将可得而众也。况又有贤良之士，厚乎德行，辩乎言谈，博乎道术者乎！此固国家之珍而社稷之佐也。亦必且富之、贵之、敬之、誉之，然后国之良士，亦将可得而众也。"

【注释】

①曰：这里是指有人问。
②众：增加。

【译文】

有人问："那么，使贤人增多的方法是什么呢？"墨子说："譬如要使一个国家的善于射御之人增多，就必须使他们富裕，使他们显贵，尊敬他们，赞誉他们，这之后国家善于射御的人就会增多了。何况还有贤良之士，德行醇厚，善于辞令，精于辩论，通晓国家治理之道。他们确实是国家的珍宝、社稷的良佐啊！这些人也必须使他们富裕，使他们显贵，尊敬他们，赞誉他们，这之后国家的良士也就会增多了。"

【原文】

是故古者圣王之为政也，言曰："不义不富，不义不贵，不义不亲，不义不近。"是以国之富贵人闻之，皆退而谋曰："始我所恃者，富贵也。今上举义不辟贫贱①，然则我不可不为义。"亲者闻之，亦退而谋曰："始我所恃者，亲也。今上举义不辟疏，然则我不可不为义。"近者闻之，亦退而谋曰："始我所恃者，近也。今上举义不辟远，然则我不可不为义。"远者闻之，亦退而谋曰："我始以远为无恃，今上举义不辟远，然则我不可不为义。"逮至远鄙郊外之臣、门庭庶子②、国中之众、四鄙之萌人③闻之，皆竞为义。是其故何也？曰：上之所以使下者，一物也；下之所以事上者，一术也。譬之富者，有高墙深宫，墙立既谨④上为凿一门。有盗人入，阖其自入而求之，盗其无自出。是其故何也？则上得要也。

【注释】

①举：选拔。辟：通"避"。
②逮（dài）：及，到。庶子：此指诸侯之同族与卿大夫之子。
③萌人：农民。萌：通"甿"。
④谨：严密，坚固。

【译文】

所以古时圣王治理国家，说道："对不义的人不使其富裕，不使其显贵，不亲近他们，不和他们接近。"所以国中富贵的人听到了，都退下来商议说："当初我所依靠的是富贵，现在朝中选拔义士而不避贫贱，那我不可以做不仁义的事了。"被国君亲近的人听到了，也退回来商议说："当初我所倚仗的是与国君亲近，现在上面选拔义士而不避疏远，那我不可以做不仁义的事了。"在国君身边的人听到了，也退回来商议说："当初我所倚仗的是在国君身边，现在上面选拔义士而不避远人，那我不可以做不仁义的事了。"远离国君的人听到了，也退回来商议说："当初我以为与上面太疏远而无所倚仗，现在上面选拔义士而不避远，那我不可以做不仁义的事了。"等到身处偏远鄙郊外的臣僚、宫庭宿卫人员、国都的民众、四野的农民也听到了，都争着做仁义的事。这是什么原因呢？这是因为君上用来支使臣下的是"尚贤"一法，臣下用来侍奉君上的是"仁义"一途。这好比富人有高墙深宫，墙修得十分严实，仅在上面开一个门，如果有强盗进来，关掉他进入的那扇门来捉拿，强盗就无从逃跑了。这是什么原因呢？这是因为掌握了要害。

【原文】

故古者圣王之为政，列德而尚贤。虽在农与工肆①之人，有能则举之。高予之爵，重予之禄，任之以事，断予之令。曰：爵位不高，则民弗敬；蓄禄不厚，则民不信；政令不断，则民不畏。举三者授之贤者，非为贤赐也，欲其事之成。故当是时，以德就列，以官服事，以劳殿②赏，量功而分禄。故官无常贵而民无终贱。有能则举之，无能则下之。举公义，辟私怨，此若言之谓也。

故古者尧举舜于服泽之阳，授之政，天下平。禹举益于阴方之中，授之政，九州成。汤举伊尹于庖厨之中，授之政，其谋得。文王举闳夭、泰颠于罝③冈之中，授之政，西土服。故当是时，虽在于厚禄尊位之臣，莫不敬惧而施④；虽在农与工肆之人，莫不竞劝而尚意。

故士者，所以为辅相承嗣也。故得士则谋不困，体不劳，名立而功成，美章⑤而恶不生，则由得士也。是故子墨子言曰："得意，贤士不可不举；不得意，贤士不可不举。尚欲祖述⑥尧舜禹汤之道，将不可以不尚贤。夫尚贤者，政之本也。"

【注释】

①肆：作坊。

②殿：同"定"。

③罝（jū居）：捕兽的网。

④施：上疑脱"不"字。

⑤章：通"彰"，显著。

⑥尚：假如。祖：效法。述：遵照。

【译文】

所以古时圣王为政，任德尊贤，即使是从事农业或手工业、经商的人，有能力的就选拔他，给他高的爵位，给他丰厚的俸禄，任命他做事，给他权力。就是说，如果爵位不高，民众对他就不会敬重；俸禄不厚，民众对他就不信任；权力不大，民众对他就不畏惧。把这三种东西给贤者，并不是因为他的贤能而予以赏赐，而是要他把事情办好。所以在这时，根据德行任官，根据官职授权，根据功劳定赏，衡量各人功劳而分发俸禄。所以做官的不会永远富贵，而民众也不会永远贫贱。有能力的就举用他，没有能力的就罢黜他。举公义，避私怨，说的就是这个意思。

所以古时尧把舜从服泽之阳提拔出来，授予他政事，结果天下大治；禹把伯益从阴方之中提拔出来，授予他政事，结果天下统一；汤把伊尹从庖厨之中提拔出来，授予他政事，结果计划得以实施；文王把闳夭、泰颠从狩猎者中提拔出来，授予他们政事，结果西方的诸侯都来归顺。因此在此时，即使处在厚禄尊位的大臣，没有不因心存畏惧敬惧而尽职尽责的；即使处在农业与手工业、经商地位的人，没有不争相勉励而崇尚道德的。

所以，贤士是国家辅佐大臣的接班人。得到了贤士，计谋就不会困乏，身体也不会劳苦，名立而功成，美的更加彰著，恶的不会产生，这都是因为得到了贤士。所以墨子说道："国家安定之时不可不举用贤士，国家混乱之时也不可不举用贤士。如果想继承尧、舜、禹、汤的治国之道，就不可不崇尚贤能。崇尚贤能是政治的根本所在。

【解析】

本文主要探讨"尚贤"与政治的关系，认为"尚贤"乃"为政之本"。所谓"尚贤"，就是崇尚"厚乎德行，辩乎言谈，博乎道术"的贤良之士，认为他们是"国家之珍而社稷之佐也"。作者主张统治者要打破血统界限，从各阶层中选拔真才实学之人，给他们地位和权力，同时将那些尸位素餐的贵族老爷统统撤免。只有这样才能使国家富庶，人民幸福，社会安定，否则便会使国家贫困，人口削弱，社会危乱。对此，作者列举了尧在服泽之阳提拔了舜，禹在阴方之中选出了伯益，汤在厨房里发现了伊尹，文王在猎人的行列间找到了闳夭、泰颠，用诸多古代圣王选拔人才的实例来说明无论在战祸纷飞的乱世，还是功成治定的太平盛世，任用贤者都可使盛名立而大功成、美好彰显而丑恶不生。

全文的主旨概括起来，就是"有能则举之，无能则下之"，同时作者还认为人的地位的尊贵或低贱不是永远不变的。这对当时广大平民阶级争夺政治权力的斗争无疑有着现实意义和理论指导意义。

"尚贤"分上、中、下三篇，内容一致而文字繁简不同，可能是墨家后学中流传的三种不同的记录本子。全书像"尚贤"这样分为上、中、下三篇的情况相当普遍，其情况与此类似。

第九章　尚贤（中）
——明小物而不明大物，社稷长存需尚贤

【原文】

子墨子言曰："今王公大人之君①人民、主社稷、治国家，欲修②保而勿失，故不察尚贤为政之本也！何以知尚贤之为政本也？"曰：自贵且智者为政乎愚且贱者则治，自愚贱者为政乎贵且智者则乱。是以知尚贤之为政本也。

故古者圣王甚尊尚贤而任使能，不党父兄，不偏富贵，不嬖颜色③。贤者举而上之，富而贵之，以为官长；不肖者抑而废之，贫而贱之，以为徒役。是以民皆劝其赏，畏其罚，相率而为贤者，以贤者众而不肖者寡，此谓进贤。然后圣人听其言，迹④其行，察其所能而慎予官，此谓事能。故可使治国者使治国，可使长官者使长官，可使治邑者使治邑。凡所使治国家、官府、邑里，此皆国之贤者也。

【注释】

①君：统治。

②修：长，长久。

③嬖（bì）：宠爱。颜色：指美貌女子。

④迹：观察。

【译文】

墨子说："现在王公大臣统治百姓，主持社稷，治理国家，希望永久保持而不失去，却怎么看不到崇尚贤能是为政的根本呢？从何知道崇尚贤能是为政的根本呢？"回答是：由高贵而聪明的人去治理愚蠢而低贱的人，那么国家便能治理好；由愚蠢而低贱的人去治理高贵而聪明的人，那么国家就会混乱。因此，知道崇尚贤能是为政的根本。

所以古时的圣王很尊崇贤人而任用能人，不袒护父兄，不偏护富贵，不宠爱美色。凡是贤者便选拔上来使其处于高位，给他富贵，让他做官长；凡是无能之人便免去职位，使之贫贱，让他做奴仆。于是人民相互劝赏而畏罚，争相做贤人，所以贤人多而不肖的人少，这便叫荐拔贤能。之后圣人听贤人的言语，观察他的行为，考察他的能力，而谨慎地给他官职，这便叫使用贤能。因此，可以让其治国的，就让其治国；可以让其居官的，就让其居官；可以让其治邑的，就让其治邑。凡是可以用来治理国家、官府、邑里的，都是国家中的贤能之人。

【原文】

贤者之治国也，蚤朝晏①退，听狱治政，是以国家治而刑法正。贤者之长官也，夜寝夙兴，收敛关市、山林、泽梁之利，以实官府，是以官府实而财不散。贤者之治邑也，蚤出②莫入，耕稼树艺、聚菽粟，是以菽粟多而民足乎食。故国家治则刑法正，官府实而万民富。上有以絜为酒醴粢盛以祭祀天、鬼，外有以为皮币③，与四邻诸侯交接；内有以食饥息劳，将养其万民；外有以怀天下之贤人。是故上者天鬼富之，外者诸侯与之，内者万民亲之，贤人归之。以此谋事则得，举事则成，入守则固，出诛则强。故唯昔三代圣王尧舜禹汤文武之所以王天下、正诸侯者，此亦其法已。

【注释】

①蚤：通"早"。晏：晚。

②莫：通"暮"。

③皮：皮毛。币：古人用作礼物的丝织品。

【译文】

贤能的人治理国家，上朝早而退朝晚，审听案件，处理政务，所以国家得到治理，刑法得以端正；贤能的人做官，晚睡早起，征收关市、山林、川泽的税利，以充实官家府库，所以国库充实而财富不流失；贤能的人治理都邑，早出晚归，翻耕种植，多聚豆粟，所以粮食多而百姓食用充足，因此国家得到治理，刑法得以端正，国库充实而万民富足。对上能洁治酒食，去祭祀上天鬼神；对外能制造皮毛与丝织品，与四邻诸侯交往；对内可以使饥者得食，劳者得息，以此来使天下百姓得以休养生息；对外可以招徕天下的贤能之人。所以上有天帝鬼神赐予他财富，外有诸侯与他结交，内有万民亲附，贤人归顺。因此谋事能达目的，做事能够成功，在内防守能够坚固，出征讨伐能够强大。所以从前三代圣王尧、舜、禹、汤、文、武能王霸天下，成为一方诸侯之首，这也正是他们的法则。

【原文】

既曰若法，未知所以行之术，则事犹若未成，是以必为置三本①。何谓三本？曰：爵位不高，则民不敬也；蓄禄不厚，则民不信也；政令不断，则民不畏也。故古圣王高予之爵，重予之禄，任之以事，断予之令。夫岂为其臣赐哉？欲其事之成也。《诗》曰："告女②忧恤，诲女予爵，孰能执热，鲜不用濯？"则此语古者国君诸侯之不可以不执善承嗣辅佐也。譬之犹执热之有③濯也，将休其手焉。古者圣王唯毋得贤人而使之，般④爵以贵之，裂地以封之，终身不厌。贤人唯毋得明君而事之，竭四肢之力，以任君之事，终身不倦。若有美善则归之上，是以美善在上，而所怨谤在下；宁乐在君，忧戚在臣。故古者圣王之为政若此。

【注释】

① 本：举措。
② 女：通"汝"，你。
③ 有：据上文当为"用"。
④ 般："颁"之假借字。

【译文】

既然有这样的法则，但如果不知道用以推行这一法则的方法，那么事情仍然办不成。所以要立下三项根本措施。什么叫三项根本措施呢？答道：如果爵位不高，民众对他就不会敬重；俸禄不厚，民众对他就不信任；权力不大，民众对他就不畏惧。把这三项根本措施给贤者，并不是因为他的贤能而予以赏赐，而是要他把事情办好。《诗经》上说："告诉你要体恤别人，教给你如何安排爵位，谁能拿了热的东西，而不用冷水洗手呢？"这是说古代的国君、诸侯不可不亲善那些继承人和辅佐大臣，就如同拿了热的东西后要用冷水洗濯一样，以使自己的手得到休息。古时的圣王得到贤人而任用他，颁赐爵位使他显贵，分割土地做他封邑，终身都不厌弃。贤人得遇明君，也必竭尽全力去为国君办事，终身不倦。如果有了美德善事，就归功于国君。所以，美德善事归功于国君而怨恨诽谤则由臣下承担；安宁喜乐由国君享用，而忧患则由臣下分担。古代圣王处理政务大概如此。

【原文】

今王公大人亦欲效人，以尚贤使能为政，高予之爵而禄不从也。

夫高爵而无禄，民不信也，曰："此非中实爱我也，假藉而用我也。"夫假藉之，民将岂能亲其上哉？故先王言曰："贪于政者，不能分人以事；厚于货者，不能分人以禄。"事则不与，禄则不分，请问天下之贤人将何自至乎王公大人之侧哉？若苟贤者不至乎王公大人之侧，则此不肖者在左右也。不肖者在左右，则其所誉不当①贤，而所罚不当暴。王公大人尊②此，以为政乎国家，则赏亦必不当贤，而罚亦必不当暴。若苟赏不当贤而罚不当暴，则是为贤者不劝，而为暴者不沮③矣。是以入则不慈孝父母，出则不长弟④乡里；居处无节，出入无度，男女无别。使治官府则盗窃，守城则倍畔⑤；君有难则不死，出亡则不从。使断狱则不中，分财则不均；与谋事不得，举事不成，入守不固，出诛不强。故虽昔者三代暴王桀纣幽厉之所以失措其国家，倾覆其社稷者，已此故也。何则？皆以明小物而不明大物也。

【注释】

①当：得当，适合。

②尊：通"遵"。

③沮：阻止。

④弟：通"悌"。

⑤倍畔：即"背叛"。

【译文】

现在王公大臣也想效法古人为政，尊敬贤者，任用能者，给他们高的爵位，但俸禄却不相应增加。爵位高而没有相应的俸禄，百姓是不会相信的，会说："这不是真正的爱我，不过是假借虚名来使用我罢了。"既然是被假借利用，百姓怎能亲附君上呢？所以先王说："贪于权位的，不能把政事分给别人；重视财货的，不能把俸禄分给别人。"政事既不让人参与，俸禄又不分给别人，请问，天底下的贤人又怎么会来到王公大人的身边呢？如果贤人不来到王公大臣的身边，那就有不肖的人在周围了。不肖的人在周围，则他们所称赞的不会是真正的贤人，所惩罚的也不会是真正的恶人。王公大人如果依靠这些人来治理国家，那么他们所奖赏的也一定不会是真正的贤人，所惩罚的也一定不会是真正的恶人。如果所赏非贤，所罚非暴，那么做贤人的得不到勉励，而做恶人的也得不到阻止了。那些在家不知道孝顺父母，出外不懂得敬重乡里；居处没有节制，出入没有限度，男女没有区别；让他治理官府就会抢劫偷窃，让他守城就会投降叛变；君上有难不肯牺牲自己，君主出亡不肯追随；让他判案则不会公正，分配财物则不会平均；和他谋事达不到目的，让他办事办不成，让他防守不稳固，让他征伐则不强大。所以像从前三代暴君桀、纣、幽、厉之所以损害其国家、倾覆其社稷，就是因为他们都只明了小事理而不明了大道理。

【原文】

今王公大人有一衣裳不能制也，必藉良工；有一牛羊不能杀也，必藉良宰。故当若之①二物者，王公大人未知以尚贤使能为政也。逮至其国家之乱，社稷之危，则不知使能以治之。亲戚则使之，无故富贵、面目佼②好则使之。夫无故富贵、面目佼好则使之，岂必智且有慧哉？若使之治国家，则此使不智慧者治国家也。国家之乱，既可得而知已。

且夫王公大人有所爱其色而使，其心不察其知，而与其爱。是故不能治百人者，使处乎千人之官；不能治千人者，使处乎万人之官，此其故何也？曰：处若官者，爵高而禄厚，故爱其色而使之焉！夫不能治千人者，使处乎万人之官，则此官什倍③也。夫治之法将日至者也，日以治之，日不什修，知以治之，知不什益。而予官什倍，则此治一而弃其九矣。虽日夜相接，以治若官，官犹若不治。此其故何也？则王公大人不明乎以尚贤使能为政也。故以尚贤使能为政而治者，夫若言之谓也；以下贤为政而乱者，若吾言之谓也。今王公大人中实将欲治其国家，欲修保而勿失，故不察尚贤为政之本也？

【注释】

①之：这。

②佼：通"姣"。

③什倍：十倍。

【译文】

现在的王公大臣，有一件衣裳不能缝制，必定要借助高明的裁缝；有一只牛羊不能宰杀，必定要借助高明的屠夫。所以遇到上面这两种事情，王公大人也未尝不知道以尚贤使能为重，而一到国家丧乱、社稷倾危，就不知道尚贤使能以治理国家了。凡是亲戚就任用他们，凡是无缘无故得到富贵的、相貌长得好看的就任用他们。那些无缘无故得到富贵的、相貌长得好看的就任用他们，难道这些人都很有智慧吗？如果使他们治理国家，那是使不聪明的人治理国家呀！国家的混乱也就可想而知了。

再说王公大臣因爱一个人的美貌而任用他，心中并不考察他的智慧而给他以宠爱，所以不能治理百人的，竟让他做管理一千人的官；

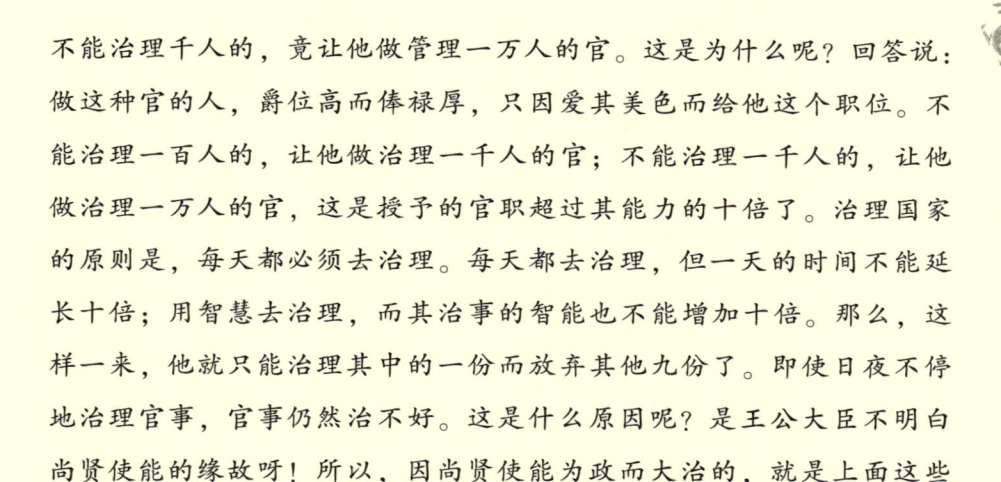

不能治理千人的，竟让他做管理一万人的官。这是为什么呢？回答说：做这种官的人，爵位高而俸禄厚，只因爱其美色而给他这个职位。不能治理一百人的，让他做治理一千人的官；不能治理一千人的，让他做治理一万人的官，这是授予的官职超过其能力的十倍了。治理国家的原则是，每天都必须去治理。每天都去治理，但一天的时间不能延长十倍；用智慧去治理，而其治事的智能也不能增加十倍。那么，这样一来，他就只能治理其中的一份而放弃其他九份了。即使日夜不停地治理官事，官事仍然治不好。这是什么原因呢？是王公大臣不明白尚贤使能的缘故呀！所以，因尚贤使能为政而大治的，就是上面这些话所说的；因不能尚贤使能而为政混乱的，就像我所说的一样。现在的王公大臣，如果心中真正想治理好国家，为什么不去体察"尚贤为政"这个根本呢？

【原文】

且以尚贤为政之本者，亦岂独子墨子之言哉？此圣王之道，先王之书《距年》之言也。传曰："求圣君哲人，以裨辅而①身。"《汤誓》曰："聿求元②圣，与之戮力同心，以治天下。"则此言圣之不失以尚贤使能为政也。故古者圣王唯能审以尚贤使能为政，无异物杂焉，天下皆得其利。

古者舜耕历山，陶③河濒，渔雷泽。尧得之服泽之阳，举以为天子，与接④天下之政，治天下之民。伊挚，有莘氏女之私臣，亲为庖人。汤得之，举以为己相，与接天下之政，治天下之民。傅说被褐带索，庸⑤筑乎傅岩。武丁得之，举以为三公，与接天下之政，治天下之民。此何故始贱卒而贵，始贫卒而富？则王公大人明乎以尚贤使能为政，是以民无饥而不得食，寒而不得衣，劳而不得息，乱而不得治者。

【注释】

①而：你。

②聿（yù）：文言助词，无义，用于句首或句中。元：大。

③陶：制作陶器。

④接：接管，接掌。

⑤庸：通"佣"。

【译文】

况且，以尚贤使能作为政治的根本，又岂止是墨子这样说的呢？这原是圣王的治国之道，是先王的书《距年》中的记载。《传》上说："要寻求圣君和哲人来辅佐你。"《汤誓》中说："求到大圣人，要和他同心协力共治天下。"这些都说明圣人不放弃以尚贤使能治理国家。所以古时圣王能以尚贤使能来治理政事，不受其他事情的干扰，因此天下都得到了利益。

古时舜在历山耕种，在黄河边制陶器，在雷泽捕鱼。尧帝在服泽之北岸找到他，推举他做天子，让他掌管天下的政事，治理天下的人民。伊尹本是有莘氏的陪嫁私臣，只是一个厨子。汤得到他，任用他为宰相，让他掌管天下的政事，治理天下的人民。傅说身穿粗布衣，系着绳索，在傅岩受佣筑墙。武丁得到他，任用他为三公，让他掌管天下的政事，治理天下的人民。他们为什么始贱终贵、始贫终富呢？这是因为王公大臣懂得以尚贤使能治理国政，所以人民才不至于饥不得食、寒不得衣、劳不得息、乱不得治。

【原文】

故古圣王以①审以尚贤使能为政，而取法于天。虽天亦不辩②贫富、贵贱、远迩、亲疏，贤者举而尚之，不肖者抑而废之。

然则富贵为贤以得其赏者谁也？曰：若昔者三代圣王尧舜禹汤文

武者是也。所以得其赏何也？曰：其为政乎天下也，兼而爱之，从而利之，又率天下之万民，以尚尊天事鬼、爱利万民。是故天、鬼赏之，立为天子，以为民父母，万民从而誉之"圣王"，至今不已。则此富贵为贤以得其赏者也。

【注释】

①以：当为"能"。

②辩：通"辨"。

【译文】

所以古时的圣王能审慎地以尚贤使能来治理国政，并且取法于天。只有天不分贫富贵贱、远近亲疏，只要是贤能之人就选拔并重用他，不肖的人就压制甚至罢免他。

既然这样，那么，那些富贵而行仁政的人，又有哪些人得到上天的赏赐呢？回答道：像从前的圣王尧、舜、禹、汤、文、武等都是。他们得到赏赐的原因又是什么呢？回答道：他们治理天下，能够相爱互利，又率领天下万民崇尚尊天事鬼、爱人利民。所以天地鬼神赏赐他们，立他们为天子，做人民的父母，人民从而称赞他们为"圣王"，至今不息。这就是富贵而行仁政得到上天赏赐的原因。

【原文】

然则富贵为暴以得其罚者谁也？曰：若昔者三代暴王桀纣幽厉者是也。何以知其然也？曰：其为政乎天下也，兼而憎之，从而贼①之，又率天下之民以诟天侮鬼，贼傲万民。是故天、鬼罚之，使身死而为刑戮，子孙离散，室家丧灭，绝无后嗣，万民从而非之曰"暴王"，至今不已。则此富贵为暴而以得其罚者也。

然则亲而不善以得其罚者谁也？曰：若昔者伯鲧，帝之元子，废帝之德庸②，既乃刑之于羽之郊，乃热照无有及也，帝亦不爱。则此亲而不善以得其罚者也。

【注释】

①贼：残害。

②鲧：(gǔn)。帝：指颛顼(zhuān xū)。元子：长子。庸：功劳。

【译文】

那么那些身处富贵而行为残暴却得到惩罚的又有哪些人呢？回答道：像从前三代的暴君桀、纣、幽、厉就是这样的人。是怎么知道的呢？回答道：他们统治天下，互相仇恨和残害，又率领天下的人民咒骂上天，侮慢鬼神，残害万民。所以上天鬼神给他们惩罚，使他们本身被刑戮，子孙离散，家室毁灭，后嗣断绝，万民从而斥骂他们为"暴王"，至今不息。这就是身处富贵却行为残暴而得到上天惩罚的原因。

那么，亲近的人但行为不良而得到惩罚的又有哪些人呢？回答道：像从前的伯鲧，是颛顼帝的长子，败坏了帝的功德，不久就被诛杀于羽山郊外，那是日月所照不到的地方，颛顼帝也不再爱他。这就是亲近的人但行为不良而得到上天惩罚的原因。

【原文】

然则天之所使能者谁也？曰：若昔者禹、稷、皋陶是也。何以知其然也？先王之书《吕刑》道之，曰："皇帝清问下民，有辞有苗①。曰：'群后之肆②在下，明明不常，鳏寡不盖。德威维威，德明维明。'乃名③三后，恤功于民：伯夷降典，哲民维刑；禹平水土，主名山川；稷隆④播种，农殖嘉谷。三后成功，维假⑤于民。"则此言三圣人者，谨其言，慎其行，精其思虑；索天下之隐事遗利，以上事天，则天乡⑥其德；下施之万民，万民被其利，终身无已。故先王之言曰："此道也，大用之天下则不窕⑦，小用之则不困，修用之则万民被其利，终身无已。"

《周颂》道之曰："圣人之德，若天之高，若地之普，其有昭于天下；若地之固，若山之承⑧，下坼不崩；若日之光，若月之明，与天地同常。"则此言圣人之德，章明博大，埴⑨固以修久也。故圣人之德，盖总乎天地者也。

【注释】

① 辞：批评，谴责。有苗：古代族名，又称三苗。
② 肆：当为"逮"，及。
③ 名：命令。
④ 隆：当为"降"。
⑤ 假：通"嘏"，受福之意。
⑥ 乡：通"享"，享用。
⑦ 窕：空隙。
⑧ 承：意为接天，极言其高。
⑨ 埴（zhí）：黏土。

【译文】

那么，天所使用的贤能的人又有谁呢？回答道：像从前禹、稷、皋陶就是。怎么知道是这样呢？先王之书《吕刑》中说过："尧帝明白地询问人民，人民都谴责有苗。帝尧说：'各位君主及在下执事之人，凡是有德之人即可不拘常规地任用，鳏寡之人也没有关系。建立在崇高品德之上的威严才是真正的威严，出于崇高品德的明察才是真正的明察。'于是命令伯夷、禹、稷三君，忧虑勤劳民事：伯益制定法令，使人民效法贤能之人；禹平治水土，制定山川的名称；稷教民播种，让人民努力耕种粮食。这三君的成功，使人民大受其福。"这说的是三位圣人，谨言慎行，精心考虑，去求索天下没有被发现的事

物和被遗忘的利益。以此上奉于天，天即享用其德；以此下施于万民，万民即蒙受其利，终身不止。所以先王说："这种道，用到治天下这大处来说就不会有遗漏；用到小处来说，也不会困塞。长久用它，则万民受其利，终身不止。"

《周颂》曾说过："圣人的德行，像天一样高，像地一样广，光照于天下；像大地一样稳固，像高山一样屹立，不会断裂、不会崩塌；像太阳一样光明，像月亮一样明朗，像天地一样长久。"这就是说圣人的德行光明博大，坚牢而长久。所以圣人之美德，是总合天地之间的一切美德。

【原文】

今王公大人欲王天下、正诸侯，夫无德义，将何以哉？其说将必挟震威强。今王公大人将焉取挟震威强哉？倾者民之死也！民生为甚欲，死为甚憎，所欲不得而所憎屡至。自古及今，未尝能有以此王天下、正诸侯者也。今大人欲王天下，正诸侯，将欲使意①得乎天下，名成乎后世，故②不察尚贤为政之本也？此圣人之厚行也。

【注释】

①意：意图。
②故：通"胡"，为什么。

【译文】

现在的王公大臣想要统治天下、匡正诸侯,但却没有德义,那依靠什么呢?他们说必用威力和强权。现在王公大臣将会从使用威力强权中得到什么呢?它必然会被面临死亡威胁的人民所倾毁。百姓对生都十分爱惜,对死都十分憎恨,他们所希望的得不到,却常常得到所厌恶的。从古到今,绝对没有以这种方式统一天下、匡正诸侯的。现在王公大臣想统一天下,匡正诸侯,想要使自己得志于天下,成名于后世,为什么不看到尚贤这一为政之根本呢?这是圣人崇高的品行所在啊!

【解析】

作者开篇提出只有让"贵且智"的贤能之人去治理国家、管理"愚且贱"的民众,国家才能得到治理,社稷才能长存,所以"尚贤"是为政的根本。作者接着从"进贤"和"事能"两方面进一步展开分析,强调不仅要能够不拘一格地选拔贤人,同时更要明确地考查对方的能力,授予最适合对方、可以使其充分发挥自己才能的职位,并给予丰厚的俸禄和决断的权力。作者认为,只有这样才能使天下的民众相信君主的"尚贤"之心是真诚的,远近各处的贤能之士才会因此而为国效力。

本文首先分别以圣王尧、舜、禹、汤、文、武和暴君桀、纣、幽、厉为正反两面的例子来论证"尚贤"与否产生的不同结果,接着又以"今王公大人,有一衣裳不能制也,必藉良工;有一牛羊不能杀也,必藉良宰"打比方,说明只在这些小事上"尚贤",而在治国的大事上却不知"尚贤",这是"明小物而不明大物",非圣王之道。

本文主旨与上一篇"尚贤上"相同,只是论述得更为详尽具体,所用篇幅也较前者要长。

第十章　尚贤（下）
——崇尚贤能是百姓的利益所在，也是政务的根本

【原文】

子墨子言曰：天下之王公大人皆欲其国家之富也，人民之众也，刑法之治也。然而不识以尚贤为政其国家百姓，王公大人本失尚贤为政之本也。若苟王公大人本失尚贤为政之本也，则不能毋①举物示之乎？

今若有一诸侯于此，为政其国家也，曰："凡我国能射御之士，我将赏贵之；不能射御之士，我将罪贱之。"问于若国之士，孰喜孰惧？我以为必能射御之士喜，不能射御之士惧。我赏②因而诱之矣，曰："凡我国之忠信之士，我将赏贵之；不忠信之士，我将罪贱之。"问于若国之士，孰喜孰惧？我以为必忠信之士喜，不忠不信之士惧。今惟毋以尚贤为政其国家百姓，使国为善者劝，为暴者沮③。大以为政于天下，使天下之为善者劝，为暴者沮。然昔吾所以贵尧舜禹汤文武之道者，何故以哉？以其唯毋临众发政而治民，使天下之为善者可而劝也，为暴者可而沮也。然则此尚贤者也，与尧舜禹汤文武之道

同矣。

【注释】

① 毋：不。

② 赏：当作"尝"。

③ 沮：止。

【译文】

墨子说：天下的王公大臣都希望自己的国家富足，人口众多，政治安定，但却不知道以尚贤使能去治理国家和百姓。王公大臣丧失了尚贤使能这一治国的根本。如果王公大臣从不知道尚贤使能这一治理政事的根本，我们就不能举出事例来开导他吗？

现在假设这里有一个诸侯，在他的国家治理政事，说道："凡是我国能射箭和驾车的人，我都将奖赏他，使他富贵；那些不能射箭和驾车的人，我都将责罚他，使他贫贱。"试问这个国家的人士，谁高兴谁害怕呢？我认为必定是善于射箭驾车的人高兴，不善于射箭驾车的人害怕。我曾顺着前一假设进一步诱导说："凡是我国忠信之人，我都将奖赏他，使他富贵；不忠不信的人，我都将责罚他，使他贫贱。"试问这个国家的人士，谁高兴谁害怕呢？我认为必定是忠信的人高兴，不忠不信的人害怕。现在如果对自己的国家人民采取尚贤政治，就会使一国为善的人受到勉励，行暴的人受到阻止。进一步行使尚贤政治于天下，就会使天下为善的人受到勉励，行暴的人受到阻止。我以前之所以尊崇尧、舜、禹、汤、文、武的治国之道，是什么缘故呢？因为他们当众发布政令以治理百姓，使天下为善的人可以受到勉励，行暴的人可以受到阻止。这就是尚贤，它和尧、舜、禹、汤、文、武的治国之道是一样的。

【原文】

而今天下之士君子，居处言语皆尚贤；逮至其临众发政而治民，莫知尚贤而使能。我以此知天下之士君子，明于小而不明于大也。何以知其然乎？今王公大人有一牛羊之财不能杀，必索良宰；有一衣裳之财不能制，必索良工。当王公大人之于此也，虽有骨肉之亲、无故富贵、面目美好者，实知其不能也，不使之也。是何故？恐其败财也。当王公大人之于此也，则不失尚贤而使能。王公大人有一罢①马不能治，必索良医；有一危弓不能张，必索良工。当王公大人之于此也，虽有骨肉之亲、无故富贵、面目美好者，实知其不能也，必不使。是何故？恐其败财也。当王公大人之于此也，则不失尚贤而使能。逮至其国家则不然，王公大人骨肉之亲、无故富贵、面目美好者则举之。则王公大人之亲其国家也，不若亲其一危弓、罢马、衣裳、牛羊之财与？我以此知天下之士君子，皆明于小而不明于大也。此譬犹瘖者而使为行人②，聋者而使为乐师。

【注释】

①罢：通"疲"。

②瘖（yīn）：通"喑"，哑。行人：指外交人员。

【译文】

然而现在天下的士人君子，平时行为处事说话言谈都知道崇尚贤能，而一到他们面对民众发布政令以治理百姓的时候，就不知道尚贤使能了。我由此知道天下的士人君子，只明白小道理而不明白大道理。怎么知道是这样呢？现在的王公大臣有一只牛羊不会杀，一定去找高明的屠夫；有一件衣裳不会做，一定去找高明的裁缝。当王公大臣遇到此类问题时，即使像自己的骨肉那样亲近的人，那些无缘无故得到富贵的人，以及相貌好看的人，如果确实知道他们没有能力，就不会任用他们。为什么呢？因为担心损失自己的财物。当王公大臣对待此类问题时，就不失为一个尚贤使能的人。王公大臣有一匹病马不能医治，一定要找高明的兽医；有一张坏弓拉不开，一定要找高明的工匠。当王公大臣遇到此类问题时，即使像自己的骨肉那样亲近的人，那些无缘无故得到富贵的人，以及相貌好看的人，如果确实知道他们没有能力，就不会任用他们。为什么呢？因为担心损失自己的财物。当王公大臣对待此类问题时，就不失为一个尚贤使能的人。但一到他治理国家就不这样了，只要是王公大臣的骨肉之亲，无缘无故富贵以及面貌好看的人，就举用他。如此看来，王公大臣爱他自己的国家，还不如爱他的一张坏弓、一匹病马、一件衣裳、一只牛羊？我因此知道天下的士人君子只明白小道理而不明白大道理。这就好像让一个哑巴去充当外交人员、让一个聋人去充当乐师一样。

【原文】

是故古之圣王之治天下也，其所富，其所贵，未必王公大人骨肉之亲、无故富贵、面目美好者也。是故昔者舜耕于历山，陶于河滨，渔于雷泽，灰①于常阳。尧得之服泽之阳，立为天子，使接天下之政，而治天下之民。昔伊尹为莘氏女师仆，使为庖人，汤得而举之，立为三公，使接天下之政，治天下之民。昔者傅说居北海之洲，圜土②之上，衣褐带索，庸筑于傅岩之城，武丁得而举之，立为三公，使之接天下之政，而治天下之民。是故昔者尧之举舜也，汤之举伊尹也，武丁之举傅说也，岂以为骨肉之亲、无故富贵、面目美好者哉？惟法其言，用其谋，行其道，上可而利天，中可而利鬼，下可而利人，是故推③而上之。

【注释】

①灰：指烧制石灰。

②圜（yuán）土：牢狱。

③推：推荐，推举。

【译文】

所以古代圣王治理天下，他所富所贵的，未必是王公大人的骨肉之亲、无故富贵者、面貌好看的人。所以，从前舜在历山下耕田，在黄河边制陶器，在雷泽捕鱼，在常阳烧制石灰。尧在服泽之地得到他，推举他为天子，让他掌管天下的政事，治理天下的人民。从前伊尹是有莘氏女的私臣，让他做厨师，汤得到并举用他，立他为三公，使他掌管天下的政事，治理天下的人民。从前傅说住在北海之洲的牢狱之中，穿着粗布衣，系着绳子，像佣人一样在傅岩筑城，武丁得到并举用他，立他为三公，使他掌管天下的政事，治理天下的人民。由此看来，从前尧举用舜，汤举用伊尹，武丁举用傅说，难道因为他们是骨肉之亲、无缘无故富贵者、面貌好看的人吗？那只是遵照他们的话去做，采用他们的谋略，实行他们的主张，从而上可有利于天，中可有利于鬼，下可有利于人，所以把他们推举提拔上去。

【原文】

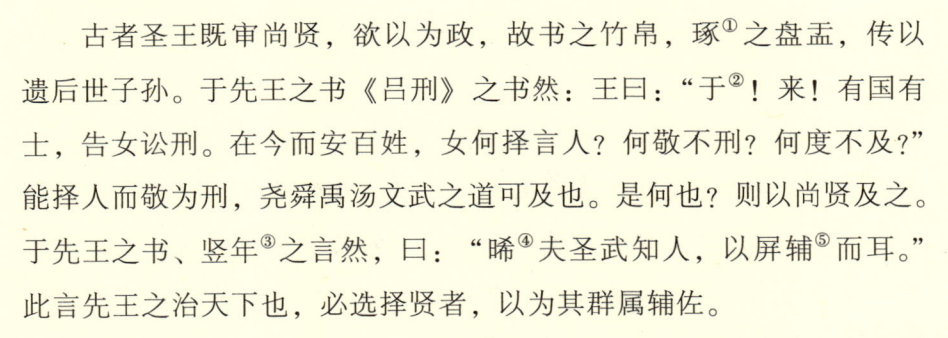

古者圣王既审尚贤，欲以为政，故书之竹帛，琢①之盘盂，传以遗后世子孙。于先王之书《吕刑》之书然：王曰："于②！来！有国有土，告女讼刑。在今而安百姓，女何择言人？何敬不刑？何度不及？"能择人而敬为刑，尧舜禹汤文武之道可及也。是何也？则以尚贤及之。于先王之书、竖年③之言然，曰："晞④夫圣武知人，以屏辅⑤而耳。"此言先王之治天下也，必选择贤者，以为其群属辅佐。

曰：今也天下之士君子，皆欲富贵而恶贫贱，曰然女何为而得富贵而辟贫贱？莫若为贤，为贤之道将奈何？曰：有力者疾⑥以助人，有财者勉以分人，有道者劝以教人。若此，则饥者得食，寒者得衣，乱者得治。若饥则得食，寒则得衣，乱则得治，此安生生。

【注释】

①琢：雕，刻。

②于：叹词。

③竖年：指老年人。

④晞：通"希"，希望，希求。

⑤屏辅：辅佐。

⑥疾：快速。

【译文】

古时的圣王既已明白了尚贤的道理，想以此治理政务，所以把它写在竹帛，雕在盘盂上，流传下去留给后世子孙。在先王留下的《吕刑》一书中这样记载：王说："喂！来啊！有国家、有领土的人，我来告诉你们使用刑罚之道。在现今你们要安抚百姓，你们除了贤人，还有什么可选择的呢？除了刑罚，还有什么可重视的呢？还有什么考虑不能达到呢？"能选择人才，敬重刑罚，尧、舜、禹、汤、文、武的治国之道就可以得到了。这是什么原因呢？因为可以通过尚贤而达到。在先王之书、老年人的话中这样说道："寻求圣人、勇人、智人来辅佐你。"这是说先王治理天下，一定要选择贤能的人做他的僚属辅佐。

有人说："现在天下的士人君子，都希望富贵而厌恶贫贱。"试问，你怎么做才能得到富贵而避免贫贱呢？最好是做贤人。那么做贤人的道理又是怎样的呢？回答说：有力气的赶快帮助别人，有钱财的努力分给别人，有智慧的人勉励教导别人。这样，饥饿的人就可以得到食物，寒冷的人就可以得到衣服，混乱的社会就可以得到治理。如果饥饿的人可以得到食物，寒冷的人可以得到衣服，混乱的社会可以得到治理，这就可以使人各安其生。

【原文】

今王公大人，其所富，其所贵，皆王公大人骨肉之亲、无故富贵、面目美好者也。今王公大人骨肉之亲、无故富贵、面目美好者，焉故必知①哉？若不知，使治其国家，则其国家之乱，可得而知也。

今天下之士君子，皆欲富贵而恶贫贱，然女何为而得富贵而辟贫贱哉？曰：莫若为王公大人骨肉之亲、无故富贵、面目美好者。王公大人骨肉之亲、无故富贵、面目美好者，此非可学能者也。使②不知辩，德行之厚，若禹汤文武，不加得也；王公大人，骨肉之亲，譬③瘖聋暴为桀纣，不加失也。是故以赏不当贤，罚不当暴。其所赏者，已无故矣；其所罚者，亦无罪。是以使百姓皆攸心解体④，沮以为善；垂⑤其股肱之力，而不相劳来⑥也；腐臭余财，而不相分资也；隐慝良道，而不相教诲也。若此，则饥者不得食，寒者不得衣，乱者不得治。

推而上之以，是故昔者尧有舜，舜有禹，禹有皋陶，汤有小臣，武王有闳夭、泰颠、南宫括、散宜生，而天下和，庶民阜。是以近者安之，远者归之。日月之所照，舟车之所及，雨露之所渐，粒食之所养，得此莫不劝誉。且今天下之王公大人士君子，中⑦实将欲为仁义，求为上士，上欲中圣王之道，下欲中国家百姓之利，故尚贤之为说，而不可不察此者也。尚贤者，天、鬼、百姓之利而政事之本也。

【注释】

①知：通"智"。

②使：假如。

③躄（bì）：跛脚。

④攸：疑为"散"字之误。解：通"懈"，懈怠。

⑤垂：当作"舍"。

⑥劳来：勤劳。

⑦中：符合。

【译文】

现在的王公大臣，他所使其富有和尊贵的，都是他们的骨肉之亲、无缘无故富贵以及面貌好看的人，这样的人怎能一定聪明呢？如果不聪明，让他治理国家，那么国家的混乱也就可想而知了。

现在天下的士人君子，都希望富贵而厌恶贫贱，可是你要怎样才能得到富贵而避免贫贱呢？回答是：最好做王公大臣的骨肉之亲、无缘无故富贵者以及面貌好看的人。然而王公大臣的骨肉之亲、无缘无故富贵者以及面貌好看的人，却不是能学得来的。假如不知分辨的话，即使德行醇厚如禹、汤、文、武，也不会得到任用；而王公大臣的骨肉之亲，即使是跛子、聋哑人、盲人乃至暴虐如桀纣，也不会弃之不用。因此，奖赏的不会是真正的贤人，惩罚的也不会是真正的恶人。他所奖赏的人是没有功劳的人，所惩罚的也是没有罪过的人。因此使百姓人心涣散，不愿积极向善；宁可闲着，也不愿相互勉励帮助；宁愿让多余的财物腐臭变质，也不愿相互资助；宁可隐藏自己好的学问，

也不愿相互教导。如此一来，饥饿的人就得不到食物，寒冷的人就得不到衣服，混乱的状况就得不到治理。

只有推举提拔贤能之士，像从前的尧有舜，舜有禹，禹有皋陶，汤有伊尹，武王有闳夭、泰颠、南宫括、散宜生，才能做到天下太平，人民富足。因此，近处的人安于其居，远处的人前来归附。凡是日月所照、舟车所至、雨露所滋润、谷食所养活的地方，得到这些贤人的治理后，无不相互劝勉和称赞他们。假如现今天下的王公大臣及士人君子，心中真想行仁义之事，希望做高尚之士，对上希望符合圣王之道，对下希望符合国家与百姓之利，那就不可不认真考虑尚贤这一说法了。总之，崇尚贤能是天帝、鬼神、百姓的利益所在，也是政务的根本。

【解析】

本文以古、今为政者的不同做法作对比，以此来说明古代先王因为能真正任用贤能之人，才使更多的贤能之士主动归附，从而使国家大治、百姓安乐；而现在的君主，只知道在小事上任用良工能匠，如宰杀牛羊、缝制衣服、治愈病马等，在治理国家的时候却任人唯亲，这是不符合先王之道的。作者通过反复论述，希望能引起统治者足够的重视，切实推行"尚贤"这一为政的根本措施。

此篇文辞中错乱难通之处较多，许是传抄漏误所致。

第十一章 尚同（上）
——遵循上天的意志，不可独断专行，才能治理好天下

【原文】

子墨子言曰：古者民始生，未有刑政之时，盖其语，人异义。是以一人则一义，二人则二义，十人则十义。其人兹①众，其所谓义者亦兹众。是以人是其义，以非人之义，故交相非也。是以内者父子兄弟作怨恶离散，不能相和合；天下之百姓，皆以水火毒药相亏害，不能以相劳；腐②朽余财，不以相分；隐匿良道，不以相教。天下之乱，若禽兽然。

夫明虖③天下之所以乱者，生于无政长，是故选天下之贤可者，立以为天子。天子立，以其力为未足，又选择天下之贤可者，置立之以为三公。天子、三公既以立，以天下为博大，远国异土之民，是非利害之辩，不可一二④而明知，故画分⑤万国，立诸侯国君。诸侯国君既已立，以其力为未足，又选择其国之贤可者，置立之以为正长⑥。

【注释】

①兹：更加。

②腐（xiǔ）：腐臭。
③虖：通"乎"。
④一二：当为"一一"。
⑤画分：划分。
⑥正长：即"政长"，行政长官。

【译文】

墨子说：古代人类刚刚产生，还没有刑法政治的时候，他们所说的话的意思是因人而异的。所以一人就有一种道理，两人就有两种道理，十人就有十种道理。人越多，他们所谓的道理也就越多。每个人都以为自己有道理而认为别人没道理，因而相互攻击。所以在家庭内父子兄弟常因意见不同而相互怨恨，使得家人离散而不能和睦相处。天下的百姓，都用水火毒药相互残害，以致有余力的人不愿帮助别人；有余财者宁愿让它腐烂，也不愿分给别人；有良好的道理宁愿自己隐藏起来，也不肯教给别人，以致天下混乱，有如禽兽一般。

明白了天下之所以大乱，是由于没有行政长官，所以人们就选择贤能的人，拥立他为天子。立了天子之后，认为他的力量还不够，因而又选拔天下贤能的人，把他们立为三公。天子、三公确立以后，认为天下地域广大，他们对于远方异邦的百姓以及是非利害的辨别，还不能一一了解，所以又把天下划为很多国家，然后设立诸侯国君。诸侯国君确立以后，又认为他们的力量还不够，又在他们国内选择一些贤能的人，把他们立为各级行政长官。

【原文】

正长既已具，天子发政于天下之百姓，言曰："闻善而不善，皆以告其上。上之所是，必皆是之；所非，必皆非之。上有过则规谏之，下有善则傍①荐之。上同而不下比②者，此上之所赏而下之所誉也。意若闻善而不善，不以告其上；上之所是弗能是，上之所非弗能非；上有过弗规谏，下有善弗傍荐；下比不能上同者，此上之所罚而百姓所毁也。"上以此为赏罚，明察以审信。

是故里长者，里之仁人也。里长发政里之百姓，言曰："闻善而不善，必以告其乡长。乡长之所是，必皆是之；乡长之所非，必皆非之。去③若不善言，学乡长之善言；去若不善行，学乡长之善行。"则乡何说以乱哉？察乡之所治者何也？乡长唯能壹同乡之义，是以乡治也。

【注释】

①傍：通"访"。

②比：勾结。

③去：除去，去除。

【译文】

行政长官设立之后，天子就向天下的百姓发布政令，说道："你们听到好和不好的事，都要报告给上面。上面认为对的，大家都必须认为对；上面认为错的，大家都必须认为错。上面有过失，就应该规谏；下面有好人好事，就应当查访推荐给国君。是非与上面一致，而不与下面勾结，这是上面所赞赏、下面所称誉的。假如听到好和不好的事，却不向上面报告；上面认为对的，也不认为对；上面认为错的，也不认为错；上面有过失不能规谏，下面有好人好事不能及时查访向上面推荐；与下面勾结而不与上面保持一致，这是上面所要惩罚，也是百姓所要非议的。"上面根据这些方面来行使赏罚，就必然十分审慎、可靠。

所以里长就是这一里内的仁义之人。里长发布政令于里内的百姓，说道："听到好和不好的事，必须报告给乡长。乡长认为对的，大家都必须认为对；乡长认为错的，大家都必须认为错。去掉你们不好的言论，学习乡长好的言论；去掉你们不好的行为，学习乡长好的行为。"

那么，乡里怎么会说混乱呢？我们考察这一乡治理好的原因是什么呢？是由于乡长能够统一全乡人的意见，所以乡内就治理好了。"

【原文】

乡长者，乡之仁人也。乡长发政乡之百姓，言曰："闻善而不善者，必以告国君。国君之所是，必皆是之；国君之所非，必皆非之。去若不善言，学国君之善言；去若不善行，学国君之善行。"则国何说以乱哉？察国之所以治者何也？国君唯能壹同国之义，是以国治也。

国君者，国之仁人也。国君发政国之百姓，言曰："闻善而不善，必以告天子。天子之所是，皆是之；天子之所非，皆非之。去若不善言，学天子之善言；去若不善行，学天子之善行。"则天下何说以乱哉？察天下之所以治者何也？天子唯能壹同天下之义，是以天下治也。

天下之百姓皆上同于天子，而不上同于天，则灾犹未去也。今若天飘风苦雨①，溱溱而至者，此天之所以罚百姓之不上同于天者也。是故子墨子言曰："古者圣王为五刑，请以治其民②。譬若丝缕之有纪③，罔罟之有纲④，所连⑤收天下之百姓不尚同其上者也。"

【注释】

①飘风：狂风。苦雨：久下不停的雨。
②请：通"诚"，确实。
③纪：丝的总绪。
④罟（gǔ）：渔网。纲：渔网上的总绳。
⑤连：当为"以"。

【译文】

乡长是这一乡的仁义之人。乡长发布政令于乡中百姓，说道："听到好和不好的事，必须把它报告给国君。国君认为对的，大家都必须认为对；国君认为错的，大家都必须认为错。去掉你们不好的言

第十一章 尚同（上）

论，学习国君好的言论；去掉你们不好的行为，学习国君好的行为。"那么，还怎么能说国内会混乱呢？我们考察一国得到治理的原因是什么呢？是因为国君能统一国中人的意见，所以国内就治理好了。

国君是这一国的仁义之人。国君发布政令于全国的百姓，说道："听到好和不好的事，必须报告给天子。天子认为对的，大家都必须认为对；天子认为错的，大家都必须认为错。去掉你们不好的言论，学习天子好的言论；去掉你们不好的行为，学习天子好的行为。"那么，还怎么能说天下会乱呢？我们考察天下治理得好的原因是什么呢？是因为天子能够统一天下人的意见，所以天下就治理好了。

天下的老百姓都知道对上服从天子，而不会服

73

从于天，那么灾祸还不能彻底除去。现在假如天上狂风不断，暴雨不停，时时而至，这就是上天对那些不服从上天的百姓的惩罚。所以墨子说："古时圣王制定五种刑法，确实用它来治理人民，就好比丝线有总绪、渔网有总绳一样，是用来约束那些不服从上面统治的老百姓的方法。"

【解析】

"尚同"即"上同"，也即人们的意见应当统一于上级，并最终统一于上天。这是墨子针对当时国家混乱而提出的政治纲领。墨子认为，天下混乱是由于缺乏符合天意的好领导，因此主张选择"仁人""贤者"担任各级领导。这种思想与"尚贤"在本质上说是一致的，都是对当时贵族统治的批判。

本文说的是人们在是非善恶的评判上要有一个统一的标准，要统一于他的上级，这样才能避免纠纷，使天下得到治理。作者开篇列举了上古刚开始有人民之时，因为人人各行其是，意见难以统一，所以天下纷扰混乱，无法和睦相处。因此，上天便选拔贤能之人，并根据他们能力的大小，让他们依次担任从天子到正长的各级大小统治者，这样便能统一各自管辖区域内百姓的思想，最终统一于天子，从而免于相互争辩、诋毁。

在文章结尾，作者又进一步指出，即使人们的思想都统一于天子，仍不免会受到自然灾害的侵扰，这是因为他们的思想尚未能统一于上天，因此受到了上天的惩罚。墨子始终认为，上天才是天下最大的统治者，天子只是代上天行使管理百姓的权力，故而就连天子也要遵循上天的意志，不独断专行，才能治理好天下。

第十二章　尚同（中）
——"富其国家，众其人民，治其刑政，定其社稷"的根本

【原文】

子墨子曰：方今之时，复①古之民始生、未有正长之时，盖其语曰："天下之人异义。"是以一人一义，十人十义，百人百义。其人数兹众，其所谓义者亦兹众。是以人是其义，而非人之义，故相交②非也。内之父子兄弟作怨雠，皆有离散之心，不能相和合。至乎舍余力，不以相劳；隐匿良道，不以相教；腐朽余财，不以相分。天下之乱也，至如禽兽然。无君臣上下长幼之节③、父子兄弟之礼，是以天下乱焉。

明乎民之无正长以一同天下之义，而天下乱也，是故选择天下贤良、圣知、辩慧之人，立为天子，使从事乎一同天下之义。天子既以④立矣，以为唯其耳目之请⑤，不能独一同天下之义，是故选择天下赞阅⑥贤良、圣知、辩慧之人，置以为三公，与从事乎一同天下之义。天子三公既已立矣，以为天下博大，山林远土之民，不可得而一也。是故靡分天下，设以为万诸侯国君，使从事乎一同其国之义。国君既已立矣，又以为唯其耳目之请，不能一同其国之义，是故择其国之贤者，置以为左右将军大夫，以至乎乡里之长，与从事

乎一同其国之义。

【注释】

①复：回顾、回想。
②相交：应为"交相"。
③节：礼节。
④以：通"已"。
⑤请：通"情"。
⑥阅：考察。

【译文】

墨子说：从现在回顾当初古代人类刚刚诞生、还没有行政长官的时候，他们的说法是："天下人各有各的道理。"所以一人有一人的道理，十人有十人的道理，百人有百人的道理。人数越多，他们所谓的道理也就越多。每个人都认为自己有道理而认为别人没道理，因而相互攻击。所以在家庭内父子兄弟常因意见不同而相互怨恨，使得家人离散而不能和睦相处。以致有余力的人不愿帮助别人；有余财者宁愿让它腐烂，也不愿分给别人。以致天下混乱，有如禽兽一般。没有君臣上下长幼的礼仪，没有父子兄弟之间的礼节，因此天下大乱。

明白了没有行政长官来统一天下，天下就会大乱的道理，所以人们就选择天下贤良、聪明而口才好的人，拥立他为天子，使他从事于统一天下道理的事业。天子确立以后，认为仅仅依靠自己耳闻目见的情况，不能独自统一天下的道理，所以又选择考察天下贤良、聪明而口才好的人，推举他为三公，参与从事统一天下的意见。天子、三公确立以后，又因天下地域太广，远方山野的人民没有办法得到统一，所以划分天下，设立了很多诸侯国君，让他们从事于统一他们各国的事业。国君确立以后，又因只靠他一人的耳目所及，还不能统一一国的意见，所以又在他们国内选择一些贤人，立为国君的左右将军和卿大夫，以及远至乡里的长官，让他们参加统一国内道理之事。

【原文】

天子、诸侯之君、民之正长，既已定矣，天子为发政施教，曰："凡闻见善者，必以告其上；闻见不善者，亦必以告其上。上之所是，亦必是之；上之所非，亦必非之。己有善，傍荐之；上有过，规谏之。尚同义①其上，而毋有下比之心。上得则赏之，万民闻则誉之。意若闻见善，不以告其上；闻见不善，亦不以告其上。上之所是不能是，上之所非不能非。己有善，不能傍荐之；上有过，不能规谏之。下比而非其上者，上得则诛罚之，万民闻则非毁之。"故古者圣王之为刑政赏誉也，甚明察以审信。是以举天下之人，皆欲得上之赏誉而畏上之毁罚。

是故里长顺天子政而一同其里之义。里长既同其里之义，率其里之万民以尚同乎乡长，曰："凡里之万民，皆尚同乎乡长而不敢下比，乡长之所是，必亦是之；乡长之所非，必亦非之。去而②不善言，学乡长之善言；去而不善行，学乡长之善行。"乡长固乡之贤者也。举乡人以法乡长，夫乡何说而不治哉？察乡长之所以治乡者，何故之以也？曰：唯以其能一同其乡之义，是以乡治。

【注释】

①义：当为"乎"。
②而：通"尔"。

【译文】

天子、诸侯国君以及百姓的各级行政长官既已确立，天子就发布政令，说："凡听到或看到好的事情，必须报告给上面；凡听到或看到不好的事情，也必须报告给上面。上面认为对的，必须也认为对；

第十二章 尚同（中）

77

上面认为错的，也必须认为错。臣下有了善行，就加以查访推荐；上面有过失，就加以规谏。与上面保持一致，而不要有与下面勾结的私心。这样，上面得知就会赏赐他，百姓听见了就会赞美他。假如听到或看到好的事情，而不报告给上面；凡听到或看到不好的事情，也不报告给上面。上面认为对的，不肯说对；上面认为错的，不肯说错。臣下有了善行，不能加以查访推荐；上面有了过失，也不能予以规谏。与下面勾结而非难上面，像这样的人，上面得知就要惩罚他，百姓听见了就要非议他。"所以，古时圣王制定刑法赏誉都非常明察、可靠。因此凡是天下的百姓，都希望得到上面的赏赐赞扬，而害怕上面的责难与惩罚。

所以里长顺从天子的政令，使他这一里内的道义一致。里长统一了里内的道义，又率领里内的百姓向上与乡长保持意见一致，说："凡里内的人民，都应该和乡长统一，而不敢与下面勾结。乡长认为对的，大家都必须认为对；乡长认为错的，大家也都必须认为错。去掉你们不好的言论，学习乡长好的言论；去掉你们不好的行为，学习乡长好的行为。"乡长本是乡内的贤能之人，如果全乡人都能效法乡长，还能说乡内会治理不好吗？考察乡长之所以能把乡内治理好，是什么原因呢？回答说：只因为他能统一全乡的道义，所以乡内就治理好了。

【原文】

乡长治其乡，而乡既已治矣，有①率其乡万民，以尚同乎国君，曰："凡乡之万民，皆上同乎国君而不敢下比。国君之所是，必亦是之；国君之所非，必亦非之。去而不善言，学国君之善言；去而不善行，学国君之善行。"国君固国之贤者也，举国人以法国君，夫国何说而不治哉？察国君之所以治国而国治者，何故之以也？曰：唯以其能一同其国之义，是以国治。

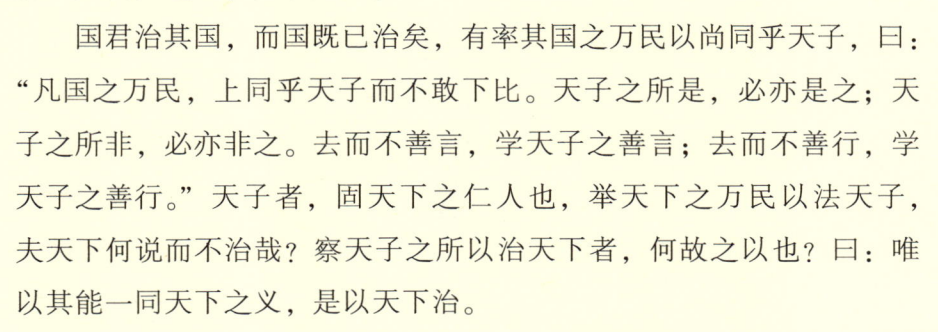

国君治其国，而国既已治矣，有率其国之万民以尚同乎天子，曰："凡国之万民，上同乎天子而不敢下比。天子之所是，必亦是之；天子之所非，必亦非之。去而不善言，学天子之善言；去而不善行，学天子之善行。"天子者，固天下之仁人也，举天下之万民以法天子，夫天下何说而不治哉？察天子之所以治天下者，何故之以也？曰：唯以其能一同天下之义，是以天下治。

夫既尚同乎天子，而未上同乎天者，则天灾将犹未止也。故当若天降寒热不节②，雪霜雨露不时③，五谷不孰，六畜不遂，疾灾戾疫，飘风苦雨，荐臻而至者④，此天之降罚也，将以罚下人之不尚同乎天者也。

【注释】

①有：通"又"。

②不节：不合时节。

③不时：不合时令。

④荐臻：联绵词，接二连三。

【译文】

乡长治理他的乡，而乡内已经治理好了，又率领他乡内的百姓，以向上与国君保持意见一致，说："凡是乡内的百姓，都应对上服从国君，而不可与下面勾结。国君认为对的，大家也必须认为对；国君认为错的，大家也必须认为错。去掉你们不好的言论，学习国君好的言论；去掉你们不好的行为，学习国君好的行为。"国君本是一国之中的贤能之人，如果国中所有的人都能效法国君，那么还能说这一国会治理不好吗？考察国君之所以能把国内治理好，是什么原因呢？回答说："只因为他能统一全国的道义，所以国内就治理好了。"

国君治理他本国，而国内已治理好了，又率领他国内的百姓以向

上与天子保持意见一致，说："凡是国内的百姓，都应对上服从天子，而不可与下面勾结。天子认为对的，大家也必须认为对；天子认为错的，大家也必须认为错。去掉你们不好的言论，学习天子好的言论；去掉你们不好的行为，学习天子好的行为。"天子本是天下最仁爱的人，如果全天下的百姓都能效法天子，那么还能说天下会治理不好吗？考察天子之所以能把天下治理好，是什么原因呢？回答说："只因为他能统一天下的道义，所以天下就治理好了。"

已经做到向上服从天子，而还不能服从上天，那么天灾还会不止。假如遇到气候的寒热不符合节令，雪霜雨露降得不合时令，五谷不熟，六畜不旺，疾疫成灾，狂风暴雨接二连三，一再来临，这就是上天降下的惩罚，用以惩戒那些不愿服从上天的人。

【原文】

故古者圣王明天、鬼之所欲，而辟天、鬼之所憎，以求兴天下之害①，是以率天下之万民，齐②戒沐浴，洁为酒醴粢盛，以祭祀天、鬼。其事鬼神也，酒醴粢盛不敢不蠲③洁，牺牲不敢不腯④肥，珪璧币帛不敢不中度量，春秋祭祀不敢失时几⑤，听狱不敢不中，分财不敢不均，居处不敢怠慢。曰：其为正长若此，是故上者天、鬼有厚乎其为正长也，下者万民有便利乎其为政长也。天、鬼之所深厚而能疆从事焉，则天、鬼之福可得也。万民之所便利而能疆从事焉，则万民之亲可得也。其为政若此，是以谋事得，举事成，入守固，出诛胜者，何故之以也？曰：唯以尚同为政者也。故古者圣王之为政若此。

【注释】

①以求兴天下之害：此句当为："以求兴天下之利，除天下之害。"

②齐：通"斋"。

③蠲：通"涓"，洁净。

④腯（tú）：肥壮。

⑤几：当为"期"。

【译文】

所以古时的圣王知道天帝、鬼神喜欢什么，从而能避免天帝、鬼神所憎恶的东西，以求兴天下之利，除天下之害。所以率领天下的百姓，斋戒沐浴，预备了洁净而丰盛的酒食祭品，用来祭祀天帝、鬼神。他们奉祀鬼神，酒食祭品不敢不洁净丰盛；牺牲不敢不肥壮硕大；珪璧币帛不敢不合乎大小标准；春秋二季的祭祀，不敢错过时间；审理狱讼，不敢不公正；分配财物，不敢不均匀；平时待人处世不敢怠慢礼节。这是说：他像这样当行政长官，在上的天帝、鬼神给予他优厚的待遇，在下的百姓也都给予他便利。天帝、鬼神给予他优厚的待遇，而他又能努力办事，那么他就可以得到天帝鬼神的赐福了；百姓给予他便利，而他又能努力办事，那么他就可以得到百姓的爱戴了。他以此处理政事，所以谋事就能实现，做事就能成功，在内守御就能稳固，对外讨伐就能胜利。这是什么原因呢？回答说：只因为他在治理政事上能与上面保持一致。所以古代圣王是这样治理政事的。

【原文】

今天下之人曰："方今之时，天下之正长犹未废乎天下也，而天下之所以乱者，何故之以也？"子墨子曰："方今之时之以①正长，则本与古者异矣。譬之若有苗之以②五刑然。昔者圣王制为五刑以治天下，逮至有苗之制五刑，以乱天下，则此岂刑不善哉？用刑则不善也。是以先王之书《吕刑》之道曰：'苗民否用练③，折则刑，唯作五杀之刑，曰法。'则此言善用刑者以治民，不善用刑者以为五杀。则此岂刑不善哉？用刑则不善，故遂以为五杀。是以先王之书《术令》之道曰：'唯口出好兴戎。'则此言善用口者出好，不善用口者以为谗贼寇戎，则此岂口不善哉？用口则不善也，故遂以为谗贼寇戎。"

故古者之置正长也，将以治民也。譬之若丝缕之有纪，而罔罟之有纲也。将以运役天下淫暴而一同其义也。是以先王之书《相年》之道曰："夫建国设都，乃作后王君公，否用泰④也。轻⑤大夫师长，否用佚也。维辩⑥使治天均。"则此语古者上帝鬼神之建设国都立正长也，非高其爵，厚其禄，富贵佚而错之也⑦。将此为万民兴利除害，富贵贫寡，安危治乱也。故古者圣王之为若此。

【注释】

① 以：为。
② 以：用，引申为制定。
③ 否用练：指不服从命令。练：与"灵""命"声近意同。
④ 泰：指安逸享乐。

⑤轻：通"卿"。

⑥辩：通"辨"。

⑦错：通"措"。

【译文】

现在天下的人说："在今天，天下的各级行政长官并未废除，而造成天下混乱的原因是什么呢？"墨子说："现在天下的行政长官，根本就和古代不同，就好像有苗族制定五刑那样。古代的圣王制定五刑，用来治理天下；等到有苗族制定五刑，却用来扰乱天下。这难道就是刑法不好吗？是刑法使用得不好啊！所以先王的书《吕刑》上这样记载：'苗民不服从政令，就加之以刑。他们制定了五种杀人的刑罚，说是法令。'这就好像说的是善用刑罚可以治理百姓，不善用刑罚就变成五种杀人方法了。这难道是刑法不好吗？是刑法使用得不好，所以就变成了五种杀人方法了。所以先王的书《术令》上记载说：'人之口舌，可以产生好事，也可以产生战争。'这说的就是善用口舌的，可以产生好事；不善用口舌的，就会导致残杀、敌对和战争。这难道是口舌不好吗？是由于不善用口舌，所以就变成了残杀、敌对和战争。"

所以古时候设置行政长官，是用来治理百姓的。就好像丝线有头绪、网罟有总绳一样，他们是用来收服天下淫暴之徒，并使之与上面协同一致的。所以先王的书《相年》中说："建国设都，设立天子诸侯，不是让他骄奢淫逸的；而设卿大夫和各级长官，也不是叫他们放纵逸乐的。乃是让他们分授职责，按公平之天道治理天下。"这就是说古时天帝鬼神建设国都设置官长，并不是为了提高他们的爵位，增加他们的俸禄，使他们过富贵淫佚的生活，而是让他们给百姓兴利除害，使贫者富贵，使人口由少变多，转危为安，化乱为治。所以古代圣王的作为都是这样的。

【原文】

今王公大人之为刑政则反此，政以为便譬，宗于父兄故旧，以为左右，置以为正长。民知上置正长之非正以治民也，是以皆比周①隐匿，而莫肯尚同其上，是故上下不同义。若苟上下不同义，赏誉不足以劝善，而刑罚不足以沮暴。何以知其然也？

曰：上唯毋②立而为政乎国家，为民正长，曰："人可赏，吾将赏之。"若苟上下不同义，上之所赏，则众之所非。曰人众与处，于众得非，则是虽使得上之赏，未足以劝乎！上唯毋立而为政乎国家，为民正长，曰："人可罚，吾将罚之。"若苟上下不同义，上之所罚，则众之所誉，曰人众与处，于众得誉，则是虽使得上之罚，未足以沮乎！若立而为政乎国家，为民正长，赏誉不足以劝善，而刑罚不沮暴，则是不与乡③吾本言"民始生未有正长之时"同乎？若有正长与无正长之时同，则此非所以治民一④众之道。

【注释】

①周：结合。

②毋：语气词。

③乡：通"向"，从前。

④一：统一。

【译文】

现在的王公大臣理刑治政却与此相反，将善于溜须拍马的人用于辅佐政务，将宗亲父兄或世交故旧，安置在左右，都置立为行政长官。于是百姓知道天子设立行政长官并不是为了治理百姓，所以大家都结党营私，隐瞒良道，不肯与上面保持一致。因此，上面与下面对于事理的看法发生偏差。假如上面与下面意见不一致，那么奖赞誉赏不能勉励人向善，而刑罚也不能阻止暴行。怎么知道是这样的呢？

回答说：假定处在上位、管理着国家、作为百姓行政长官的人说：

"这个人可以奖赏,我将奖赏他。"如果上面和下面意见不一致,上面所奖赏的人,正是大家所非议的人,说:我们大家与他相处,大家都认为他不好。那么,这人即使受到上面的奖赏,也不能起劝勉作用!假定处在上位、管理着国家、作为百姓行政长官的人说:"这个人可以处罚,我将要处罚他。"如果上面和下面意见不一致,上面所处罚的人,正是大家所赞誉的人,说:我们大家与他相处,大家都赞誉他好。那么,这人即使受到惩罚,也不能阻止不善了!假定处在上位、管理着国家、作为百姓行政长官的人奖赏不能劝善,而刑罚又不能止暴,那不是与我前面说过的"人类刚产生,没有行政长官之时"的情况一样了吗?如果有行政长官与没有行政长官的时候一样,那么这就不是用来治理百姓、统一民众的办法。

第十二章 尚同(中)

【原文】

故古者圣王唯而①审以尚同,以为正长,是故上下情请②为通。上有隐事遗利，下得而利之；下有蓄怨积害，上得而除之。是以数千万里之外，有为善者，其室人③未遍知，乡里未遍闻，天子得而赏之；数千万里之外，有为不善者，其室人未遍知，乡里未遍闻，天子得而罚之。是以举天下之人，皆恐惧振动惕栗，不敢为淫暴，曰："天子之视听也神！"先王之言曰："非神也。夫唯能使人之耳目助己视听，使人之吻④助己言谈，使人之心助己思虑，使人之股肱助己动作。"助之视听者众，则其所闻见者远矣；助之言谈者众，则其德音之所抚循者博矣⑤；助之思虑者众，则其谈谋度速得矣；助之动作者众，即其举事速成矣。故古者圣人之所以济事成功，垂名于后世者，无他故异物焉，曰：唯能以尚同为政者也。

【注释】

①而：当为"能"。

②请：通"诚"。

③室人：家里人。

④吻：唇。

⑤德音：天子的诏令。抚循：抚慰。

【译文】

所以古代的圣王因为能够审慎地统一百姓的意见，让他们做行政长官，所以上下之情就沟通了。上面若有尚被隐蔽而遗漏的利益，下面的人能够随时提醒他，使他得到好处；下面若有蓄积的怨恨和祸害，上面也能够随时去除它。所以远在数千或数万里之外，如果有人做了好事，他的家人还未完全知道，他的乡人也未完全听到，天子就已知道并赏赐他；远在数千或数万里之外，如果有人做了坏事，他的家人还未完全知道，他的乡人也未完全听到，天子就已知道并惩罚了他。所以全天下的人都为之十分害怕和震动战栗，不敢做淫暴的事。说："天子的视听如神。"先王说过这样的话："不是神，只是能够使他人的耳目帮助自己视听，使他人的唇帮助自己说话，使他人的心帮助自己思考，使他人的四肢帮助自己行动。"帮助他视听的人多了，那么他的所见所闻就广大了；帮助他说话的人多了，那么他的有恩德的语言所安抚的范围就广阔了；帮助他思考的人多了，那么计划与谋略实行得就快了；帮助他行动的人多了，那么他所做的事情成功得就快了。所以古代的圣人能够把事情办成功并名垂后世，没有别的特殊原因，只是能够以与上面保持一致的原则来行使政事。

【原文】

是以先王之书《周颂》之道之曰："载①来见彼王，聿求厥章。"则此语古者国君诸侯之以春秋来朝聘天子之庭，受天子之严教，退而治国，政之所加，莫敢不宾②。当此之时，本无有敢纷③天子之教者。《诗》曰："我马维骆，六辔沃若④，载驰载驱，周爰⑤咨度。"又曰："我马维骐，六辔若丝，载驰载驱，周爰咨谋。"即此语也。古者国君诸侯之闻见善与不善也，皆驰驱以告天子。是以赏当贤，罚当暴，不杀不辜，不失有罪，则此尚同之功也。

是故子墨子曰："今天下之王公大人士君子，请将欲富其国家，众其人民，治其刑政，定其社稷，当若尚同之不可不察，此之本也。"

【注释】

①载：始。

②宾：服。

③纷：乱。

④沃若：润泽之貌。

⑤爰：语气词。

【译文】

所以先王的书《周颂》上说："始来见那个君王，寻求典章制度。"这说的是古代的诸侯国君在每年的春秋两季,到天子的朝廷来朝聘,接受天子严正的教导,然后回去治理他们的国家,因此政令所到之处,没有人敢不服从。在这个时候,根本没有人敢于变乱天子的教令。《诗经》上说:"我的马是黑色鬃毛的白马,六条马缰绳柔美光滑,在路上或快或慢地跑,所到之处普遍地询访查问。"又说:"我的马是青黑色的,六条马缰绳像丝一般光滑,在路上或快或慢地跑,所到之处普遍地询问谋划。"说的就是这个意思。古代的国君诸侯听见或看到好与坏的事情,都要骑着马去报告天子。所以赏的的确是贤人,罚的的确是坏人,不杀害无辜,也不放过有罪的人,这就是与上面保持一致所带来的功效。

所以墨子说:"现在天下的王公大臣士人君子,如果真想使他们的国家富有,人口众多,刑法政治得到治理,国家安定,就不可不考察'尚同'之道,因为这是为政的根本。"

【解析】

本篇与前篇《尚同上》的主旨大致相同而又有所发展。

前篇说虽然"百姓皆上同于天子",却仍然要遭受暑热严寒、风霜雨露的灾害,本篇在此基础上进一步指出,其原因在于没能够"尚同乎天",也就是说,在天子之上还有"天"的存在,真正能够统一人们的思想,成为其标准的正是"天"的意志和好恶。古代圣明的君王明白这个道理,所以带领百姓敬奉上天鬼神,任人唯贤,人们也就能以上之善为善、以上之恶为恶,因而上天鬼神赐福于他,百姓得到利益而顺服于他,从而使天下得以安宁;而当今的君主不明白这个道理,不敬奉上天鬼神,以刑罚强行压制百姓,任人唯亲,故上下离心,天下和没有设立各级行政长官的时候一样混乱。因此,墨子认为只有统一思想于"天",才能使千里之外的百姓也服从于天子的管理,这才是"富其国家,众其人民,治其刑政,定其社稷"的根本。

第十三章 尚同（下）
——治国之道的关键是统一百姓的是非观念

【原文】

子墨子言曰："知①者之事，必计国家百姓所以治者而为之，必计国家百姓之所以乱者而辟②之。"然计国家百姓之所以治者，何也？上之为政，得下之情则治，不得下之情则乱。何以知其然也？上之为政，得下之情，则是明于民之善非也。若苟明于民之善非也，则得善人而赏之，得暴人而罚之也。善人赏而暴人罚，则国必治。上之为政也，不得下之情，则是不明于民之善非也。若苟不明于民之善非，则是不得善人而赏之，不得暴人而罚之。善人不赏而暴人不罚，为政若此，国众必乱。故赏不得下之情，而不可不察者也。

【注释】

① 知：通"智"。
② "辟"：通"避"。

【译文】

墨子说道："智者做事，必须考虑国家百姓得到治理的原因而行事，也必须考虑导致国家百姓混乱的根源而事先回避。"然而考虑国家百姓得以治理的原因是什么呢？居上位的人施政，能了解下面的实情则治理，不能了解下面的实情则混乱。怎么知道是这样呢？居上位的施政，了解了下边的实情，这就对百姓的好与不好很清楚。假若清楚百姓的好与不好，那么发现好人就奖赏他，发现坏人就惩罚他。好人受赏而坏人受罚，那么国家必然得到了治理。如果居上位的施政，不能了解下面的实情，就是对百姓的好与不好不清楚。假若不清楚百姓的好与不好，就不能发现好人而赏赐他，不能发现坏人而惩罚他。好人得不到赏赐而坏人得不到惩罚，像这样施政，国家民众就必定混乱。所以赏罚如果不了解下面的实情，就不可不加以明察。

【原文】

然计得下之情，将奈何可？故子墨子曰："唯能以尚同一义为政，然后可矣！"何以知尚同一义之可而为政于天下也？然胡不审稽古之治①为政之说乎？古者天之始生民，未有正长也，百姓为人②。若苟百姓为人，是一人一义，十人十义，百人百义，千人千义。逮至人之众，不可胜计也；则其所谓义者，亦不可胜计。此皆是其义，而非人之义，是以厚者有斗，而薄者有争。是故天下之欲同一天下之义也，是故选择贤者，立为天子。天子以其知力为未足独治天下，是以选择其次，立为三公。三公又以其知力为未足独左右天子也，是以分国建诸侯。诸侯又以其知力为未足独治其四境之内也，是以选择其次，立为卿之宰。卿之宰又以其知力为未足独左右其君也，是以选择其次，立而为乡长、家君③。是故古者天子之立三公、诸侯、卿之宰、乡长、家君，非特富贵游佚而择之也，将使助治乱刑政也。故古者建国设都，乃立后王君公，奉以卿士师长，此非欲用说④也，唯辩而使助治天明也。

【注释】

①治：疑为"始"。
②人：疑为"主"。
③家君：春秋时代卿大夫封地的基层官员。

④说：通"悦"。

【译文】

然而考虑应该怎样才可以获知下情呢？所以墨子说："只有用向上统一意见的方法施政，然后就可以了。"怎么知道向上统一意见，就可以在天下施政呢？那么，为什么不考察古代施政时的情况呢？古代上天刚开始生育下民还没有行政长官的时候，百姓人各为主。如果百姓人各为主，这就一人有一种道理，十人有十种道理，百人有百种道理，千人有千种道理。等到人数多得不可胜数，那么他们所谓的道理也就多得不可胜数。这样人们都认为自己的道理正确，而认为别人的道理不正确，因此严重的发生争斗，轻微的发生争吵。所以天下的人希望统一天下的道理，因此就选择贤能之人拥立他为天子。天子认为他的智慧能力不足以单独治理天下，所以选择次于他的贤能之人立为三公。三公又认为自己的智慧能力不足以单独辅佐天

子，所以分封建立诸侯；诸侯又认为自己的智慧能力不足以单独治理他国家的四境之内，因此又选择次于他的贤能之人，立为卿与宰；卿、宰又认为自己的智慧能力不足以单独辅佐他的君主，因此选择次于他的贤能之人，立为乡长、家君。所以古时天子设立三公、诸侯、卿、宰、乡长、家君，不只是为了让他们富贵游乐而选择他们，而是要让他们协助自己治理刑法政治。所以古时建国立都，就设立了帝王君主，又辅佐以卿士师长，这不是为了取悦他们，只是分授职责，让他们帮助上天治理天下。

【原文】

今此何为人上而不能治其下？为人下而不能事其上？则是上下相贼也。何故以然？则义不同也。若苟义不同者有党，上以若人为善，将赏之，若人唯使得上之赏而辟百姓之毁①；是以为善者必未可使劝，见有赏也。上以若人为暴，将罚之，若人唯使得上之罚，而怀百姓之誉；是以为暴者必未可使沮，见有罚也。故计上之赏誉，不足以劝善，计其毁罚，不足以沮暴。此何故以然？则义不同也。

然则欲同一天下之义，将奈何可？故子墨子言曰：然胡不赏②使家君，试用家君发宪布令其家？曰："若见爱利家者，必以告；若见恶贼家者，亦必以告。"若见爱利家以告，亦犹爱利家者也，上得且赏之，众闻则誉之；若见恶贼家不以告，亦犹恶贼家者也，上得且罚之，众闻则非之。是以遍若家之人，皆欲得其长上之赏誉，辟其毁罚。是以善言之，不善言之；家君得善人而赏之，得暴人而罚之。善人之赏，而暴人之罚，则家必治矣。然计若家之所以治者，何也？唯以尚同一义为政故也。

【注释】

①辟：前疑脱一"不"字。

②赏：当为"尝"，曾经。

【译文】

现在为什么居人之上的人不能治理他的下属，居人之下的人不能事奉他的上级？这是因为上下相互残害。怎么会这样呢？就是各人的道理不同。假若道理不同的人双方有所偏私，上面认为这人行善，准备赏赐他，这人虽然得到了上面的赏赐，却免不了百姓的非议，因此虽然人们看到有赏赐，但行善的人也未必因此而得到勉励。上面认为这人作恶，准备惩罚他，此人虽得到了上司的惩罚，但却得到了百姓的赞誉，因此虽然人们看到了惩罚，做恶人的却未必得到遏制。所以考虑上面的赏赐赞誉，不足以勉励向善；考虑上面的非毁惩罚，不足以阻止暴行。这是什么原因呢？就是各人的道义不同。

那么将如何统一天下各人的道义呢？所以墨子说道：为何不试着让家君对他的家人发布政令说："你们见到爱护和有利于家族的，必须把它报告给我；你们见到憎恨和危害家族的，也必须把它报告给我。你们见到爱护和有利于家族的报告给我，也和爱护和有利家族一样，上面得知了将赏赐他，大家听到了将赞誉他。你们见到了祸害家族的不来报告，也和祸害家族的一样，上面得知了将惩罚他，大家听到了将非议他。"所以全家人都希望得到上面的赏赐赞誉，而避免非议惩罚。所以，见了好的来报告，见了不好的也来报告。家君发现好人而赏赐他，发现坏人而惩罚他。好人得到奖赏而坏人受到惩罚，那么家族就会治理好。然而考虑这一家治理得好的原因是什么呢？只是能以向上统一道义的原则治政的缘故。

【原文】

家既已治，国之道尽此已邪？则未也。国之为家数也甚多，此皆是其家，而非人之家，是以厚者有乱，而薄者有争。故又使家君总①

其家之义，以尚同于国君，国君亦为发宪布令于国之众，曰："若见爱利国者，必以告；若见恶贼国者，亦必以告。"若见爱利国以告者，亦犹爱利国者也，上得且赏之，众闻则誉之；若见恶贼国不以告者，亦犹恶贼国者也，上得且罚之，众闻则非之。是以遍若国之人，皆欲得其长上之赏誉，避其毁罚。是以民见善者言之，见不善者言之；国君得善人而赏之，得暴人而罚之。善人赏而暴人罚，则国必治矣。然计若国之所以治者，何也？唯能以尚同一义为政故也。

国既已治矣，天下之道尽此已邪？则未也。天下之为国数也甚多，此皆是其国，而非人之国，是以厚者有战，而薄者有争。故又使国君选②其国之义，以尚同于天子。天子亦为发宪布令于天下之众，曰："若见爱利天下者，必以告；若见恶贼天下者，亦以告。"若见爱利天下以告者，亦犹爱利天下者也，上得则赏之，众闻则誉之；若见恶贼天下不以告者，亦犹恶贼天下者也，上得且罚之，众闻则非之。是以遍天下之人，皆欲得其长上之赏誉，避其毁罚，是以见善、不善者告之。天子得善人而赏之，得暴人而罚之。善人赏而暴人罚，天下必治矣。然计天下之所以治者，何也？唯而③以尚同一义为政故也。

【注释】

①总：统一。
②选：应为"总"。
③而：应为"能"。

【译文】

家族已经治理好了，那么治国的办法全都在此了吗？还没有。国家之中的家数很多，它们都认为自己的家对而别人的家不对，所以严重的就发生动乱，轻微的就发生争执。所以又让家君统一其家族的道义，用以上同一于国君。国君也对国中民众发布政令说："你们看到爱护和有利于国家的一定要来报告，你们看到憎恶和残害国家的也一定要来报告。你们看到爱护和有利于国家的上报了，也和爱护和有利国家的一样，上面发现了将予以赏赐，大家听到了将予以赞誉。你们看到了憎恶和残害国家的不来上报，也和憎恶和残害国家的一样，上面发现了将予以惩罚，大家听到了将予以非议。"所以，全国的人都希望得到国君的赏赐赞誉，避免他的非议惩罚，所以人民见到好的来报告，见到不好的也来报告。国君发现好人予以赏赐，发现坏人而予以惩罚。好人得到奖赏而坏人受到惩罚，那么国家必然能治理好。然而考虑这一国治理好的原因是什么呢？只是能以向上统一道义的原则治政的缘故。

国家已经治理好了，治理天下的办法都在这里了吗？还没有。天下国家为数很多，这些国家都认为自己的国家对而别人的国家不对，所以严重的就发生动乱，轻微的就发生争执。因此又使国君统一各国的道义，用来上同一于天子。天子也对天下民众发布政令说："你们看到爱护和有利于天下的一定要来报告，你们看到憎恶和残害天下的也一定要来报告。你们看到爱护和有利于天下而拿来报告的，也和爱护和有利于天下的一样，上面发现了将予以赏赐，大家听到了将予以赞誉。你们看到了憎恶和残害天下的而不拿来上报的，也和憎恶和残害天下的一样，上面发现了将予以惩罚，大家听到了将予以非毁。"所以，全天下的人都希望得到长上的赏赐赞誉，避免他的非毁惩罚，所以看到好的来报告，看到不好的也来报告。天子发现好人而赏赐他，发现坏人而惩罚他。好人受到奖赏而坏人受到惩罚，天下必定治理好了。然而考虑天下治理好的原因是什么呢？只是能以向上统一道义的原则治政的缘故。

【原文】

天下既已治，天子又总天下之义，以尚同于天。故当尚同之为说

也，尚用①之天子，可以治天下矣；中用之诸侯，可而治其国矣；小用之家君，可而治其家矣。是故大用之治天下不窕②，小用之治一国一家而不横者，若道之谓也。故曰治天下之国，若治一家；使天下之民，若使一夫。意独子墨子有此而先王无此？其有邪，则亦然也。圣王皆以尚同为政，故天下治。何以知其然也？于先王之书也《大誓》之言然，曰："小人见奸巧，乃闻不言也，发罪钧。"此言见淫辟③不以告者，其罪亦犹淫辟者也。

【注释】

①用：当为"同"。
②窕：不满。
③淫辟：邪恶不正。

【译文】

天下已经治理好了，天子又统一天下的道理，用来上同一于天。所以"尚同"作为一种主张，上同之于天子，可以用来治理天下；中同之于诸侯，可以用来治

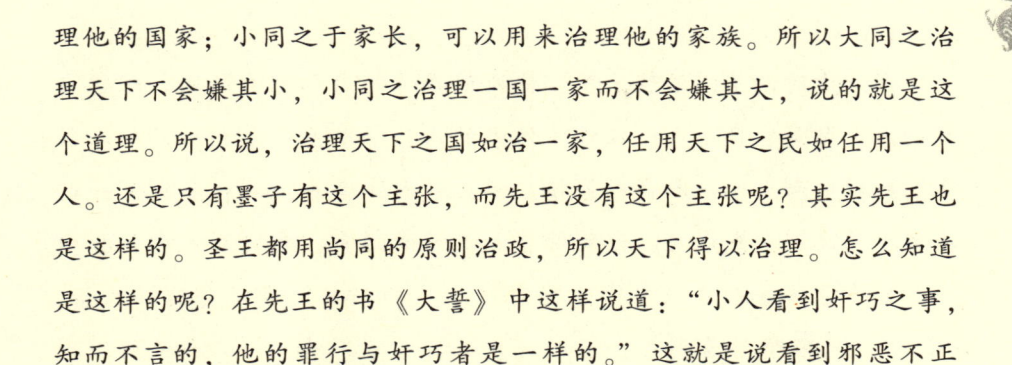

理他的国家；小同之于家长，可以用来治理他的家族。所以大同之治理天下不会嫌其小，小同之治理一国一家而不会嫌其大，说的就是这个道理。所以说，治理天下之国如治一家，任用天下之民如任用一个人。还是只有墨子有这个主张，而先王没有这个主张呢？其实先王也是这样的。圣王都用尚同的原则治政，所以天下得以治理。怎么知道是这样的呢？在先王的书《大誓》中这样说道："小人看到奸巧之事，知而不言的，他的罪行与奸巧者是一样的。"这就是说看到邪恶不正之事不拿来报告的，他的罪行也和邪恶不正者的一样。

【原文】

故古之圣王治天下也，其所差论①，以自左右羽翼者皆良，外为之人，助之视听者众。故与人谋事，先人得之；与人举事，先人成之；光②誉令闻，先人发之。唯信身而从事，故利若此。古者有语焉，曰："一目之视也，不若二目之视也；一耳之听也，不若二耳之听也；一手之操也，不若二手之强也。"夫唯能信身而从事，故利若此。是故古之圣王之治天下也，千里之外，有贤人焉，其乡里之人皆未之均闻见也，圣王得而赏之。千里之内③，有暴人焉，其乡里未之均闻见也，圣王得而罚之。故唯毋以圣王为聪耳明目与？岂能一视而通见千里之外哉？一听而通闻千里之外哉？圣王不往而视也，不就而听也。然而使天下之为寇乱盗贼者，周流天下无所重④足者，何也？其以尚同为政善也。

【注释】

①差论：选择。
②光：通"广"。
③内：当为"外"。
④重：重复。

【译文】

因此古时的圣王治理天下，他所选择作为自己左右的人、辅佐自己的人，都是贤良之人。在外边做事的人，帮助他察看和听闻的人很多。所以他和大家一起商量事情，要比别人先考虑周到；和大家一起办事，要比别人先成功；他的荣誉和美好的名声，要比别人先传扬出去。只有相信这些去做事，才能有这样多的利益。古时有这样的话，说："一只眼睛所看到的，不如两只眼睛所看到的；一只耳朵所听到的，不如两只耳朵所听到的；一只手拿东西，不如两只手力气大。"只有相信这些去做事，才能有这样多的利益。所以古代圣王治理天下，千里之外的地方有个贤人，那一乡里的人还未全部听到或见到，圣王已经得悉而予以赏赐了。千里之外的地方有一个恶人，那一乡里的人还未全部听到或见到，圣王已经得悉而予以惩罚了。所以就此认为圣王是耳聪目明吗？怎么能张眼一望就到达千里之外呢？怎么能倾耳一听就到达千里之外呢？圣王不去就能看到，不去靠近就能听到，然而可以让天下从事寇乱盗贼的人走遍天下无处立足，原因是什么呢？那是以尚同原则治理政务的好处。

【原文】

是故子墨子曰："凡使民尚同者，爱民不疾，民无可使。曰：必疾爱而使之，致信而持①之，富贵以道②其前，明罚以率③其后。为政若此，唯欲毋与我同，将不可得也。"

是以子墨子曰："今天下王公大人士君子，中情将欲为仁义，求为上士，上欲中圣王之道，下欲中国家百姓之利，故当尚同之说而不可不察，尚同，为政之本而治要也。"

【注释】

①持：把持，控制。

②"道"：通"导"，引导。

③率（lǜ）：标准，规格。

【译文】

所以墨子说："凡是使百姓同一于上的，如果爱民之心不急迫的话，百姓就不可驱使。即是说，必须切实爱护他们才能驱使他们，表达信任之心才能拥有他们。用富贵引导于前，用严明的惩罚督率于后。像这样施政，即使人民不与我一致，也是不可能的。"

所以墨子说："现在天下的王公大臣、士人君子们，如果心中确实要奉行仁义，追求做高尚的士人，对上想要符合圣王之道，对下想要符合国家百姓之利，因此对尚同这一主张不可不予以审察，尚同是施政的根本和治国的关键。"

【解析】

全篇《尚同下》讲的是：正确的治道该是什么和为什么以及怎样去取义于民，并以身戴行地执法。

作者首先提出，治国之道的关键是统一百姓的是非观念，并指出用"尚同"为政才能统一百姓的是非观念——明于民之善非。并论证说，选立天子、诸侯、官员等不是为了让他们说教，而是要他们去执法。然而已经有了政权，为什么没能实现互相合作而是"上下相贼"呢？墨子的回答是"义不同"。义不同则使得君王所赞誉的所非毁的东西与百姓不同。那么，就不能通过赏罚去使百姓向善去恶。接着，墨子首先以家君层级为例，讲述"一同天下之义"的具体做法。最后，作者强调尚同的精神是"爱民"。"尚同"是"上同"的关键。

此篇与前两篇主旨相同，旨在说明为政者要用同一于上的方法来统一人们的思想，处理政务，管理国家。

第十四章　兼爱（上）
——爱人如己，天下兼相爱则治，兼相恶则乱

【原文】

圣人以治天下为事者也，必知乱之所自起，焉①能治之；不知乱之所自起，则不能治。譬之如医之攻人之疾者然：必知疾之所自起，焉能攻之；不知疾之所自起，则弗能攻。治乱者何独不然？必知乱之所自起，焉能治之；不知乱之所自起，则弗能治。

圣人以治天下为事者也，不可不察乱之所自起。当②察乱何自起？起不相爱。臣子之不孝君父，所谓乱也。子自爱，不爱父，故亏父而自利；弟自爱，不爱兄，故亏兄而自利；臣自爱，不爱君，故亏君而自利，此所谓乱也。虽父之不慈子，兄之不慈弟，君之不慈臣，此亦天下之所谓乱也。父自爱也，不爱子，故亏子而自利；兄自爱也，不爱弟，故亏弟而自利；君自爱也，不爱臣，故亏臣而自利。是何也？皆起不相爱。虽至天下之为盗贼③者亦然：盗爱其室，不爱其异室，故窃异室以利其室。贼爱其身，不爱人，故贼人以利其身。此何也？皆起不相爱。虽至大夫之相乱家④，诸侯之相攻国者亦然：大夫各爱其家，不爱异家，故乱异家以利其家；诸侯各爱其国，不爱异国，故攻异国以利其国。天下之乱物，具此而已矣。察此何自起？皆起不相爱。

【注释】

①焉：乃。

②当：尝，尝试。

③盗：小偷。贼：强盗。

④家：指封地。

【译文】

圣人是以治理天下为职业的人，必须知道混乱从哪里产生，才能对它治理。如果不知道混乱从哪里产生，就不能治理。这就好像医生给人治病一样，必须知道疾病产生的根源，才能医治。如果不知道疾病产生的根源，就不能医治。治理混乱又何尝不是这样？必须知道混乱产生的根源，才能治理。如果不知道混乱产生的根源，就不能治理。

圣人是以治理天下为职业的人，不可不考察混乱产生的根源。尝试考察混乱是从哪里产生的呢？是由人与人不相爱引起的。臣与子不孝敬君和父，就是所谓的乱。儿子爱自己而不爱父亲，因而损害父亲而使自己得利；弟弟爱自己而不爱兄长，因而损害兄长而使自己得利；臣下爱自己而不爱君上，因而损害君上而使自己得利，这就是所谓的混乱。反过来，即父亲不慈爱儿子，兄长不慈爱弟弟，君上不慈爱臣下，这也是天下的所谓的混乱。父亲爱自己而不爱儿子，所以损害儿子而使自己得利；兄长爱自己而不爱弟弟，所以损害弟弟而使自己得利；君上爱自己而不爱臣下，所以损害臣下而使自己得利。这是为什么呢？都是由于不相爱引起的。即使在天底下做小偷和强盗的人，也是这样。小偷只爱自己的家，不爱别人的家，所以盗窃别人的家以利自己的家；强盗只爱自身，不爱别人，所以残害别人以利自己。这是什么原因呢？都是由于不相爱引起的。以至于大夫相互侵扰封地，诸侯相互攻伐封国，也是这样。大夫都爱他自己的封地，不爱别人的封地，所以侵扰别人的封地以利他自己的封地；诸侯都爱他自己的国家，不爱别人的国家，所以攻伐别人的国家以利他自己的国家。天下的乱事，全部具备在这里了。细察它是从哪里产生的呢？都是由于不相爱引起的。

【原文】

若使天下兼相爱，爱人若爱其身，犹有不孝者乎？视父兄与君若其身，恶①施不孝？犹有不慈者乎？视弟子与臣若其身，恶施不慈？故不孝不慈亡②有。犹有盗贼乎？故视人之室若其室，谁窃？视人身若其身，谁贼？故盗贼亡有。犹有大夫之相乱家，诸侯之相攻国者乎？视人家若其家，谁乱？视人国若其国，谁攻？故大夫之相乱家、诸侯之相攻国者亡有。若使天下兼相爱，国与国不相攻，家与家不相乱，盗贼无有，君臣父子皆能孝慈，若此，则天下治。

故圣人以治天下为事者，恶得不禁恶而劝爱？故天下兼相爱则治，交相恶则乱。故子墨子曰："不可以不劝爱人者，此也。"

【注释】

①恶（wū）：何。

②亡：通"无"。

【译文】

如果让天下人都能相亲相爱，爱别人就像爱自己，还能有不孝的人吗？看待父亲、兄弟和君上像自己一样，怎么会做出不孝的事呢？还会有不慈爱的吗？看待弟弟、儿子与臣下像自己一样，怎么会做出不慈的事呢？所以不孝不慈都没有了。还有小偷和强盗吗？看待别人的家像自己的家一样，谁还会去偷窃？看待别人的身体就像自己的一样，谁还会去害人？所以小偷和强盗都没有了。还有大夫相互侵扰封地、诸侯相互攻伐封国吗？看待别人的封地就像自己的封地，谁还会去侵犯？看待别人的封国就像自己的封国，谁还会去攻伐？所以大夫相互侵扰封地、诸侯相互攻伐封国都没有了。如果让天下的人都相亲相爱，国家与国家不相互攻伐，封地与封地不相互侵扰，盗贼没有了，君臣父子间都能孝敬慈爱，像这样，天下也就得以治理了。

所以圣人既然是以治理天下为职业的人，怎能不禁止相互仇恨而鼓励相爱呢？因此天下的人彼此相亲相爱就会得到治理，相互憎恶则会变得混乱。所以墨子说：不能不鼓励爱别人，就是这个道理。

【解析】

《兼爱》分为上、中、下三篇，这是上篇，篇幅较短，但兼爱的主旨已表露无遗。兼爱是墨家学派最有代表性的理论之一。所谓兼爱，其本质是要求人们爱人如己，彼此之间不要存在血缘与等级差别的观念。墨子认为，不相爱是当时社会混乱最大的原因，只有通过"兼相爱，交相利"才能达到社会安定的状态。这种理论具有反抗贵族等级观念的进步意义，但同时也带有强烈的理想色彩。

那么怎么实现兼爱呢？墨子认为在任何事上，只要人人设身处地地为别人着想，把别人的家当作自己的家，把别人的国家当作自己的国家，个人间就不会尔虞我诈，家族间就不会相互抢掠，国家间就不会相互攻伐。是故"天下兼相爱则治，兼相恶则乱"。

墨子以古圣先贤为例：昔者大禹苦百姓之苦而治水患；周文王推行老有所养，孤有所依，强不欺弱的思想；周武王安抚四方，扶助弱小，并祷告上天：百姓有罪，由我一人担当。这三大古圣先贤首先爱抚百姓，百姓安居乐业因而也爱戴君主。这就是墨子所提倡的"兼爱"。可见，兼爱的实现不是单方面的，而是相互的，即"投我以桃，报之以李"。

特别是周文王和周武王"虽有周亲，不若仁人"，"贵贤罚暴，勿有亲戚弟兄之所阿（阿即偏袒）"的任人唯贤的思想特别值得我们学习。那么有人质疑，兼爱照顾了别人的利益，这样是否有违孝道呢？墨子说，如果实行兼爱有利于别人的父母兄弟，别人实行兼爱也有利于你的父母兄弟。因而兼爱和孝道并不相背离。

对于兼爱思想的怀疑者和反对者，墨子反问，你愿意和一个兼爱相利的人为友还是和一个自私自利的人为友？你愿意选择一个兼爱仁慈的国君还是一个自私残暴的国君？如果你愿意和兼爱相利的人为友，选择兼爱仁慈的人为君，你有什么理由不身体力行呢？对于兼爱思想是否可行的怀疑，墨子以晋文公喜好臣子穿破烂衣服，楚庄王喜欢细腰的人以及越王勾践训练战士的勇猛为例，证明只要君主努力推行，奖赏推行兼爱相利之人，惩罚损人利己之人。如果这样，就像火苗必然上蹿，水必然向下流一样，兼爱相利思想就必然广播四方而无可逆转。

墨子"兼爱"思想是一种高标准的理想社会的道德观，在战国时期没被封建统治阶级采纳，是有原因的，因为它太理想化了，既不符合封建统治阶级的等级特权思想的要求，也不符合当时广大社会成员普遍的思想觉悟水平，脱离了当时的经济基础和客观现实，幻想跨越阶级之间利益差别而实现不同社会成员之间的道德调和，这种道德模式实质上是一种美好的幻想。因此，"兼爱"一直沉睡了两千多年。

第十五章 兼爱（中）
——对症下药，只有"兼相爱，交相利"，社会才能安定

【原文】

子墨子言曰："仁人之所以为事者，必兴天下之利，除去天下之害，以此为事者也。"然则天下之利何也？天下之害何也？子墨子言曰："今若国之与国之相攻，家之与家之相篡，人之与人之相贼，君臣不惠忠，父子不慈孝，兄弟不和调，此则天下之害也。"

然则崇①此害亦何用生哉？以不相爱生邪？子墨子言："以不相爱生。"今诸侯独知爱其国，不爱人之国，是以不惮举其国，以攻人之国。今家主独知爱其家，而不爱人之家，是以不惮举其家，以篡人之家。今人独知爱其身，不爱人之身，是以不惮举其身，以贼人之身。是故诸侯不相爱，则必野战；家主不相爱，则必相篡；人与人不相爱，则必相贼；君臣不相爱，则不惠忠；父子不相爱，则不慈孝；兄弟不相爱，则不和调。天下之人皆不相爱，强必执弱，富必侮贫，贵必敖②贱，诈必欺愚。凡天下祸篡怨恨，其所以起者，以不相爱生也，是以仁者非之。

【注释】

①崇：应为"察"。

②敖：通"傲"。

【译文】

墨子说:"仁义的人处理事务的原则,一定是为天下兴利除害,以此原则来处理事务。"既然如此,那么天下的利是什么?而天下的害又是什么呢?墨子说:"就像现在国与国之间相互攻伐,封地与封地之间相互掠夺,人与人之间相互残害,君王不施惠,臣子不效忠,父亲不慈爱,儿子不孝顺,兄弟之间不和睦融洽,这就都是天下的祸患啊!"

既然如此,那么考察这些祸患又是因何产生的呢?是因不相爱产生的吗?墨子说:"是因不相爱产生的。"现在的诸侯只知道爱自己的国家,不爱别人的国家,所以毫无忌惮地发动他自己国家的力量,去攻伐别人的国家。现在的家族宗主只知道爱自己的家族,而不爱别人的家族,因而毫无忌惮地发动他自己家族的力量,去掠夺别人的家族。现在的人只知道爱自己,而不爱别人,因而毫无忌惮地运用全身的力量去伤害别人。所以诸侯之间不相爱，就必然发生混战；家族宗主之间不相爱，就必然相互掠夺；人与人之间不相爱，就必然相互伤害；君与臣之间不相爱，就必然不能相互施惠、效忠；父与子不相爱，就必然不能相互慈爱、孝敬；兄与弟之间不相爱，就必然不能相互和睦融洽。天下的人都不相爱，强大的就必然控制弱小的，富足的就必然欺侮贫困的，尊贵的就必然傲视卑贱的，狡猾的就必然欺骗愚笨的。举凡天下祸乱、掠夺、怨愤、仇恨，都是因不相爱而产生的，所以仁义的人都认为它不对。

【原文】

既以①非之，何以易之？子墨子言曰："以兼相爱、交相利之法易之。"然则兼相爱、交相利之法将奈何哉？子墨子言：视人之国，若视其国；视人之家，若视其家；视人之身，若视其身。是故诸侯相爱，则不野战；家主相爱，则不相篡；人与人相爱，则不相贼；君臣相爱，则惠忠；父子相爱，则慈孝；兄弟相爱，则和调。天下之人皆相爱，强不执弱，众不劫②寡，富不侮贫，贵不敖贱，诈不欺愚。凡天下祸篡怨恨，可使毋起者，以相爱生也，是以仁者誉之。

【注释】

①以：通"已"。
②劫：威逼，胁迫。

【译文】

既已认为不相爱是不对的，那用什么去改变它呢？墨子说道："用人们相亲相爱、交互得利的方法去改变它。"既然这样，那么人们相亲相爱、交互得利应该怎样做呢？墨子说道："看待别人的国家就像自己的国家，看待别人的家族就像自己的家族，看待别人的生命就像自己的生命。"所以诸侯之间相爱，就不会发生混战；家族宗主之间相爱，就不会发生掠夺；人与人之间相爱就不会相互残害；君臣之间相爱，就会相互施惠、效忠；父子之间相爱，就会相互慈爱、孝敬；兄弟之间相爱，就会相互融洽、协调。天下的人都相爱，强大者就不会控制弱小者，人多者就不会胁迫人少者，富足者就不会欺侮贫困者，尊贵者就不会傲视卑贱者，狡诈者就不会欺骗愚笨者。举凡天下的祸患、掠夺、怨愤、仇恨可以不使它产生的原因就是因为相爱，所以仁义的人都赞美它。

【原文】

然而今天下之士君子曰："然！乃若①兼则善矣；虽然，天下之难物于故也②。"子墨子言曰："天下之士君子，特③不识其利、辩其故也。今若夫攻城野战，杀身为名，此天下百姓之所皆难也。若君说之④，则士众能为之。况于兼相爱、交相利，则与此异！夫爱人者，人必从而爱之；利人者，人必从而利之；恶人者，人必从而恶之；害人者，人必从而害之。此何难之有？特上弗以为政、士不以为行故也。"

昔者晋文公好士之恶衣，故文公之臣，皆牂羊⑤之裘，韦以带剑⑥，练帛之冠，入以见于君，出以践于朝。是其故何也？君说之，故臣为之也。昔者楚灵王好士细要⑦，故灵王之臣，皆以一饭为节，胁息然后带，扶墙然后起。比期年，朝有黧黑之色。是其故何也？君说之，故臣能之也。昔越王勾践好士之勇，教驯其臣，和合之，焚舟失火，试其士曰："越国之宝尽在此！"越王亲自鼓其士而进之，士闻鼓音，破碎乱行⑧，蹈火而死者，左右百人有余，越王击金而退之。是故子墨子言曰："乃若夫少食、恶衣、杀人而为名，此天下百姓之所皆难也。若苟君说之，则众能为之；况兼相爱、交相利，与此异矣！夫爱人者，人亦从而爱之；利人者，人亦从而利之；恶人者，人亦从而恶之；害人者，人亦从而害之。此何难之有焉？特上不以为政而士不以为行故也⑧。

【注释】

①乃若：那么。

②物：事。于故：迂远难行之事。于：通"迂"。

③特：只，但。

④说：通"悦"。

⑤牂（zāng）羊：母羊。

⑥韦：熟牛皮。带：佩带。

⑦要：通"腰"。

⑧碎：疑为"阵"字之误。行：行列，阵列。

【译文】

然而如今天下的士人君子们说："对！兼相爱固然是好的。即使如此，它也是天下一件难办而迂阔的事。"墨子说道："天下的士人君子们只是没有认识到兼爱的好处，了解它的道理。例如攻城野战，为成名而杀身，这都是天下的百姓难于做到的事。但假如君主喜欢，那么为官的和老百姓都能做到。何况兼相爱、交相利与之相比，则是完全不同的。凡是爱别人的人，别人也随即爱他；有利于别人的人，别人也随即有利于他；憎恶别人的人，别人也随即憎恶他；损害别人的人，别人也随即损害他。实行这种兼爱有什么困难呢？只是由于居上位的人不用它行之于政、士人不把它付诸行动罢了。"

从前晋文公喜欢士人穿不好的衣服，所以文公的臣下都穿着羊皮裘，用牛皮带来挂佩剑，头戴熟绢做的帽子，就这样进可以参见君上，出可以往来朝廷。这是什么缘故呢？因为君主喜欢这样，所以臣下就这样做。从前楚灵王喜欢细腰之人，所以灵王的臣下每天只吃一顿饭来节食，收着气然后才系上腰带，扶着墙然后才站得起来。等过了一年，朝廷之臣都面黑饥瘦。这是什么缘故呢？因为君主喜欢这样，所以臣下能做到这样。从前越王勾践喜爱士兵勇猛，训练他的臣下时，先把他们集合起来，私下放火烧船，考验他的将士说："越国的财宝全在这船里。"越王亲自擂鼓，让将士前进。将士听到鼓声，争先恐后，打乱了队伍，蹈火而死的人，仅近臣就达一百多人。越王于是鸣金让他们退下。所以墨子说道："像少吃饭、穿坏衣、杀身成名，这都是天下百姓难于做到的事。假如君主喜欢它，那么士众就能做到。何况兼相爱、交相利是与此不同的好事。爱别人的人，别人也随即爱他；有利于别人的人，别人也随即有利于他；憎恶别人的人，别人也随即憎恶他；损害别人的人，别人也随即损害他。这种兼爱有什么难实行的呢？只是居上位的人不用它行之于政，而士人不把它付诸行动罢了。"

【原文】

然而今天下之士君子曰："然！乃若兼则善矣；虽然，不可行之物也。譬若挈太山①越河、济也。"子墨子言："是非其譬也。夫挈太山而越河、济，可谓毕劫②有力矣。自古及今，未有能行之者也；况乎兼相爱、交相利，则与此异，古者圣王行之。"何以知其然？古者禹

治天下，西为③西河渔窦，以泄渠、孙、皇之水。北为防、原、派，注后之邸④、嘑池之窦，洒为底柱⑤，凿为龙门，以利燕代胡貉与西河之民。东方漏之陆⑥，防孟诸之泽，洒为九浍，以楗⑦东土之水，以利冀州之民。南为江、汉、淮、汝，东流之注五湖之处，以利荆楚、干、越与南夷之民。此言禹之事，吾今行兼矣。昔者文王之治西土，若日若月，乍光于四方，于西土。不为大国侮小国，不为众庶侮鳏寡，不为暴势夺穑人黍、稷、狗、彘。天屑⑧临文王慈，是以老而无子者，有所得终其寿；连独⑨无兄弟者，有所杂于生人之间；少失其父母者，有所放依而长。此文王之事，则吾今行兼矣。昔者武王将事泰山，隧⑩传曰："泰山有道，曾孙周王有事⑪。大事既获，仁人尚作，以祗⑫商夏、蛮夷丑貉。虽有周亲，不若仁人。万方有罪，维予一人。"此言武王之事，吾今行兼矣。

是故子墨子言曰："今天下之君子，忠⑬实欲天下之富，而恶其贫；欲天下之治，而恶其乱，当兼相爱、交相利。此圣王之法，天下之治道也，不可不务为也。"

【注释】

① 太山：泰山。

② 毕：急速。劼：当为"劫"，有力的样子。

③ 为：治。

④ 后：为"召"之误。

⑤ 嘑（hū）：应为"滹"。底：应为"邸"。

⑥ 方：应为"为"。漏：疏导。之：为"大"之误。

⑦ 楗（jiàn）：堵塞决水口所下的竹木草石，这里指限制。

⑧ 屑：顾。

⑨ 连：为"矜"之假借字。连独：穷苦孤独。

⑩ 隧：疑为"遂"字之误。

⑪曾孙：天子诸侯祭祀时的谦称。有事：行此祭祀。

⑫祇（zhī）：拯救。

⑬忠：同"中"。

【译文】

然而现在天下的士人君子们说："对！兼爱固然是好的。即使如此，也不可能行之于事，就像要举起泰山越过黄河、济水一样。"墨子说道："这比方不对。举起泰山而越过黄河、济水，可以说是强劲有力的了，但从古到今，没有人能做得到。而兼相爱、交相利与此相比，则是完全不同的，古时的圣王曾做到过。"是怎么知道的呢？古时大禹治理天下，西边修筑了西河、渔窦，用来排泄渠水、孙水和皇水；北边疏通了防水、原水、泒水，使之注入召之邸和滹沱河，让黄河在底柱山分流，凿开龙门以有利于燕、代、胡、貉与西河地区的人民。东边疏导大陆的积水，拦入孟诸泽，分为九条河，以此限制东土的洪水，以利于冀州的人民。南边疏通长江、汉水、淮河、汝水，使之东流入海，以此灌注五湖之地，以利于荆楚、吴越和南夷的人民。这说的是大禹的事迹，我们现在要实行这种兼爱。从前周文王治理西土，像太阳像月亮一样，光耀四方和西周大地。他不因为是大国而欺侮小国，不因为人多而欺侮鳏寡孤独，不因为势力强大而掠夺农民的粮食牲畜。上天眷顾文王的慈爱，所以年老无子的人得以寿终，孤苦无兄弟的人可以安聚于平常人中间，幼小无父母的人有所依靠而长大成人。这说的是文王的事迹，我们现在要实行这种兼爱。从前武王祭祀泰山，于是陈述说："泰山有灵，我行此祭祀。现在伐纣大事已获成功，一批仁人在我身边相助，用以拯救商夏遗民及四方少数民族。即使有至亲，也不如我有仁人。四方之人若有罪过，由我一人承担。"这说的是周武王的事迹，我们现在要实行这种兼爱。

所以墨子说道："现在天下的君子，如果内心确实希望天下富足，而厌恶贫穷；希望天下治理好，而厌恶其混乱，那就应当全都相亲相爱、互惠互利。这是圣王实行的法则，治理天下的方法，不可不努力去做啊！"

【解析】

《兼爱（中）》篇，是《兼爱（上）》篇的继续和拓展。在《兼爱（上）》提出要治理好天下混乱的状况，就要知道发生混乱的原因，就像医生要知道病人的病根，才能对症下药，把病治好一样。论述了社会混乱的原因，是由于人们"不相爱"引起的，并提出补救的办法，就是要人们"兼相爱"。

本篇用大量对比来论证兼相爱之利与不相爱之害，在对比中又分个人、家庭、国家等多层次、多角度，君臣、父子、兄弟等多重关系，显示出严谨的逻辑能力与清晰的思辨能力。墨家的《墨经》是中国古典逻辑的集大成，与古希腊的形式逻辑和印度的因明逻辑号称世界三大逻辑体系，像天上三颗明星一样，遥相呼应，争放异彩。《兼爱中》的突出特色，就是逻辑性强，论证很有说服力。

墨子把实行"兼爱"的希望，寄托于当权的国君和士阶层的支持。所以他花很大力气去说服他们采纳自己的学说。但由于墨子的想法和当权者距离太远，他的努力不可能取得预期的效果。因此，墨子学说沉睡了两千年。这两千年，正值中国封建君主专制的两千年，怎能实行无等级、无差别的平等的相亲相爱呢？

然而，在构建和谐世界的今天，世界各国都在追求现代化，现代化的前提是市场经济，是互利共赢。时代在呼唤"兼相爱、交相利"，墨子的"兼爱"学说，包含对现代和未来极其有用的人文精神与人道主义思想，亟须批判地继承弘扬，把墨子的美好理想化为当前的生动现实，作为构建未来和谐世界的借鉴。

第十六章　兼爱（下）
——古代贤王的治国之道，广大百姓的最大利益

【原文】

子墨子言曰："仁人之事者，必务求兴天下之利，除天下之害。"然当今之时，天下之害，孰为大？曰：若大国之攻小国也，大家之乱小家也，强之劫弱，众之暴寡，诈之谋愚，贵之敖贱，此天下之害也。又与①为人君者之不惠也，臣者之不忠也，父者之不慈也，子者之不孝也，此又天下之害也。又与今人之贱②人，执其兵刃、毒药、水火，以交相亏贼，此又天下之害也。

姑尝本原③若众害之所自生。此胡自生？此自爱人、利人生与？即必曰："非然也。"必曰："从恶人、贼人生。"分名乎天下，恶人而贼人者，兼与？别④与？即必曰："别也。"然即之交别者，果生天下之大害者与！是故别非也。子墨子曰："非人者必有以易之，若非人而无以易之，譬之犹以水救火⑤也，其说将必无可矣。"

【注释】

①与：如。

②贱：当为"贼"。

③本原：追究根源。

④别：将自己与别人区别对待。

⑤以水救火：当作"以水救水，以火救火"，指方法不当，则危害更大。

【译文】

墨子说道："仁人的事业，应当努力追求兴起天下之利，除去天下之害。"然而在如今，天下之害，哪个算是最大的呢？回答说："像大国攻伐小国，大家族侵扰小家族，强大者欺压弱小者，人多的虐待人少的，狡诈者算计愚笨者，尊贵者傲视卑贱者，这就是天下的祸害。再如，做国君的不仁惠，做臣下的不忠诚，做父亲的不慈爱，做儿子的不孝敬，这又都是天下的祸害。再如，现在残害人的人，拿着兵刃、毒药、水火，用来相互残害，这又是天下的祸害。

姑且试着推究这许多祸害产生的根源。这是从哪里产生的呢？这是从爱别人、利别人产生的吗？那么必定会说不是这样的，必然要说是从憎恶别人、残害别人产生的。我们来辨别一下：世上憎恶别人和残害别人

的人，是"兼相爱"还是"别相恶"呢？则必然要说是"别相恶"。既然如此，那么这种将自己与别人区别对待，果然是产生天下大害的原因。所以"别相恶"是不对的。墨子说："如果以别人为不对，那就必须有东西去替代它，如果说别人不对而又没有东西去替代它，就好像用水救水、用火救火。这种主张必将是无法实现的。"

【原文】

是故子墨子曰："兼以易别。"然即兼之可以易别之故何也？曰：藉为人之国，若为其国，夫谁独举其国以攻人之国者哉？为彼者由①为己也。为人之都，若为其都，夫谁独举其都以伐人之都者哉？为彼犹为己也。为人之家，若为其家，夫谁独举其家以乱人之家者哉？为彼者犹为己也。然即国都不相攻伐，人家不相乱贼，此天下之害与？天下之利与？即必曰天下之利也。

姑尝本原若众利之所自生。此胡自生？此自恶人贼人生与？即必曰："非然也。"必曰："从爱人利人生。"分名乎天下，爱人而利人者，别与？兼与？即必曰："兼也。"然即之交兼者，果生天下之大利者与！是故子墨子曰："兼是也。"且乡②吾本言曰：仁人之事者，必务求兴天下之利，除天下之害。今吾本原兼之所生，天下之大利者也；吾本原别之所生，天下之大害者也。是故子墨子曰：别非而兼是者，出乎若方③也。

【注释】

①由：通"犹"。
②乡：即"向"，从前。
③方：方法。

【译文】

所以墨子说：要用"兼相爱"来取代"别相恶"。既然如此，那

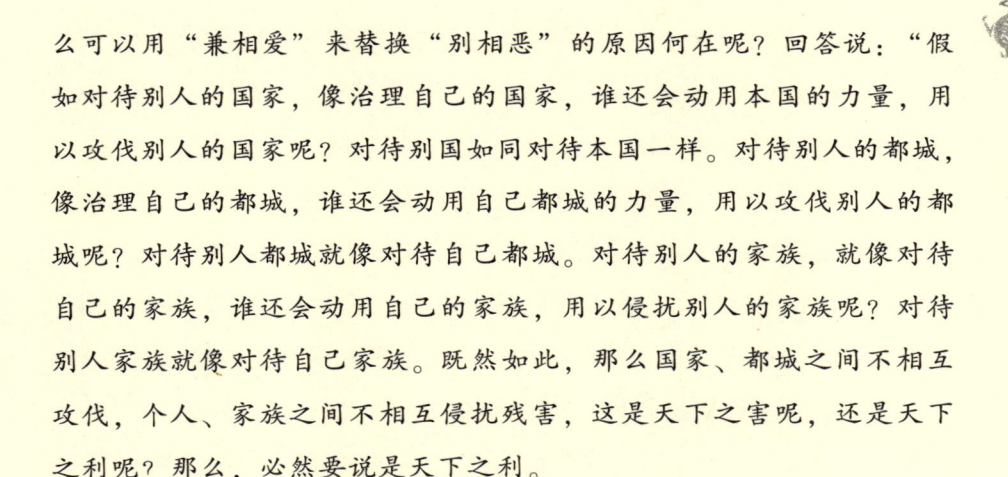

么可以用"兼相爱"来替换"别相恶"的原因何在呢？回答说："假如对待别人的国家，像治理自己的国家，谁还会动用本国的力量，用以攻伐别人的国家呢？对待别国如同对待本国一样。对待别人的都城，像治理自己的都城，谁还会动用自己都城的力量，用以攻伐别人的都城呢？对待别人都城就像对待自己都城。对待别人的家族，就像对待自己的家族，谁还会动用自己的家族，用以侵扰别人的家族呢？对待别人家族就像对待自己家族。既然如此，那么国家、都城之间不相互攻伐，个人、家族之间不相互侵扰残害，这是天下之害呢，还是天下之利呢？那么，必然要说是天下之利。

姑且试着推究这些利是如何产生的。这是从哪里产生的呢？这是从憎恶人残害人产生的吗？必定要说不是这样的，必然要说是从爱人利人产生的。我们来辨别一下：世上爱人利人的，是"别相恶"还是"兼相爱"呢？则必然要说是"兼相爱"。既然如此，那么这种互爱互利，果真是产生天下大利的原因。所以墨子说："兼相爱是对的。"而且从前我说过："仁人之事，必然努力追求兴起天下之利，除去天下之害。"现在我推究由"兼相爱"产生的都是天下的大利；我推究由"别相恶"所产生的都是天下的大害。所以墨子说"别相恶"是不对的，"兼相爱"是对的，说的就是这个道理。

【原文】

今吾将正求与①天下之利而取之，以兼为正。是以聪耳明目相与②视听乎！是以股肱毕强相为动宰乎③！而有道肆相教诲④，是以老而无妻子者，有所侍养以终其寿；幼弱孤童之无父母者，有所放依以长其身。今唯毋以兼为正，即若其利也。不识天下之士，所以皆闻兼而非者，其故何也？

然而天下之士，非兼者之言，犹未止也，曰："即善矣，虽然，岂可用哉？"子墨子曰："用而不可，虽我亦将非之；且焉有善而不可用者。"姑尝两而进⑤之。谁⑥以为二士，使其一士者执别，使其一士者执兼。是故别士之言曰："吾岂能为吾友之身，若为吾身？为吾友之亲，若为吾亲？"是故退睹其友，饥即不食，寒即不衣，疾病不侍养，死丧不葬埋。别士之言若此，行若此。兼士之言不然，行亦不然，曰："吾闻为高士于天下者，必为其友之身，若为其身；为其友之亲，若为其亲，然后可以为高士于天下。"是故退睹其友，饥则食之，寒则衣之，疾病侍养之，死丧葬埋之。兼士之言若此，行若此。若之二士者，言相非而行相反与？当⑦使若二士者，言必信，行必果，使言行之合，犹合符节也，无言而不行也。然即敢问：今有平原广野于此，被甲婴⑧胄，将往战，死生之权，未可识也；又有君大夫之远使于巴、越、齐、荆，往来及否，未可识也。然即敢问：不识将恶也，家室，奉承亲戚、提挈妻子而寄托之，不识于兼之有是乎？于别之有是乎？我以为当其于此也，天下无愚夫愚妇，虽非兼之人，必寄托之于兼之有是也。此言而非兼，择即取兼，即此言行费⑨也。不识天下之士，所以皆闻兼而非之者，其故何也？

【注释】

①与：疑为"兴"字之误。

②与：疑为"为"字之误。

③毕强：即"毕劫"。劝：疑为"助"字之误。宰：治。

④肆：努力。

⑤进：为"尽"之假借字。

⑥谁：为"设"字之误。

⑦当：如"尝"。

⑧婴：围绕。

⑨费：通"拂"，违逆。

【译文】

现在我正寻求兴起天下之利的办法并且采用它，以"兼相爱"来施政。所以大家都耳聪目明，相互帮助视听，所以大家都用坚强有力的手脚相互协助！于是努力地用道义互相教导，因此年老而没有妻室子女的能够有所奉养而终其天年，幼弱孤童没有父母的能够有所依靠而长大。现在只要以"兼相爱"来施政，就可以得到这样的利益。不知道天下之士听到"兼相爱"之说而加以非议，其原因是什么呢？

然而天下的士子，非议"兼相爱"的言论还没有终止，说："兼相爱"即使是好的，但是，难道可以实行吗？"墨子说："如果不可实行，即使我也要批评它，但哪有好的东西是不能应用的呢？"姑且试着让主张"兼相爱"和主张"别相恶"的两种人完全按照自己的主张行事。假设有两个士子，其中一人主张"别相恶"，另一人主张"兼相爱"。主张"别相恶"的士人说："我怎么能对待我朋友的身体，就像对待我自己的身体；对待我朋友的双亲，就像对待我自己的双亲。"所以他返身看到他朋友，饥饿时也不给他吃，受冻时也不给他穿，有病时也不服侍疗养，死亡后也不予以埋葬。主张"别相恶"的士人言论如此，行为如此。主张"兼相爱"的士人言论不是这样，行为也不是这样。他说："我听说作为天下的高士，必须对待朋友之身如自己之身，对待朋友的双亲如自己的双亲。这以后就可以成为天下的高士。"所以他返身看到朋友，饥饿时就给他吃，受冻时就给他穿，疾病时前去服侍，死亡后予以埋葬。主张"兼相爱"的士人的言论如此，行为也如此。像这样的两个士人，言论不同而行为相反吗？假使让这两个士人，言出必信，行为必果，他们的言与行就像符节一样符合，没有一句话不实行的。既然如此，那么请问：现在这里有一平原旷野，人们将披甲戴盔前往作战，生死的变化不可预知；又有国君的大夫出使遥远的巴、越、齐、楚等地，能否回来不可预知。那么请问：

他要托庇家室,奉养父母,安寄自己的妻子孩子,究竟是去拜托那主张"兼相爱"的人呢,还是去拜托那主张"别相恶"的人呢?我认为在这种情况下,无论天下的愚夫愚妇,即使是反对"兼相爱"的人,也必然要寄托给主张"兼相爱"的人。说话否定"兼相爱",找人帮忙却选择"兼相爱"的人,这就是言行相违背。我不知道天下的人听到"兼相爱"就非议它,其原因是什么呢?

【原文】

然而天下之士,非兼者之言,犹未止也,曰:"意①可以择士,而不可以择君乎?"姑尝两而进之。谁②以为二君,使其一君者执兼,使其一君者执别。是故别君之言曰:"吾恶能为吾万民之身,若为吾身？此泰③非天下之情也。人之生乎地上之无几何也，譬之犹驷驰而过隙也。"是故退睹其万民，饥即不食，寒即不衣，疾病不侍养，死丧不葬埋。别君之言若此，行若此。兼君之言不然，行亦不然，曰："吾闻为明君于天下者，必先万民之身，后为其身，然后可以为明君于天下。"是故退睹其万民，饥即食之，寒即衣之，疾病侍养之，死丧葬埋之。兼君之言若此，行若此。然即交若之二君者，言相非而行相反与？常使若二君者，言必信，行必果，使言行之合，犹合符节也，无言而不行也。然即敢问：今岁有疠疫④，万民多有勤苦冻馁、转死沟壑中者，既已众矣。不识将择之二君者，将何从也？我以为当其于此也，天下无愚夫愚妇，虽非兼者，必从兼君是也。言而非兼，择即取兼，此言行拂也。不识天下所以皆闻兼而非之者，其故何也？

【注释】

①意：通"抑"。

②谁：为"设"字之误。

③泰：通"太"。

④疠（lì）疫：瘟疫。

【译文】

然而天下的士人，攻击"兼相爱"的言论还是没有停止，说道："或许可以用这种理论选择士人，但却不可以用它选择国君吧？"姑且试着让两者完全按照自己的主张行事。假设这里有两个国君，其中一个主张"兼相爱"的观点，另一个主张"别相恶"的观点。这样主张"别相恶"的国君会说："我怎能对待我的百姓之身，就像对待自己之身呢？这太不合天下人的情理了。人生在世并没有多少时间，就好像马车驰过缝隙那样短暂。"所以他返身看到他的百姓挨饿时也不给他吃，受冻时也不给他穿，有病时也不不服侍疗养，死亡后也不予以埋葬。主张"别相恶"的士人言论如此，行为如此。主张"兼相爱"的士人言论不是这样，行为也不是这样。他说："我听说在天下做一位明君，必须先看重万民之身，然后才看重自己之身，这以后才可以在天下做一位明君。"所以他返身看到他的百姓挨饿时也不给他吃，受冻时也不给他穿，有病时也不服侍疗养，死亡后也不予以葬埋。主张"别相恶"的士人言论如此，行为如此。主张"兼相爱"的士人言论是这样，行为也是这样。既然这样，那么这两个国君，言论不同而行为相反吗？假使这两个国君，言必信，行必果，使言行符合得像符节一样，没有说过的话不能实现的。既然如此，那么请问：假如今年有瘟疫，百姓大多因劳苦和冻饿而辗转死于沟壑之中的，已经很多了。不知道要从这两个国君中选择一位，将会跟随哪一位呢？我认为在这个时候，无论天下的愚夫愚妇，即使是反"兼相爱"的人，也必定跟随主张"兼相爱"的国君了。在言论上反对"兼相爱"，而在选择时则采用"兼相爱"，这就是言行相违背。我不知道天下的人听到"兼相爱"就非议它，其原因是什么呢？

【原文】

然而天下之士，非兼者之言也，犹未止也，曰："兼即仁矣，义矣；虽然，岂可为哉？吾譬兼之不可为也，犹挈泰山以超江、河也。故兼者，直①愿之也，夫岂可为之物哉？"子墨子曰："夫挈泰山以超江、河，自古之及今，生民而来，未尝有也。今若夫兼相爱、交相利，此自先圣六王者亲行之。"何知先圣六王之亲行之也？子墨子曰："吾非与之并世同时，亲闻其声、见其色也；以其所书于竹帛、镂于金石、琢于盘盂，传遗后世子孙者知之。"《泰誓》曰："文王若日若月乍照，光于四方，于西土。"即此言文王之兼爱天下之博大也，譬之日月，兼照天下之无有私也。即此文王兼也。虽子墨子之所谓兼者，于文王取法焉！

且不唯《泰誓》为然，虽《禹誓》即亦犹是也。禹曰："济济有众，咸听朕言！非惟小子，敢行称乱。蠢此有苗，用天之罚。若予既率而群对诸群②，以征有苗。"禹之征有苗也，非以求以重富贵、干③福禄、乐耳目也，以求兴天下之利、除天下之害。即此禹兼也；虽子墨子之所谓兼者，于禹求焉。

【注释】

①直：只。

②若：疑为"兹"之误。"既"："即"的假借字。"群对诸群"：当为"群邦诸辟"。

③干：求。

【译文】

然而天下的士人，非议"兼相爱"的言论还是没有停止，说道："'兼相爱'算得上是仁，也算得上是义了。即使如此，难道这样就可以实现吗？我打个比方，'兼相爱'无法实现，就像举起泰山跨过长江、黄河一样。所以'兼相爱'只不过是一种愿望而已，难道是实现得了的事吗？"墨子说："举起泰山跨过长江、黄河，自古及今，自有百姓以来，还不曾有过。至于现在说"兼相爱、交相利"，这则是自先圣六王就亲自实行过的。"怎么知道先圣六王亲自实行了呢？墨子说："我并不和他们处于同一时代，能亲自听到他们的声音，亲眼见到他们的表情，我是从他们书写在简帛上、镂刻在钟鼎石碑上、雕琢在盘盂上，并留给后世子孙的文献中知道这些的。"《泰誓》上说："文王像太阳、像月亮一样照耀，光辉遍及四方，遍及西周大地。"这就是说文王"兼爱"天下的广大，好像太阳、月亮兼照天下，而没有偏私。这就是文王的"兼相爱"。即使墨子所说的"兼相爱"，也是从文王那里取法得来的！

况且不只《泰誓》这样记载，即使是《禹誓》中也是这样说的。大禹说："众位百姓，都听从我的话：不是我敢横行作乱，而是苗民在蠢动，因而我代替上天对他们施行惩罚。现在我率领众邦的各位君主，去征讨有苗。"大禹征讨有苗，不是看重富贵，也不是求取福禄，使耳目享受声色之乐，而是为了追求兴起天下的利益，除去天下的祸害。这就是大禹的"兼相爱"。即使墨子所说的"兼相爱"，也是从大禹那里取法得来的！

【原文】

且不唯《禹誓》为然，虽《汤说》即亦犹是也。汤曰："惟予小子履①，敢用玄牡。告于上天后曰：今天大旱，即当朕身履，未知得罪于上下。有善不敢蔽，有罪不敢赦，简在帝心。万方有罪，即当朕身；朕身有罪，无及万方。"即此言汤贵为天子，富有天下，然且不惮以身为牺牲，以词说于上帝鬼神。即此汤兼也。虽子墨子之所谓兼者，于汤取法焉。

且不惟《誓命》与《汤说》为然，《周诗》即亦犹是也。《周诗》曰："王道荡荡②，不偏不党；王道平平，不党不偏。其直若矢，其易若底③。君子之所履，小人之所视。"若吾言非语道之谓也，古者文、武为正④均分，赏贤罚暴，勿有亲戚弟兄之所阿⑤。即此文、武兼也。虽子墨子之所谓兼者，于文、武取法焉。不识天下之人，所以皆闻兼而非之者，其故何也？

【注释】

①履：汤的名。
②荡荡：宽广无边的样子。
③底：通"砥"，磨刀石。
④正：通"政"。

⑤阿：迎合。

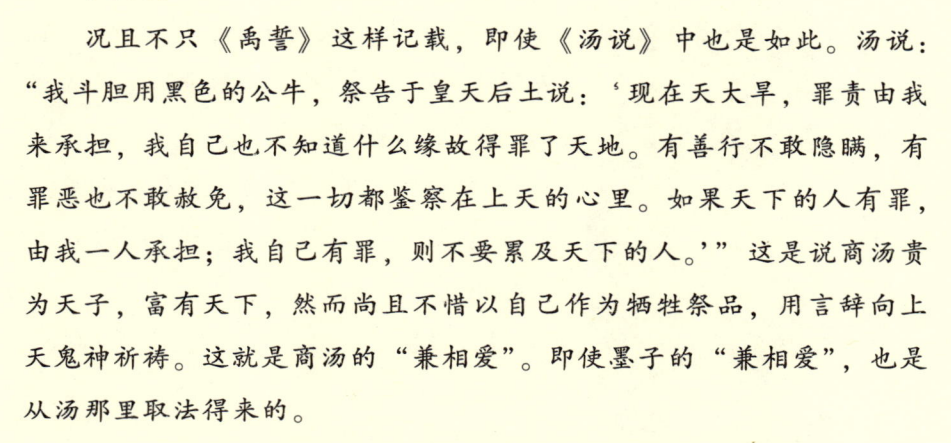

【译文】

况且不只《禹誓》这样记载，即使《汤说》中也是如此。汤说："我斗胆用黑色的公牛，祭告于皇天后土说：'现在天大旱，罪责由我来承担，我自己也不知道什么缘故得罪了天地。有善行不敢隐瞒，有罪恶也不敢赦免，这一切都鉴察在上天的心里。如果天下的人有罪，由我一人承担；我自己有罪，则不要累及天下的人。'"这是说商汤贵为天子，富有天下，然而尚且不惜以自己作为牺牲祭品，用言辞向上天鬼神祈祷。这就是商汤的"兼相爱"。即使墨子的"兼相爱"，也是从汤那里取法得来的。

况且不只《誓命》与《汤说》是这样，《周诗》也是这样。《周诗》上说："王道宽广无边，没有偏爱没有袒护；王道平坦，没有袒护没有偏爱。它像箭一样笔直，像磨刀石一样平坦。这是君子所实践的，是百姓们所仰望的。"如果以我所说的话不符合说明，则古时周文王、周武王处理政事分配公平，奖赏贤人惩罚坏人，不偏私父母兄弟亲戚。这就是周文王、武王的"兼相爱"。即使墨子所说的"兼相爱"，也是从文王、武王那里取法得来的。我不知道天下的人听到"兼相爱"就非议它，其原因是什么呢？

【原文】

然而天下之非兼者之言，犹未止。曰："意不忠亲之利，而害为孝乎？"子墨子曰："姑尝本原之孝子之为亲度者。吾不识孝子之为亲度者，亦欲人爱、利其亲与？意欲人之恶、贼其亲与？以说观之，即欲人之爱、利其亲也。然即吾恶先从事即得此？若我先从事乎爱利人之亲，然后人报我以爱利吾亲乎？意我先从事乎恶人之亲，然后人报我以爱利吾亲乎？即必吾先从事乎爱利人之亲，然后人报我以爱利吾

亲也。然即之交①孝子者，果不得已乎？毋先从事爱利人之亲与？意以天下之孝子为遇，而不足以为正乎？姑尝本原之。先王之所书，《大雅》之所道曰："无言而不雠②，无德而不报，投我以桃，报之以李。"即此言爱人者必见爱也，而恶人者必见恶也。不识天下之士，所以皆闻兼而非之者，其故何也？

【注释】

①之交：相互。

②雠：仇。

【译文】

然而天下的人非难主张"兼相爱"的言论，还是没有终止，说道："或许这不符合双亲的利益，而有害于子女行孝道吧？"墨子说：姑且试着推究孝子为双亲考虑的本源。我不知道孝子为双亲考虑，是希望别人爱护和有利于他的双亲呢，还是希望憎恶、残害他的双亲呢？按照常理来说，当然希望别人爱护和有利于他的双亲。既然如此，那么怎样做才能得到这个结果呢？是我先从事于爱护和有利于别人的双亲，然后别人才报我以爱护和有利于我的双亲呢，还是我先从事于憎恶和伤害别人的双亲，然后别人才报我以爱护和有利于我的双亲呢？则必然是我先从事于爱护和有利于别人的双亲，然后别人才报我以爱护和有利于我的双亲。然而这一互为孝子的情况，果真是出于不得已吗？是我先从事于爱护和有利于别人的双亲呢，还是以为天下的孝子都是傻子，完全不值得善待呢？姑且试着探究这一问题。先王的书《大雅》中说道："没有什么话不应答，没有什么恩德不报答。你投给我一颗桃子，我回报给你一颗李子。"这就是说爱别人的必被别人爱，而憎恶别人的必被别人憎恶。我不知道天下的人听到"兼相爱"就非议它，其原因是什么呢？

【原文】

　　意以为难而不可为邪？尝有难此而可为者。昔荆灵王好小要，当灵王之身，荆国之士饭不逾乎一，固据而后兴①，扶垣而后行。故约②食为其难为也，然后为而灵王说之，未逾于世而民可移也，即求以乡其上也。昔者越王勾践好勇，教其士臣三年，以其知为未足以知之也，焚舟失火，鼓而进之，其士偃③前列、伏水火而死有④不可胜数也。当此之时，不鼓而退也，越国之士，可谓颤⑤矣。故焚身为其难为也，然后为而越王说之，未逾于世，而民可移也，即求以乡其上也。昔者晋文公好粗服，当文公之时，晋国之士，大布之衣，牂羊之裘，练帛之冠，且粗之屦，入见文公，出以践之朝。故粗服为其难为也，然后为而文公说之，未逾于世，而民可移也，即求以乡其上也。是故约食、焚舟、粗服，此天下之至难为也，然后为而上说之，未逾于世而民可移也。何故也？即求以乡其上也。今若夫兼相爱、交相利，此其有利，且易为也，不可胜计也。我以为则无有上说之者而已矣，苟有上说之者，劝之以赏誉，威之以刑罚。我以为人之于就兼相爱、交相利也，譬之犹火之就上、水之就下也，不可防止于天下。

　　故兼者，圣王之道也，王公大人之所以安也，万民衣食之所以足也，故君子莫若审兼而务行之。为人君必惠，为人臣必忠，为人父必慈，为人子必孝，为人兄必友，为人弟必悌。故君子莫若欲为惠君、忠臣、慈父、孝子、友兄、悌弟，当若兼之，不可不行也。此圣王之道，而万民之大利也。

【注释】

①据：扶着木杖。兴：起来。

②约：少。

③偃：倒。

④有：为"者"字之误。

⑤颤：读为"惮"，强。

【译文】

也许认为"兼爱"太困难而做不到吧？曾有比这更困难的事而可做到的。从前楚灵王喜欢细腰，灵王在世时，楚国的士人每天吃饭不超过一顿，用力扶稳后才能站起，扶着墙壁才能走路。本来节食是他们难以做到的，然而由于这样做灵王喜欢却做到了。所以时代没有改变，人民的习惯却改变了，这无非为迎合君主之意罢了。从前越王勾践喜欢勇猛，训练他的将士三年，认为自己还不知道效果如何，于是故意放火烧船，擂鼓命将士前进。他的将士前仆后继，倒身于水火之中而死的不计其数。这个时候，即使不击鼓，他们也会向前进，越国的将士可以说是很勇敢的了。本来焚身是很难做到的事，但为了让越王高兴却做到了，所以时代没有改变，人民的习惯却改变了，这无非是为迎合君主之意罢了。从前晋文公喜欢穿粗布衣，文公在世时，晋国的人士都穿大布的衣和母羊皮的裘，戴厚帛做的帽子，穿粗糙的鞋子，这身打扮进可见晋文公，出可在朝廷来往。本来穿粗陋的衣服是很难做到的事，然而因为文公喜欢却做到了，所以时代没有改变，人民的习惯却改变了，这无非是为迎合君主之意罢了。所以说节食、焚舟、穿粗衣服，这本是天下最难做的事，然而这样做可使君主喜欢，所以时代没有改变，人民的习惯却改变了，这是什么缘故呢？这是为追求迎合君主罢了。现在对于兼相爱、交相利，这是有利而容易做到并且不可胜数的事。我认为只是没有君上的喜欢罢了，只要有君上喜欢，用奖赏称赞来勉励大众，用刑罚来威慑大众，我认为众人对于"兼相爱、交相利"，会像火苗向上蹿、水向下流一样，在天下是势不可当的。

所以说"兼爱"是圣王的大道，王公大臣因此得到安稳，百姓衣食因此得到满足。所以君子最好审查兼爱的道理而努力实行它。做人君的必须仁惠，做人臣的必须忠诚，做人父的必须慈爱，做人子的必须孝敬，做人兄的必须友爱其弟，做人弟的必须敬顺兄长。所以君子想要做仁惠之君、忠诚之臣、慈爱之父、孝敬之子、友爱之兄、敬顺之弟，对于兼爱就不可不实行。这是圣王的大道，是百姓最大的利益。

【解析】

此篇的主旨，大致与《兼爱（上）》《兼爱（中）》相同，但篇幅较长，论述更为详尽。

作者开篇首先论述天下之大害在于君不惠、臣不忠、父不慈、子不孝，所以相互残害而损人以利己。因而墨子提出要以"兼相爱、交相利"来改变这一状况。接着，以具体的例子来说明，即使是反对"兼爱"的人，在遇到实际困难的时候，也会向实行"兼爱"的人寻求帮助，这就是他们言论和行为不相符，所以他们非议"兼爱"是应当被质疑的。然后，墨子又以先王的《泰誓》《禹誓》《汤说》《周诗》为例，反复论证"兼爱"是古代贤王的治国之道，以此来彻底确立"兼爱"的价值。最后，墨子作补充论证，指出"兼爱"之道并非如一些人所认为是极其困难而不可实现的美好愿望，只要统治者有诚意推行，并且"劝之以赏誉，威之以刑罚"，必会使百姓为求"向上"而趋之若鹜。这样天下就会安定，百姓就会得利。这是圣王的大道，是广大百姓最大的利益。

第十七章　非攻（上）
——强权者不可打着"正义"的旗号四处掠夺

【原文】

今有一人，入人园圃，窃其桃李，众闻则非之，上为政者得则罚之。此何也？以亏人自利也。至攘人犬豕鸡豚者，其不义，又甚入人园圃窃桃李。是何故也？以亏人愈多，其不仁兹甚，罪益厚。至入人栏厩取人牛马者，其不仁义，又甚攘人犬豕鸡豚。此何故也？以其亏人愈多。苟亏人愈多，其不仁兹甚，罪益厚。至杀不辜人也，扡①其衣裘、取戈剑者，其不义，又甚入人栏厩，取人牛马。此何故也？以其亏人愈多。苟亏人愈多，其不仁兹甚矣，罪益厚。当此天下之君子皆知而非之，谓之不义。今至大②为攻国，则弗知非，从而誉之，谓之义。此可谓知义与不义之别乎？

【注释】

①扡：同"拖"。
②至大：指最大的不义。

【译文】

现在假如有一个人，进入别人的园圃，偷窃人家的桃子、李子。众人听说后就指责他，上边执政的人抓到后就处罚他。这是为什么呢？因为他损人利己。至于盗窃别人的鸡犬、牲猪，他的不义又超过到别

第十七章 非攻（上）

人的园圃里去偷桃李。这是什么缘故呢？因为他损人更大，他的不仁也更过分，罪过也更深重。至于进入别人的牛栏马厩内偷取别人的牛马，他的不仁不义又比盗窃别人鸡犬、牲猪的更甚。这是什么缘故呢？因为他损人更大。一旦损人更大，他的不仁也更过分，罪过也更深重。至于妄杀无辜之人，又扒下他的衣服皮裘，夺取他的戈剑，则这人的不义又大过进入别人的牛栏马厩盗取别人牛马。这是什么缘故呢？因为他损人更大。一旦损人更大，那么他的不仁也更过分，罪过也更深重。对此，天下的君子都知道指责他，称他为不义。现在最大的不义是攻伐别人的国家，却没有人知道去反对，反而跟着去赞誉他，称之为义。这可以说是明白义与不义的区别吗？

【原文】

杀一人，谓之不义，必有一死罪矣。若以此说往，杀十人，十重①不义，必有十死罪矣；杀百人，百重不义，必有百死罪矣。当此天下之君子皆知而非之，谓之不义。今至大为不义攻国，则弗知非，从而誉之，谓之义。情②不知其不义也，故书其言以遗后世；若知其不义也，夫奚说书其不义以遗后世哉？

今有人于此，少见黑曰黑，多见黑曰白，则以此人不知白黑之辩矣；少尝苦曰苦，多尝苦曰甘，则必以此人为不知甘苦之辩矣。今小为非，则知而非之；大为非攻国，则不知非，从而誉之，谓之义。此可谓知义与不义之辩乎？是以知天下之君子也，辩义与不义之乱也。

【注释】

①十重：十倍。
②情：通"诚"。

【译文】

杀掉一个人，叫作不义，必定构成一项死罪。假如按照这种说法类推，杀掉十个人，有十倍不义，则必然有十重死罪了；杀掉百个人，有百倍不义，则必然有百重死罪了。对此，天下的君子都知道指责他，称他为不义。当今最大的不义就是攻伐别人的国家，却没有人知道去反对，反而跟着去赞誉他，称之为义。他们确实不懂得那是不义的，所以记载那些称赞攻国的话遗留给后人。倘若他们知道那是不义的，又有什么理由解释记载这些不义之事，用来遗留给后人呢？

假如现在这里有一个人，看见少许黑色就说是黑的，看见很多黑色却说是白的，那么人们就会认为这个人不懂得白和黑的区别；少尝一点苦味就说是苦的，多尝些苦味却说是甜的，那么人们就会认为这个人不懂得苦和甜的区别。现在在小事上做错，人们都知道指责其错误；大事上做错去攻打别国，却不知道指责其错误，反而跟着称赞他为义举。这可以说是懂得义与不义的区别吗？所以我由此知道天下的君子，把义与不义的区别弄得很混乱了。

【解析】

《非攻》分为上、中、下三篇，此为上篇。所谓"非攻"，就是反对侵略战争。墨子提倡"非攻"，是他的"兼爱"学说在处理国家问题上的具体化。"非攻"是墨家针对当时诸侯间的兼并战争而提出的反战理论。在墨子看来，在当时的霸权社会，不仅强国动用自己的力量发动非正义的侵略战争，天下的"君子"也盲从其后，不知为非，反以为美。这种盲从才是最危险的，因为强权者正可就此打着"正义"的旗号四处掠夺，不必担心有反对者抵抗。墨子的忧虑可谓看清了古今许多祸乱的根源。

墨子认为，战争是天下的"巨害"，无论对战胜国还是战败国都将造成巨大损害，因之既不合于"圣王之道"，也不合于"国家百姓之利"。在篇中，他对各种为攻战进行辩护的言论作出了批驳，并进一步将大国对小国的"攻"与有道对无道的"诛"区别开来。

文章由人们日常熟知的现象谈起，由小及大，层层逼近，从具体事例推到抽象结论，具有极强的说服力。

第十八章 非攻（中）

——劳民伤财的战争只能取得一时的胜利，最终会自食恶果

【原文】

子墨子言曰：古①者王公大人为政于国家者，情欲誉之审，赏罚之当，刑政之不过失。是故子墨子曰："古者有语：'谋而不得，则以往知来，以见②知隐 。'谋若此，可得而知矣。"

【注释】

①古：为"今"字之误。

②见：通"现"。

【译文】

墨子说道：现在的王公大臣，掌握着国家大政的，确实希望做到责备和赞誉都很审慎，赏罚都恰当，刑罚和政令都没有过失。所以墨子说："古时有这样的话：'如果谋虑不到，就根据过去推知未来，根据明显的事推知隐藏的事。'像这样思考问题，就可以预知结果了。"

【原文】

今师徒①唯毋兴起，冬行恐寒，夏行恐暑，此不可以冬夏为者也。春则废民耕稼树艺，秋则废民获敛。今唯毋废一时，则百姓饥寒冻馁而死者，不可胜数。今尝计军上②：竹箭、羽旄、幄幕、甲盾、拨劫③，往而靡弊腑冷④不反者，不可胜数。又与矛、戟、戈、剑、乘

车⑤，其列住碎折靡弊而不反者，不可胜数。与其牛马，肥而往，瘠而反，往死亡而不反者，不可胜数。与其涂⑥道之修远，粮食辍绝而不继，百姓死者，不可胜数也。与其居处之不安，食饭之不时，饥饱之不节，百姓之道疾病而死者，不可胜数。丧师多不可胜数，丧师尽不可胜计，则是鬼神之丧其主后，亦不可胜数。

【注释】

①师徒：军队。

②上：为"出"字之误。

③拨：同"橃"，大盾。劫：同"鈆"，马的组带铁。

④腑冷：腐烂。腑：为"腐"之假借字。冷：当作"泠"。反：通"返"。

⑤乘车：兵车。

⑥涂：通"途"。

【译文】

现在假如军队出征，冬天行军害怕寒冷，夏天行军害怕暑热，这就是不可在冬、夏二季行军的原因。春天出征，就会荒废百姓翻耕种植；秋天出征，就会荒废百姓收获聚藏。现在如果荒废了一季，那么百姓因饥寒冻饿而死的，就数不胜数。我们现在试着计算一下：出兵时所用的竹箭、羽旄、帐幕、铠甲、大小盾牌等，拿出去用坏腐烂而收不回来的，又数不胜数。还有戈矛、剑戟、兵车，拿去用后破碎毁坏而收不回来的，也数不胜数；至于牛马带去时都很肥壮，回来时全部瘦弱不堪，常常还有死了不能回来的，也数不胜数。战争时因为路途遥远，粮食供应不上，百姓因而死亡的，也数不胜数。战争时人民居处都不安定，饥饱没有节制，老百姓在道路上因为生病而死的，数不胜数。伤亡的士兵数不胜数，全军覆没的更是无法计算，鬼神因此丧失后代祭祀的，也数不胜数。

【原文】

国家发政①，夺民之用，废民之利，若此甚众。然而何为为之？曰："我贪伐胜之名，及得之利，故为之。"子墨子言曰："计其所自胜，无所可用也；计其所得，反不如所丧者之多。"今攻三里之城、七里之郭，攻此不用锐，且无杀，而徒得此然也。杀人多必数于万，寡必数于千，然后三里之城、七里之郭且可得也。今万乘之国，虚②数于千，不胜而入；广衍数于万，不胜而辟。然则土地者，所有余也；王③民者，所不足也。今尽王民之死，严④下上之患，以争虚城，则是弃所不足，而重所有余也。为政若此，非国之务者也！

【注释】

①发政：发布政令。

②虚：虚邑，指小城市。

③王：疑为"士"字之误。

④严：紧急，加重。

【译文】

国家发动战争，剥夺百姓的财用，荒废百姓的利益，像这样的情况很多，然而又为什么还去做这种事呢？回答说："我贪图攻伐战胜的声名，以及所获得的利益，所以这样做。"墨子说："计算他自己所赢得的胜利，是没有什么用处的；计算他们所得到的东西，反而不如他所失去的多。"现在进攻一个内城三里、外城七里的小城市，攻占这些地方不用精锐之师，且又不杀伤人众，而能白白地得到它吗？杀人多的必以万计，少的也必以千计，然后这内城三里、外城七里的小城市才能得到。现在拥有万辆战车的大国，小城市数以千计，驻扎都驻扎不过来；土地广延万里，开垦都开垦不过来。既然如此，可见土地是君王所多余的，而百姓是君王所不足的。现在却让百姓全部去送死，加重全国上下的祸患，以争夺一座荒废的城市，那就是摒弃他所不足的，而看中他本来就多余的。这样治理政务，不是治国的要务呀！

【原文】

饰①攻战者言曰："南则荆、吴之王，北则齐、晋之君，始封于天下之时，其土城之方，未至有数百里也；人徒之众，未至有数十万人也。以攻战之故，土地之博，至有数千里也；人徒之众，至有数百万人。故当攻战而不可为②也。"子墨子言曰："虽四五国则得利焉，犹谓之非行道也。譬若医之药人之有病者然，今有医于此，和合其祝药③之于天下之有病者而药之。万人食此，若医四五人得利焉，犹谓之非行药④也。故孝子不以食其亲，忠臣不以食其君。古者封国于天下，尚者以耳之所闻，近者以目之所见，以攻战亡者，不可胜数。"何以知其然也？东方有莒之国者，其为国甚小，间于大国之间，不敬事于大，大国亦弗之从而爱利，是以东者越人夹削其壤地，西者齐人兼而有之。计莒之所以亡于齐、越之间者，以是攻战也。虽南者陈、蔡，其所以亡于吴、越之间者，亦以攻战。虽北者且一不著何⑤，其所以亡于燕、代、胡、貊之间者，亦以攻战也。是故子墨子言曰："古⑥者王公大人，情欲得而恶失，欲安而恶危，故当攻战，而不可不非。"

【注释】

①饰：掩饰，辩解。

②为：当为"非"。

③祝药：施药物于患处。这里指药剂。

④行药：常行之药，普遍有效的药物。

⑤且一不著何：当作"且一、不著何"，国名。

⑥古：疑为"今"字之误。

【译文】

那些为攻战辩饰的人说道："南方如楚、吴两国之王，北方如齐、晋两国之君，它们最初受封于天下的时候，土地城郭方圆还不到数百里，人口的总数还不到数十万。因为攻战的缘故，土地扩充到数千里，人口增多到数百万。所以攻战是无可非议的。"墨子说道："即使有四五个国家因攻战而得到利益，也还不能说它是治国的正道。好像医生给有病的人开药方一样：假如现在有个医生在这里，他调好他的药剂给天下有病的人服药。一万个人服了药，若其中有四五个人的病治好了，还不能说这是可通用的药。所以孝子不拿它给父母服用，忠臣不拿它给君主服用。古时受封号于天下的国家中，年代久远的可亲耳所闻，年代近的可亲眼所见，由于攻战而亡国的，多得数都数不清。"因何知道如此呢？东方有个莒国，这国家很小，夹在两个大国之间，不敬事大国，也不听从大国而唯利是好，结果东面的越国来侵略他的疆土，西面的齐国兼并占有了它。考察莒国被齐、越两国所灭亡，就是由于攻战。即使是南方的陈国、蔡国，它们被吴、越两国灭亡的原因，也是攻战的缘故。即使北方的且一国、不著何国，它们被燕、代、胡、貉等国灭亡，也是攻战的缘故。所以墨子说道："现在的王公大臣如果确实想获得利益而憎恶损失，想安定而憎恶危难，那么对于攻战，就不能不反对。"

【原文】

饰攻战者之言曰："彼不能收用彼众，是故亡；我能收用我众，以此攻战于天下，谁敢不宾服哉！"子墨子言曰："子虽能收用子之众，子岂若古者吴阖闾哉？"古者吴阖闾教七年，奉甲执兵，奔三百里而舍①焉。次②注林，出于冥隘之径，战于柏举，中③楚国而朝宋与及鲁。至夫差之身，北而攻齐，舍于汶上，战于艾陵，大败齐人，而葆之大山④；东而攻越，济三江五湖，而葆之会稽。九夷之国莫不宾服。于是退不能赏孤，施舍群萌⑤，自恃其力，伐其功，誉其志，怠于教。遂筑姑苏之台，七年不成。及若此，则吴有离罢⁶之心。越王勾践视吴上下不相得，收其众以复其雠，入北郭，徙大内⁷，围王宫，而吴国以亡。昔者晋有六将军，而智伯莫为强焉。计其土地之博，人徒之众，欲以抗诸侯，以为英名。攻战之速，故差论其爪牙之士⁸，皆列其车舟之众，以攻中行氏而有之，以其谋为既已足矣。又攻兹范氏而大败之，并三家以为一家而不止，又围赵襄子于晋阳。及若此，则韩、魏亦相从而谋曰："古者有语：'唇亡则齿寒。'赵氏朝亡，我夕从之；赵氏夕亡，我朝从之。诗曰：'鱼水不务，陆将何及乎？'"是以三主之君，一心戮力，辟门除道，奉甲兴士，韩、魏自外，赵氏自内，击智伯，大败之。

【注释】

①舍：休息。

②次：临时驻扎。

③中：攻占。

④葆：通"保"。大山：泰山。

⑤萌：通"氓"。

⑥罢：为"披"之假借字，散。

⑦内：疑为"舟"字之误。

⑧爪牙之士：指勇猛之人。

【译文】

那些为攻战辩饰的人又说："他们不能收揽、利用他们的民众士卒，所以灭亡了；我能收揽、利用我们的民众士卒，以此在天下攻战，谁敢不投降归附呢？"墨子说道："您即使能收揽、利用您的民众士卒，您难道比得上古时的吴王阖闾吗？"古时的吴王阖闾教战七年，士卒披甲执刃，奔走三百里才停止歇息，驻扎在注林，取道冥隘小径，大战于柏举，占领楚国中央的都城，并使宋国与鲁国被迫前来朝见。

及至吴王夫差即位，向北攻打齐国，驻扎在汶上，大战于艾陵，大败齐人，使之退保泰山；向东攻打越国，渡过三江五湖，迫使越人退保会稽，东方各个小部落没有谁敢不归附。但是战罢班师回朝之后，却不能抚恤阵亡将士的遗族，也不施恩百姓，自恃武力，夸大自己的功业，吹嘘自己的才智，怠于教练士卒。竟然建造姑苏台，历时七年也没有造成。等到这个时候，吴国百姓都有离散之心。越王勾践看到吴国上下离心离德，就组织他的军队前来复仇，从吴都北郭攻入，拖走吴王的大船，围困王宫，吴国因此灭亡。从前晋国有六位将军，而其中以智伯最为强大。他估量自己的土地广大，人口众多，想要跟诸侯抗衡，成就一世英名。他以为用攻战的速度最快，所以指使他手下的谋臣战将，排列好兵船战车士卒，以之攻打中行氏，并占据其地。他认为自己的谋略已经高超到极点，又去进攻范氏，也取得了胜利。合并了三家作为一家却还不肯罢手，又在晋阳围攻赵襄子。到此地步，韩、魏两家也互相商议道："古人有话说：'唇亡则齿寒。'赵氏若在早晨灭亡，我们晚上就要跟着灭亡；赵氏若在晚上灭亡，我们早晨就要跟着灭亡。《诗经》上说：'鱼在水中不快游，一旦到了陆地，怎么还来得及呢？'"因此韩、魏、赵三家之主，齐心协力，打开各自的城门，修整相互之间的道路，令士卒们穿上铠甲出发，韩、魏两家军队从外面攻打，赵氏军队从城内配合，合击智伯并彻底打败了他。

【原文】

是故子墨子言曰："古者有语曰：'君子不镜①于水，而镜于人。镜于水，见面之容；镜于人，则知吉与凶。'今以攻战为利，则盖②尝鉴之于智伯之事乎？此其为不吉而凶，既可得而知矣。"

【注释】

①镜：指作为镜子。

② 盖：通"盍"，何不。

【译文】

所以墨子说道："古时有话说：'君子不用水作为镜子，而是以人作为镜子。在水中照镜子，只能看出面容；用人作为镜子，则可以知吉凶。'现在若有人以为攻战有利，那么何不以智伯失败的事作为借鉴呢？这种事是凶非吉，已经很明显地知道了。"

【解析】

本篇用系统分析的方法，在利害层面论述了对"攻"的反对。攻打别的国家，即使赢了，也是劳民伤财的事，而且这种胜利皆是一时的胜利，最终因为你的战争劳民伤财，你的对手看到你这点之后，往往会联合其他国家反击你，你的国家最终会走向灭亡。

文中，墨子连用八个"不可胜数"，揭露了战争直接杀人和间接杀人的残酷性。他指出，战争除"丧师多不可胜数，丧师尽不可胜计"之外，老百姓因战争贻误农时，"居处之不安，食饭之不时，饥饱之不节"，冻馁、疾病等原因而死亡者，就更"不可胜数"。百姓在连年不断的兼并战争中欲生不得，这是多么残酷的现实。然而，当时的王公大人为了自身的利益，根本不顾人民死活，屡屡攻伐无罪之国。

攻伐无罪之国的人，往往冠以美名，竭力掩盖其侵夺的真相，发动战争、剥夺百姓的财产，牺牲百姓的生命。那么为什么还做这种事情呢？王公大人回答说："我贪伐胜之名，及得之利，故为之。"墨子对这种论调立即给予驳斥：计算一下攻伐者所获得的利益，是没有什么用处的，他在战争中得到的东西反而不如他丧失的多。为了争夺多余的土地而让士兵去白白送死，这不使全国上下都感到悲哀吗？毁掉大量的钱财去争夺一座虚城，这难道是治国的需要吗？贪图伐胜之名，只不过是一个骗人的幌子而已。

第十九章　非攻（下）
——攻战是弊极大、利极小之事，必须加以非难

【原文】

子墨子言曰：今天下之所誉善①者，其说将何哉？为其上中天之利，而中中鬼之利，而下中人之利，故誉之与？意亡②非为其上中天之利，而中中鬼之利，而下中人之利，故誉之与？虽使下愚之人，必曰："将为其上中天之利，而中中鬼之利，而下中人之利，故誉之。"今天下之所同意③者，圣王之法也。今天下之诸侯，将犹多皆免攻伐并兼④，则是有誉义之名，而不察其实也。此譬犹盲者之与人，同命白黑之名，而不能分其物也，则岂谓有别哉！是故古之知者之为天下度也，必顺虑其意而后为之。行是以动，则不疑速通。成得其所欲，而顺天、鬼、百姓之利，则知者之道也。

是故古之仁人有天下者，必反大国之说，一天下之和，总四海之内，焉率天下之百姓以农，臣事上帝、山川、鬼神。利人多，功故又大，是以天赏之，鬼富之，人誉之，使贵为天子，富有天下，名参乎天地，至今不废。此则知者之道也，先王之所以有天下者也。

【注释】

①誉善：根据下文应为"誉义"。

②意亡（wú）：还是。

③意：疑为"义"字之误。

④将：当然。免：通"勉"。

【译文】

墨子说道：当今天下所称赞的道义，该是怎样一种说法呢？是他对上能符合上天的利益，于中能符合鬼神的利益，对下能符合人民的利益，所以大家才赞誉他呢，还是他对上不能符合上天的利益，于中不能符合鬼神的利益，对下不能符合人民的利益，所以大家才赞誉他呢？即使是最下等、最愚蠢的人，也必定会说："是他对上能符合上天的利益，于中能符合鬼神的利益，对下能符合人民的利益，所以人们才赞誉他。"现在天下所共同遵守的道义，是圣王的法则。但现在天下的诸侯大概还有许多在致力于攻战兼并，那就只是仅有称赞道义的虚名，而没有明白其实质。这就像盲人与正常人一样能叫出白与黑的名称，却不能辨别白与黑的物体，这难道能说有区别能力吗？因此古时的智者为天下谋划，必先考虑此事是否合乎义，然后才实行。行为依义而动，毫不迟疑，迅速成功。确乎得到了自己

希望的而又顺乎上天、鬼神与百姓的利益，这就是智者之道。

所以古时享有天下的仁义之人，必然反对大国攻伐的主张，让天下的人和睦相处，总领四海之内。于是率领天下百姓致力于农业，以臣礼事奉上帝、山川、鬼神。利人之处多，功劳又大，所以上天赏赐他，鬼神让他富裕，人们赞誉他，使他们贵为天子，富有天下，名声与天地共存，到现在也没有停止。这就是智者之道，是先王能够拥有天下的原因。

【原文】

今王公大人、天下之诸侯则不然。将必皆差论其爪牙之士，皆列其舟车之卒伍，于此为坚甲利兵，以往攻伐无罪之国，入其国家边境，芟刈其禾稼，斩其树木，堕①其城郭，以湮其沟池，攘杀其牲牷②，燔溃其祖庙，劲杀其万民，覆其老弱，迁其重器③，卒进而柱④乎斗，曰："死命为上，多杀次之，身伤者为下；又况失列北桡乎⑤哉？罪死无赦！"以譂其众⑥。夫无兼国覆军，贼虐万民，以乱圣人之绪⑦。意将以为利天乎？夫取天之人，以攻天之邑，此刺杀天民，剥振⑧神之位，倾覆社稷，攘杀其牺牲，则此上不中天之利矣。意将以为利鬼乎？夫杀之人，灭鬼神之主，废灭先王，贼虐万民，百姓离散，则此中不中鬼之利矣。意将以为利人乎？夫杀之人力利人也博⑨矣！又计其费，此为周⑩生之本，竭天下百姓之财用，不可胜数也，则此下不中人之利矣。

【注释】

①堕：毁坏。

②牲牷（quán）：牲口。牷：古代用作祭品的纯色全牲。

③重器：国家的宝器。

④柱：支柱。此处引申为支持。

⑤失列：掉队，落伍。北桡：败逃。

⑥憚：即"惮"。

⑦绪：业。

⑧振：疑为"振（bāi）"字之误，裂开。

⑨博：疑为"悖"字之误。

⑩周：疑为"害"字之误。

【译文】

现在的王公大臣、天下的诸侯则不是这样。他们必定要派遣他们的精兵猛将，排列其兵船战车的队伍，在这个时候准备用坚固的铠甲和锐利的兵器，去攻打无罪的国家，侵入那些国家的边境，割掉其庄稼，砍伐其树木，摧毁其城郭，填塞其沟池，夺杀其牲畜，烧毁其祖庙，屠杀其百姓，杀害其老弱，抢走其国宝，终于导致激烈的战斗，他们鼓动说："死于君命的最勇猛，多杀敌人的次之，身体受伤的最差。至于落伍败退的呢？罪乃杀无赦！"用这些话威胁他们的士兵。兼并别人的国家，覆灭别人的军队；残杀虐待百姓，以破坏圣人的功业。还认为这是有利于上天吗？取用上天的人民，去攻占上天的城邑，这乃是刺杀上天的人民，毁坏神的灵位，倾覆宗庙社稷，夺杀牛羊祭品，那么这就对上不符合上天的利益了。还认为这样利于鬼神吗？屠杀了上天的人民，就灭掉了鬼神的祭主，废灭了先王的后裔，残害虐待万民，使百姓流离分散，那么这就于中不符合鬼神的利益了。还认为这样利于人民吗？认为杀他们的百姓是利人，这就太荒谬了。再考虑那些战争费用，是危害了百姓生存的根本，竭尽了天下百姓的财物，多得数也数不清，那么这就是对下不符合人民的利益了。

【原文】

今夫师者之相为不利者也，曰："将不勇，士不分①，兵不利，教不习，师不众，率不利和②，威不圉，害③之不久，争之不疾，孙④之不强，植心不坚，与国诸侯疑。与国诸侯疑，则敌生虑而意赢矣。偏具此物，而致从事焉，则是国家失卒⑤，而百姓易务也。今不尝观其说好攻伐之国？若使中兴师，君子庶人也，必且数千，徒倍十万，然后足以师而动矣。久者数岁，速者数月。是上不暇听治，士不暇治其官府，农夫不暇稼穑，妇人不暇纺绩织纴。则是国家失卒，而百姓易务也。然而又与其车马之罢毙也，幔幕帷盖，三军之用，甲兵之备，五分而得其一，则犹为序疏⑥矣。然而又与其散亡道路，道路辽远，粮食不继傺⑦，食饮之⑧时，厕役⑨以此饥寒冻馁疾病而转死沟壑中者，不可胜计也。此其为不利于人也，天下之害厚矣，而王公大人乐而行之，则此乐贼灭天下之万民也，岂不悖哉？今天下好战之国，齐、晋、楚、越，若使此四国者得意于天下，此皆十倍其国之众，而未能食其地也，是人不足而地有余也。今又以争地之故，而反相贼也，然则是亏不足而重有余也。

【注释】

①分：疑为"奋"字之误。

②率不利和：疑应为"卒不和"。

③害：通"遏"，阻止。

④孙：疑为"系"字之误。

⑤卒：应为"率"，法度。

⑥序疏：当为"厚余"，多余。

⑦傺（chì）：留住，落脚。

⑧之：疑为"不"字之误。

⑨厕役：随军后勤服务人员。

【译文】

现在率领军队的人相互认为不利的事情，即将领不勇敢，兵士不奋先，武器不锐利，训练不练习，军队不壮大，士卒不和睦，受到威胁而不能抵御，遏止敌人而不能久长，两军交战而不能速胜，维系民心不够有力，树立决心不够坚定，结成同盟的诸侯内心生疑。结成同盟的诸侯内心生疑，那么敌对之心就会产生而共同对敌的意志就减弱了。如果这些情况都存在，还要竭力从事战争，那么国家就会失去法度，百姓也就要改业了。现在何不试着看看那些喜欢攻伐的国家？假使国中出兵发动战争，必须征用君子庶人数以千计，普通士兵需要数十万，然后才足以组成军队而出动。战争时间长的要数年，时间短的也要数月，这使君王无暇听政，官员无暇治理他的官府之事，农夫无暇耕种，妇女无暇纺织，那么国家就会失去法度，而百姓则要改业了。而且还有兵车战马的损失，帐幕帷盖，三军的用度，兵甲的设备，如果能够收回五分之一，就算收回很多了。还有在道路上走散逃亡的，由于路途遥远，粮食供应不上，饮食不能按时供应，厮役们因饥饿寒冷疾病辗转死于沟壑中的，又不可胜数。像这样不利于人、为害天下之处就够严重了。但王公大臣却乐于实行，那么这就是乐于残害天下的百姓，难道不是有悖于常理吗？现在天下好战的国家有齐、晋、楚、越，如果让这四国称霸于天下，那么，即使让他们的人口增加十倍，也不能种完那些土地。这是人口不足而土地有余呀！现在又因争夺土地的缘故而互相残杀，既然这样，那么这就是减少不足的东西而增加本来就有余的东西。

【原文】

今逮①夫好攻伐之君，又饰其说，以非子墨子曰："以攻伐之为不义，非利物与？昔者禹征有苗，汤伐桀，武王伐纣，此皆立为圣王，是何故也？"子墨子言曰："子未察吾言之类，未明其故者也。彼非所谓'攻'，谓'诛'也。昔者三苗大乱，天命殛②之。日妖宵出，雨血三朝，龙生于庙，犬哭乎市，夏冰，地坼及泉，五谷变化，民乃大振。高阳乃命玄宫③，禹亲把天之瑞令，以征有苗。雷电诱祗④，有神人面鸟身，若瑾以侍⑤，搤矢有苗之祥⑥。苗师大乱，后乃遂几⑦。禹既已克有三苗，焉磨⑧为山川，别物上下，乡制大极，而神民不违，天下乃静。则此禹之所以征有苗也。遝至乎夏王桀，天有牿⑨命，日月不时，寒暑杂至，五谷焦死，鬼呼国，鹤鸣十夕余。天乃命汤于镳宫：'用受夏之大命，夏德大乱，予既卒其命于天矣，往而诛之，必使汝堪。'汤焉敢奉率其众，是以乡有夏之境，帝乃使阴暴毁有夏之城。少少，有神来告曰：'夏德大乱，往攻之，予必使汝大堪之。予既受命于天，天命融隆火于夏之城间西北之隅。'汤奉桀众以克有，属诸侯于薄，荐章天命，通于四方，而天下诸侯莫敢不宾服。则此汤之所以诛桀也。遝至乎商王纣，天不序其德，祀用失时。兼夜中十日，雨土于薄，九鼎迁止，妇妖宵出，有鬼宵吟，有女为男，天雨肉，棘生乎国道，王兄⑩自纵也。赤鸟衔珪，降周之岐社，曰："天命周文王，伐殷有国。'泰颠来宾，河出绿图，地出乘黄。武王践功，梦见三神曰：'予既沉渍殷纣于酒德矣，往攻之，予必使汝大堪之。'武王乃攻狂夫，反商之周，天赐武王黄鸟之旗。王既已克殷，成帝之来⑪，分主诸神，祀纣先王，通维⑫四夷，而天下莫不宾。焉袭汤之绪，此即武王之所以诛纣也。若以此三圣王者观之，则非所谓'攻'也，所谓'诛'也。"

【注释】

①遝：通"逮"。

②殪（jí）：杀死。

③"乃命"后疑脱"禹于"二字。

④诱祗：当为"勃振"字之误。

⑤瑾、侍：分别为"谨""持"字之误。

⑥搤(è)：同"扼"。祥：为"将"字之误。
⑦几：微。
⑧焉：乃。磨：为"曆(lì)"字之误，划分，区分。
⑨牿：通"酷"。
⑩兄：通"况"。
⑪来：为"赉"之假借字，赏赐。
⑫维：通"于"。

【译文】

现在那些喜好攻伐的国君，又辩饰其说，用以非难墨子说："你认为攻战为不义，难道那不是有利的事情吗？从前大禹征讨有苗氏，汤讨伐桀，周武王讨伐纣，这些人都被立为圣王，这是什么原因呢？"墨子说："您没有搞清我说的是哪一类战争，不明白其中的缘故。他们的讨伐不叫作'攻'，而叫作'诛'。从前三苗大乱，上天下命诛杀他。太阳为妖在晚上出来，连下了三天血雨，龙在祖庙里出现，狗在集市上吠叫，夏天水结冰，土地开裂而下及泉水，五谷不能成熟，百姓于是大为震惊。古帝高阳于是在玄宫向禹授命，大禹亲自拿着天赐的玉符，去征讨有苗。这时雷电大震，有一位人面鸟身的神，恭谨地侍立，用箭射死有苗的将领，苗军大乱，后来就衰落了。大禹征服了三苗之后，于是就划分山川，区分了事物的上下，节制四方，神民和顺，天下安定。这就是大禹要征讨有苗的原因。等到夏王桀的时候，上天降下严命，日月失时，寒暑无节，五谷枯死，国都有鬼叫，鹤鸣十余个晚上。天就在镳宫命令汤：'去接替夏朝的天命，夏德大乱，我已在天上把他的命运终断，你前去诛灭他，一定让你取得胜利。'于是汤才敢奉命率领他的部队，向夏边境进军。天帝派神暗中毁掉夏的城池。不多久，有位神人来通告说：'夏德大乱，去攻打他，我一定让你取得成功。我既已受命于上天，上天命令火神祝融降火在夏都西北角降下大火。'汤接受夏桀倒戈的军队而战胜了夏，在薄地会合诸侯，宣布上天的命令，通告天下，而天下诸侯没有敢不归附的。这就是汤诛灭夏的原因。等到商王纣时，上天因为他德行败坏，不按时祭祀。连续十天夜里出太阳，在薄地下土雨，九鼎离开了原来的位置，女妖在夜晚出现，有鬼在晚上哀叹，有女子变成男人，天下了一场肉雨，国都大道上生了荆棘，而纣王也更加放纵自己了。有只赤鸟口中衔玉，降落在周的岐山社庙上，玉上写道：'上天授命周文王，讨伐殷邦，占领他的国家。'贤臣泰颠来投奔帮助，黄河中浮出图箓，地下冒出乘黄神马。周武王即位时，梦见三位神人对他说：'我已经使殷纣沉湎在酒色之中，你去攻打他，我一定让你成功。'于是武王去攻打狂妄的纣，灭商兴周。上天赐给武王黄鸟之旗。武王打败了殷商之后，完成了上天的授命，命令诸侯分祭诸神，并祭祀纣的祖先，政教通达四方，而天下没有不归附的，于是继承了汤的功业。这即是武王伐纣的原因。如果从这三位圣王来看，战争不应该称作'攻伐'，而应该称作'诛灭'。"

【原文】

　　则夫好攻伐之君又饰其说，以非子墨子曰："子以攻伐为不义，非利物与？昔者楚熊丽，始讨①此睢山之间；越王繄亏，出自有遽，始邦于越；唐叔与吕尚邦齐、晋。此皆地方数百里，今以并国之故，四分天下而有之，是故何也？"子墨子曰："子未察吾言之类，未明其故者也。古者天子之始封诸侯也，万有余；今以并国之故，万国有余皆灭，而四国独立。此譬犹医之药②万有余人，而四人愈也，则不可谓良医矣。"

【注释】

①讨：当为"封"。

②药：医治。

【译文】

但是那些喜好攻伐的国君又辩饰其说，用来非难墨子道："你认为攻战为不义，难道那不是有利的事情吗？从前楚国的熊丽，最初封于睢山之间；越王繄亏出自有遽，开始在越地建国；唐叔和吕尚分别建邦于晋国、齐国。这时的地方都不过方圆数百里，现在因为兼并别国的缘故，这几个国家已经四分天下了，这是什么原因呢？"墨子说："您没有搞清我说的是哪一类战争，不明白其中的缘故。古代统治最初分封诸侯的时候，有一万多个；现在因为兼并的缘故，一万多个国家都已覆灭了，唯有这四个国家还存在。这就像医生医治了一万多人，最后只治好了四个人，那么就不能说他是良医了。"

【原文】

则夫好攻伐之君又饰其说，曰："我非以金玉、子女、壤地为不足也，我欲以义名立于天下，以德求诸侯也。"子墨子曰："今若有能以义名立于天下、以德求诸侯者，天下之服，可立而待也。夫天下处攻伐久矣，譬若傅①子之为马然。今若有能信效②先利天下诸侯者，大国之不义也，则同忧之；大国之攻小国也，则同救之。小国城郭之不全也，必使修之；布粟之绝，则委之；币帛不足，则共之。以此效③大国，则小国之君说。人劳我逸，则我甲兵强。宽以惠，缓易急，民必移。易攻伐以治我国，攻必倍。量我师举之费，以争④诸侯之毙，则必可得而序⑤利焉。督以正，义其名，必务宽吾众，信吾师，以此授⑥诸侯之师，则天下无敌矣，其为⑦下不可胜数也。此天下之利，而王公大人不知而用，则此可谓不知利天下之巨务矣。

是故子墨子曰："今且天下之王公大人士君子，中情将欲求兴天下之利，除天下之害，当若繁为攻伐，此实天下之巨害也。今欲为仁义，求为上士，尚欲中圣王之道，下欲中国家百姓之利，故当若"非攻"之为说，而将不可不察者此也！"

【注释】

①傅：当为"孺"。

②效：通"交"。

③效：当为"校"，抵御。

④争：为"竫（jìng）"字之误，安定。

⑤序：为"厚"字之误。

⑥授：为"援"字之误。

⑦"其为"之后脱"利天"二字。

【译文】

但是喜好攻伐的国君又辩饰其说，说道："我并不是因为金玉、子女、土地不足而攻战，我要在天下以义立名，以仁德收服诸侯。"墨子说："现在如果真能以义在天下立名、以德收服诸侯的，那么天下的归附就指日可待了。"天下处于攻伐的状态已很久了，就像把童子当作马骑一样。现在如果有能先以信义相交而利于天下诸侯的，对大国的不义之举，就一起考虑对付它；大国攻打小国时，就一道前去解救；小国的城郭不完整，一定要把它修理好；布匹粮食不足，就想办法输送给他；货币不足，就供给他。这样去抵御大国，小国之君就会高兴。别人劳顿而我安逸，则我的兵力就会加强。宽厚而又恩惠，以从容取代急迫，民心必定归附。改变攻伐政策来治理我们的国家，功效必定加倍。计算我们发动战争的费用，去安抚诸侯的危难，那么一定能获得很大的利益。以公正督察别人，以正义来立名，务必宽待我们的民众，信任我们的军队，以此援助诸侯的军队，那么就可以无敌于天下了。这样做对天下产生的好处也就数不清了。这是天下的利益，但王公大臣不懂得去应用，这可以说是不懂得为天下谋利益的大事了。

所以墨子说:"现在天下的王公大人士人君子,如果内心确实想求得兴起天下的利益,除去天下的祸害,但如果频繁地攻伐,这实际就是天下巨大的祸害。现在若想奉行仁义,追求做高尚的士人,对上要符合圣王之道,对下要符合国家百姓之利,因而对于像'非攻'这样的主张,不能不明察的原因即在于此。"

【解析】

本篇论述了怎样的主动进攻是正义的战争,那些正义的战争不是诸侯国国君发起的,而是由"上天"的意志决定的,被攻击的那些国家必须是上天认为无道的国家,上天将他们的统治权收回给有道的君主。反之,如果上天没有任何指示,你进攻别的国家是"缺乏正义"的行为。

作者描绘了一幅惨景:"入其国家边境,芟刈其禾稼,斩其树木,堕其城郭,以湮其沟池,劲杀其万民,覆其老弱,迁其重器,卒进而柱乎斗……"面对严酷的现实,墨子大声疾呼:罪恶的战争,兼国覆军,贼虐万民,剥振神位,倾覆社稷,百姓离散,废灭先王,这难道有利于上天吗?有利于鬼神吗?有利于百姓吗?对此,墨子批判说:"此其为不利于人也,天下之厚害矣,而王公大人乐而行之,则此贼灭天下之万民也,岂不悖哉!"

总之,墨子认为,攻战是弊极大、利极小之事,所以必须加以非难。

第二十章 节用（上）
——圣明的君王治理天下，不追求华美而只在乎实用

【原文】

圣人为政一国，一国可倍也；大之为政天下，天下可倍也。其倍之，非外取地也，因其国家去其无用之费，足以倍之。圣王为政，其发令、兴事、使民、用财也，无不加①用而为者。是故用财不费，民德②不劳，其兴利多矣！

【注释】

①加：增益。

②德：通"得"。

【译文】

圣人在一国施政，一国的财利可以增长一倍。大到施政于天下，天下的财利也可以增长一倍。这种财力的成倍增加，并不是靠向外掠夺土地，而是根据国家情况省去无用的花费，因而足以使之加倍。圣王施政，他发布命令、兴办事业、使用民力、花费财物，没有不是有益于实用才去做的。所以使用财物不浪费，百姓不觉得劳苦，他所产生的利益就多了。

【原文】

其为衣裘何？以为冬以圉寒，夏以圉暑。凡为衣裳之道，冬加温、夏加清者，芊𧃒不加者①去之。其为宫室为？以为冬以圉风寒，夏以圉暑雨。有盗贼加固者，芊𧃒不加者去之。其为甲盾五兵何？以为以

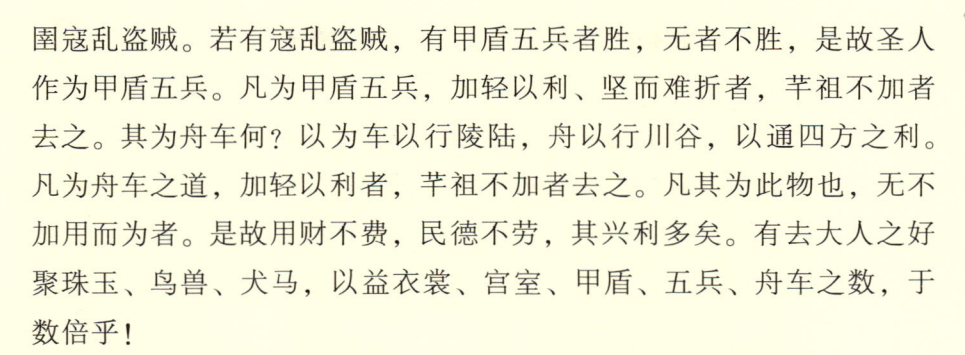

圉寇乱盗贼。若有寇乱盗贼，有甲盾五兵者胜，无者不胜，是故圣人作为甲盾五兵。凡为甲盾五兵，加轻以利、坚而难折者，芊祖不加者去之。其为舟车何？以为车以行陵陆，舟以行川谷，以通四方之利。凡为舟车之道，加轻以利者，芊祖不加者去之。凡其为此物也，无不加用而为者。是故用财不费，民德不劳，其兴利多矣。有去大人之好聚珠玉、鸟兽、犬马，以益衣裳、宫室、甲盾、五兵、舟车之数，于数倍乎！

若则不难。故孰为难倍？唯人为难倍。然人有可倍也。昔者圣王为法，曰："丈夫年二十，毋敢不处家②；女子年十五，毋敢不事人③。"此圣王之法也。圣王既没，于民次④也，其欲蚤处家者，有所二十年处家；其欲晚处家者，有所四十年处家。以其蚤与其晚相践⑤，后圣王之法十年。若纯三年而字⑥，子生可以二三年矣。此不为使民蚤处家，而可以倍与？且不然已！

【注释】

①芊祖不加：徒为华美而无益于实用。芊祖：疑为"鲜且"之误，华美。不加：无益。

②处家：指娶妻成家。

③事人：指出嫁。

④民：当为"昏"，通"婚"。次：通"恣"。

⑤践：当为"翦"，减的意思。

⑥字：生子。

【译文】

他们制造衣裳是为了什么呢？认为衣服冬天可以御寒，夏天可以防暑。凡缝制衣服的原则，冬天能增加温暖、夏天能增加凉爽，没有这些益处只追求华美的就省去。他们建造房子是为了什么呢？认为房子冬天可以抵御风寒，夏天可以防御炎热和下雨，有盗贼侵入就加固它，没有这些益处只追求华美的就省去。他们制造铠甲、盾牌和戈矛等五种兵器是为了什么呢？用以抵御外寇和盗贼。如果有外寇盗贼，拥有铠甲、盾牌和五兵的就能取胜，没有的就会失败，所以圣人制造铠甲、盾牌和五兵。凡是制造铠甲、盾牌和五兵，能够轻便锋利、坚而难折就可以了，没有这些益处只追求华美的就省去。他们制造车、船是为了什么呢？车用来在陆地行走，船用来在水道行走，以此来沟通四方的利益。凡是制造车、船的原则，只要轻快便利就可以了，没有这些益处只追求华美的就省去。他们制造这些东西，无一不是有益于实用才去做的。所以财物不会浪费，民众不感到劳苦，他们增加的利益就多了。又去掉王公大臣搜集珠玉、鸟兽、狗马的爱好，用来增加衣服、房屋、兵器、车船的数量，应当是能够以倍计吧？

要做到这些并不难。但什么是难以倍增的呢？只有人是难以倍增的。然而人也有可以倍增的办法。古代圣王制定法则，说道："男子年满二十，不许不成家；女子年满十五，不许不嫁人。"这是圣王的法规。圣王既已去世，百姓对待婚姻开始放任自流，那些想早点成家的，有时二十岁就成家；那些想迟点成家的，有时四十岁才成家。将早婚的与晚婚的相减，与圣王的法则差了十年。如果婚后都是三年生一个孩子，就可多生两三个孩子了。这不是让百姓早成家便可使人口倍增吗？然而现在执政的人却不这样做。

【原文】

今天下为政者，其所以寡人①之道多。其使民劳，其籍敛厚，民财不足，冻饿死者，不可胜数也。且大人惟毋兴师，以攻伐邻国，久者终年，速者数月，男女久不相见，此所以寡人之道也。与居处不安，饮食不时，作②疾病死者，有与侵就橐③，攻城野战死者，不可胜数。此不令为政者所以寡人之道亦数术而起与？圣人为政特无此。不④圣人为政，其所以众人之道，亦数术而起与？

故子墨子曰："去无用之费，圣王之道，天下之大利也。"

【注释】

①寡人：使人口减少。

②作：疑作"乍"，突然。

③侵就僾（ài）橐：意为"侵掠俘虏"。

④不：为"夫"字之误。

【译文】

现在执政的人，他们让人口减少的原因很多。他们使百姓劳苦，他们加重税收，百姓财用不足，冻死饿死的不可胜数。而且王公大臣们兴师动众去攻打邻国，时间久的要一年，快的也要几个月，男女之间很久不能见面，这就是减少人口的根源。再加上居住不安定，饮食不定时，暴病而死的，以及因侵略被俘虏的，攻城野战而死的，也不可胜数。这不正是那些不善于治政的人使人口减少的多种政策吗？圣人施政绝对没有这种情况。圣人施政，他使人口众多的方法，不也是采取多种手段造成的吗？

所以墨子说："除去无用的费用，是圣王之道，是天下最大的利益。"

【解析】

《节用》分为上、中、下三篇，此为上篇。

"节用"是墨子学说的一个重要思想。当时的统治者过着荒淫奢侈的生活，对宫室、饮食、衣服、舟车和蓄私有着无止境的享乐的欲望，这就是墨子提出"节用"的原因之所在。

墨子认为圣明的君王治理天下，不追求华美而只在乎实用，所谓"无不加用而为者"，也就是说，没有益处的事情是不做的，因此省下这笔支出，使国家的财力可以加倍。因此，他主张凡不利于实用、不能给百姓带来利益的，应一概取消。

墨子认为只要做到这一点，想要使衣服、宫室、铠甲、盾牌、兵器、车船等的数目增加一倍，并不是难事，最困难的是要增加人口的数量。要使人口增加，就要像古代圣明的君王一样，不过度地役使人民，使他们可以安居生产，按时结婚生子，人口就会增加。这才是有利于天下的"圣王之道"。

第二十一章　节用（中）
——要称霸天下就要尽力地做爱民利民的事情

【原文】

子墨子言曰："古者明王圣人所以王天下、正诸侯者，彼其爱民谨忠，利民谨厚，忠信相连，又示之以利，是以终身不餍①，殁世而不卷②。古者明王圣人其所以王天下、正诸侯者，此也。"

是故古者圣王制为节用之法，曰："凡天下群百工，轮车鞼匏③，陶冶梓匠，使各从事其所能，曰：凡足以奉给民用，则止。"诸加费不加于民利者，圣王弗为。

【注释】

①餍：通"厌"。

②卷：当为"倦"。

③鞼（guì）匏（páo）：制皮革的工匠。

【译文】

墨子说道："古代的贤明的君王圣人，能够一统天下、匡正诸侯的原因，是他们确实尽心爱护百姓，给百姓的利益确实丰厚，忠信结合，使百姓能看到利益。所以百姓对君王终身都不厌弃，毕生都不倦怠。古代贤明的君王圣人能统一天下、匡正诸侯的原因，即在于此。"

因此，古代圣王定下节约用度的法则是："凡是天下百工，如造

轮车的、制皮革的、烧陶器的、铸金属的、做木器的，让各人都从事自己所擅长的技艺。"又说："只要足以供给民用，就停止。"其他各种只增加费用而不能更有利于民用的事情，圣明的君王是不做的。

【原文】

古者圣王制为饮食之法，曰："足以充虚继气，强股肱，耳目聪明，则止。不极五味之调、芬香之和，不致远国珍怪异物。"何以知其然？古者尧治天下，南抚交阯，北降幽都，东、西至日所出、入，莫不宾服。逮至其厚爱①，黍稷不二，羹胾②不重，饭于土塯③，啜于土形④，斗以酌。俯仰周旋⑤，威仪之礼，圣王弗为。

古者圣王制为衣服之法，曰："冬服绀緅⑥之衣，轻且暖；夏服絺绤⑦之衣，轻且清，则止。"诸加费不加于民利者，圣王弗为。

【注释】

①爱：当为"受"。

②胾（zì）：大块的肉。

③土塯（liù）：盛饭的瓦器。

④土形：即"土铏"，盛汤的器具。

⑤俯仰周旋：指古代行礼是弯腰起身进退揖让的动作。

⑥绀(gàn)：微红带深青色。緅(zōu)：青赤色。
⑦絺绤(chī xì)：葛布的统称。絺：细葛布。绤：粗葛布。

【译文】

古代圣王制定饮食的法则是："只要能够充饥补气、强壮四肢、耳聪目明就行了。不追求五味的调和与气味芳香，不追求遥远国家的珍贵奇怪的食物。"怎么知道是这样呢？古时尧帝治理天下，南面安抚到交阯，北面降服到幽都，东面直到日出日落的地方，没有谁敢不归服的。但说到他最大的享受，黍和稷只吃一种，肉食不会重复，用瓦器盛饭，用瓦盆盛汤，用木勺饮酒，对弯腰起身进退揖让等礼仪，圣王是不去做的。

古代圣王制定做衣服的法则是："冬天穿天青色的衣服，轻便而又暖和；夏天穿细葛布或粗葛布的衣服，轻便而又凉爽，这样就可以了。"其他各种只增加费用而不能更有利于民用的事情，圣明的君王是不去做的。

【原文】

古者圣人为猛禽狡兽暴人害民，于是教民以兵行。日带剑，为刺则入，击则断，旁击而不折，此剑之利也。甲为衣，则轻且利，动则兵①且从，此甲之利也。车为服重致远，乘之则安，引之则利；安以不伤人，利以速至，此车之利也。古者圣王为大川广谷之不可济②，于是利③为舟楫，足以将之，则止。虽上者三公、诸侯至，舟楫不易，津人不饰，此舟之利也。

古者圣王制为节葬之法，曰："衣三领，足以朽肉；棺三寸，足以朽骸；堀穴，深不通于泉，流不发泄，则止。死者既葬，生者毋久丧用哀。"

古者人之始生、未有宫室之时，因陵丘堀④穴而处焉。圣王虑之，以为堀穴，曰：冬可以避风寒；逮夏，下润湿上熏烝，恐伤民之气，于是作为宫室而利。然则为宫室之法，将奈何哉？子墨子言曰："其旁可以圉风寒，上可以圉雪霜雨露，其中蠲⑤洁，可以祭祀，宫墙足以为男女之别，则止。"诸加费不加民利者，圣王弗为。

【注释】

①兵：为"弁（biàn）"字之误，通"便"，便利。

②济：渡。

③利：当为"制"。

④堀：通"掘"。

⑤蠲：通"涓"，清洁，干净。

【译文】

古代的圣人因为凶猛的鸟兽伤害百姓，所以教百姓制作兵器，每天带着剑行走。用剑直刺就能刺入，用剑劈砍则能砍断，剑被别的器械击中了也不会折断，这就是剑的好处。铠甲穿在身上，轻巧便利，行动时方便自如，这就是甲衣的好处。车子载得重行得远，乘坐它很安全，拉动它也便利，安稳而不会伤人，便利而能迅速到达，这就是车子的好处。古代圣王因为大河宽谷不能渡过，于是制造船和桨，足以渡河就可以了。即使王公贵族诸侯来了，船和桨也不加更换，划船的人也不加修饰，这就是船的好处。

古代圣王制定节葬的法则是："衣服三件，足够使死者肉体朽烂在里面；棺木三寸厚，足够使死者尸骨朽烂在里面。掘墓穴，深度不到达地泉，又不致使腐气散发到地面上，就可以停止了。死者被安葬以后，生者就不要长久服丧哀悼。"

古代人类产生之初，还没有房屋的时候，就靠近山丘挖洞穴而居住。圣王认为挖的洞穴虽然冬天可以避风寒，但一到夏天，下面潮湿，上面热气蒸发，恐怕伤害百姓的身体，于是建造房屋来保护他们。既然如此，那么建造宫室的法则应该怎样呢？墨子说道："房屋四壁可以抵御风寒，屋顶可以防御雪霜雨露，屋里干净整洁，可供祭祀，壁墙足以使男女分开生活，就可以停止了。"其他各种只增加费用而不能更有利于民用的事情，圣明的君王是不去做的。

【解析】

此篇主旨与前篇相近，论述的仍是要节约用度的道理，但篇幅相对较短，论述较为简略。

首段总论圣明的君王要称霸天下就要尽力地做爱民利民的事情。接下来的几段分别从器用、饮食、衣服、舟车、丧葬和宫室几个方面来论述，提出器皿可以使用，饮食可以充饥，衣服可以暖身，舟车可以载物，棺椁可以用到尸骨腐烂，宫室可以区别男女，这样就可以了。除此之外，用以装饰的额外花费都是对增加百姓的利益没有好处的，因而是圣明的君王所不为的。

此篇中只描述了古代圣王的种种做法，没有论及墨子所在时代的君王的做法，但墨子无疑认为当世的统治者只有仿效先王的做法，才能称王于天下，使百姓终身追随而不感到厌倦。

墨子"节用利民"的思想，不仅是对当时统治者生活奢侈腐化的状况作出了有力的批判，也体现了对国家民族命运的深刻担忧，更表现出了一种说到做到、知行合一的实践勇气。吸收墨子"节用利民"思想精华，对于推进新时期作风建设，努力取得厉行节约、反对奢侈浪费新成效具有重要的借鉴意义。例如，墨子提出，统治者的铺张浪费会严重威胁到普通民众的生存，必将导致国家发展失衡；以是否有利于民众为衡量"节用"的评价标准；把生态和谐理念贯穿其中，从吃、穿、用等多个方面细化"节用"行为。以上这些都对新时期深入推进厉行节约、反对铺张浪费具有很大的启发意义。

第二十二章　天志（上）

——顺从天意的，就是仁义政治；违反天意的，就是暴力政治

【原文】

子墨子言曰："今天下之士君子，知小而不知大。"何以知之？以其处家者知之。若处家得罪于家长，犹有邻家所避逃之；然且亲戚、兄弟、所知识①，共相儆戒，皆曰："不可不戒矣！不可不慎矣！恶有处家而得罪于家长而可为也？"非独处家者为然，虽处国亦然。处国得罪于国君，犹有邻国所避逃之；然且亲戚、兄弟、所知识，共相儆戒，皆曰："不可不戒矣！不可不慎矣！谁亦有处国得罪于国君而可为也？"此有所避逃之者也，相儆戒犹若此其厚，况无所逃避之者，相儆戒岂不愈厚，然后可哉？且语言有之曰："焉而晏②日焉而得罪，将恶避逃之？"曰："无所避逃之。"夫天，不可为林谷幽门③无人，明必见之。然而天下之士君子之于天也，忽然不知以相儆戒。此我所以知天下士君子知小而不知大也。

【注释】

①所知识：所认识的人。
②焉而：于是。晏：清明。
③门：当为"涧"。

【译文】

墨子说道："现在天下的士人君子只知道小道理，而不知道大道

理。"怎么知道是这样呢？根据他处身于家的情况可以知道。如果一个人在家族中而得罪了家长，他还可逃避到邻居家。然而父母、兄弟和相识的人们彼此相互警戒，都说："不可不警戒呀！不可不谨慎呀！怎么会有处在家族中而可以得罪家长的，这种事能做吗？"不仅处身于家的情况如此，处身于国也是这样。如果处在国中而得罪了国君，还有邻国可以逃避。然而父母、兄弟和相识的人们彼此相互警戒，都说："不可不警戒呀！不可不谨慎呀！怎么会有处身于国而可以得罪国君的，这种事能做吗？"这是有地方可以逃避的，人们相互警戒还如此严重，何况那些没地方可以逃避的情况，互相警戒难道不就更加郑重，然后才可以吗？而且古语有这种说法："在光天化日之下有所得罪，有什么地方可以逃避呢？"回答是："没有地方可以逃避。"上天不会对山林深谷幽暗无人的地方有所忽视，他明晰的目光一定会看得见。然而天下的士人君子对于上天，却疏忽地不知道以此

相互警戒。这就是我得以知道天下的士人君子知道小道理而不知道大道理的原因。

【原文】

然则天亦何欲何恶？天欲义而恶不义。然则率天下之百姓，以从事于义，则我乃为天之所欲也。我为天之所欲，天亦为我所欲。然则我何欲何恶？我欲福禄而恶祸祟。若我不为天之所欲，而为天之所不欲，然则我率天下之百姓，以从事于祸祟中也。然则何以知天之欲义而恶不义？曰：天下有义则生，无义则死；有义则富，无义则贫；有义则治，无义则乱。然则天欲其生而恶其死，欲其富而恶其贫，欲其治而恶其乱。此我所以知天欲义而恶不义也。

曰：且夫义者，政①也。无从下之政上，必从上之政下。是故庶人竭力从事，未得次②己而为政，有士政之；士竭力从事，未得次己而为政，有将军、大夫政之；将军、大夫竭力从事，未得次己而为政，有三公、诸侯政之；三公、诸侯竭力听治，未得次己而为政，有天子政之；天子竭力听治，未得次己而为政，有天政之。天子为政于三公、诸侯、士、庶人，天下之士君子固明知；天之为政于天子，天下百姓未得之明知也。

【注释】

① 政：通"正"。
② 次：应为"恣"。

【译文】

既然如此，那么上天希望什么、厌恶什么呢？上天希望义而憎恶不义。既然如此，那么率领天下的百姓，用以去做合乎义的事，这就是我们在做上天所希望的事了。我们做上天所希望的事，那么上天就会做我们所希望的事。那么我们又希望什么、憎恶什么呢？我们希望福禄而厌恶祸患,如果我们不做上天所希望的事,那么就是我们率领天下的百姓来从事招致灾祸的事情。那么怎么知道上天希望义而憎恶不义呢?回答说:天下之事,有义的就生存,无义的就死亡;有义的就富有,无义的就贫穷;有义的就会得到治理,无义的就会导致混乱。既然如此,那么上天希望人类生存而讨厌他们死亡,希望人类富有而讨厌他们贫穷,喜欢人类得到治理而讨厌他们制造混乱。这就是我所知道的上天爱好义而憎恶不义的原因。

又说:况且,义就是匡正之道。没有由下面来领导上面的道理,只能由上面领导下面。所以老百姓要竭力做事,不能擅自放纵自己,有士人在上面管理他们;士人也要竭力做事,不得擅自放纵自己,有将军、大夫在上面管理他们;将军、大夫也竭力做事,不得擅自放纵自己,有三公、诸侯在上面管理他们;三公、诸侯也要竭力听政治国,不得擅自放纵自己,有天子在上面管理他们;天子也要竭力听政治国,不得擅自放纵自己,有上天在上面管理他。天子向三公、诸侯、士、庶人施政,天下的士人君子本来都明白这一点。但对于上天向天子施政,天下的百姓却未能明确地知道。

【原文】

故昔三代圣王禹、汤、文、武,欲以天之为政于天子,明说①天下之百姓,故莫不犓牛羊,豢犬猪,絜为粢盛酒醴,以祭祀上帝鬼神,而求祈福于天。我未尝闻天下之所求祈福于天子者也,我所以知天之为政于天子者也。

故天子者,天下之穷②贵也,天下之穷富也。故于③富且贵者,当天意而不可不顺。顺天意者,兼相爱,交相利,必得赏;反天意者,别相恶,交相贼,必得罚。然则是谁顺天意而得赏者?谁反天意而得罚者?子墨子言曰:"昔三代圣王禹、汤、文、武,此顺天意而得赏也；昔三代之暴王桀、纣、幽、厉，此反天意而得罚者也。"然则禹、汤、文、武，其得赏何以也？子墨子言曰："其事上尊天，中事鬼神，下爱人，故天意曰：'此之我所爱，兼而爱之；我所利，兼而利之。爱人者此为博焉，利人者此为厚焉。'故使贵为天子，富有天下，业④万世子孙，传称其善，方施天下，至今称之，谓之圣王。"然则桀、纣、幽、厉，得其罚何以也？子墨子言曰："其事上诟天，中诟鬼，下贼人，故天意曰：'此之我所爱，别而恶之；我所利，交而贼之。恶人者，此为之博也；贱⑤人者，此为之厚也。'故使不得终其寿，不殁其世，至今毁之，谓之暴王。"

【注释】

①说：劝告。

②穷：极。

③于：当为"欲"。

④业：当为衍文。

⑤贱：为"贼"字之误。

【译文】

所以从前三代的圣君禹、汤、文王、武王，想以上天向天子施政的事，明白地劝告天下的百姓，所以无不喂牛羊、养猪狗，干干净净地预备酒食祭品，用来祭祀上天鬼神，向上天祈求赐福。我没有听过上天向天子祈求赐福的，这就是我所知道上天向天子发号施政的原因。

所以说天子是天下最尊贵的人，天下最富有的人。想要得到富贵的人，对天意就不可不顺从。顺从天意的人，大家相亲相爱，互惠互利，必定会得到赏赐；违反天意的人，互相厌恶，互相残害，必定会得到惩罚。既然这样，那么谁顺从天意而得到赏赐了呢？谁违反天意而得到惩罚了呢？墨子说："从前三代圣王禹、汤、文王、武王，这些是顺从天意而得到了赏赐的；从前三代暴王桀、纣、幽王、厉王，这些是违反天意而得到了惩罚的。"既然如此，那么禹、汤、文王、武王得到赏赐是因为什么呢？墨子说："他们所做的事，对上尊敬天，对中敬奉鬼，对下爱护百姓。所以天意说：'这就是对我所爱的，他们全都爱；对我要给予好处的，他们全都给予好处。爱人的人，这是最为广博的；利人的人，这是最为厚重的。'所以让他们贵为天子，富有天下，子子孙孙不绝，都争相传颂他们的美德，教化遍施于天下，直到现在还受人称道，称他们为圣王。"既然如此，那么桀、纣、幽王、厉王受到惩罚又是什么原因呢？墨子说："他们所做的事，对上辱骂上天，于中辱骂鬼神，对下残害人民。所以天意说：'这是对我所爱的，他们全都憎恶；对我要给予好处的，他们交相残害。憎恶人的人，这是最为广泛的；残害人的人，这是最为严重的。'所以让他们不得寿终，不能终身，人们至今还唾骂他们，称他们为暴王。"

【原文】

然则何以知天之爱天下之百姓？以其兼而明①之。何以知其兼而明之？以其兼而有之。何以知其兼而有之？以其兼而食焉。何以知其兼而食焉？四海之内，粒食之民，莫不犓牛羊、豢犬彘，絜为粢盛酒醴，以祭祀于上帝鬼神。天有邑人②，何用弗爱也？且吾言杀一不辜者，必有一不祥。杀无辜者谁也？则人也。予之不祥者谁也？则天也。若以天为不爱天下之百姓，则何故以人与人相杀，而天予之不祥？此我所以知天之爱天下之百姓也。

【注释】

① 明：成。
② 邑人：指全天下的人。

【译文】

既然如此，那么怎么知道上天是爱护天下的百姓的呢？因为上天能让百姓全都成长。怎么知道上天能让百姓全都成长呢？因为上天拥有全天下的人。怎么知道上天拥有全天下的人呢？因为上天供给全天下人食物。怎么知道上天供给全天下人食物呢？因为四海之内，凡是吃五谷的人，无不喂牛羊，养猪狗，干干净净地预备酒食祭品，用来祭祀上天鬼神。上天拥有天下百姓，怎么会不喜爱他们呢？而且我曾说过，杀了一个无辜的人，必遭到一桩灾祸。杀无辜之人的是谁呢？是人。给这人灾祸的是谁呢？是天。如果认为上天不爱天下的百姓，那么为什么人与人相互残杀，上天就要降给他灾祸呢？这是我之所以知道上天爱护天下百姓的原因。

【原文】

顺天意者，义政也；反天意者，力政也。然义政将奈何哉？子墨子言曰：处大国不攻小国，处大家不篡小家，强者不劫弱，贵者不傲贱，多诈者不欺愚。此必上利于天，中利于鬼，下利于人。三利无所不利，故举天下美名加之，谓之圣王。力政者则与此异，言非此，行反此，犹倖①驰也。处大国攻小国，处大家篡小家，强者劫弱，贵者傲贱，多诈欺愚。此上不利于天，中不利于鬼，下不利于人。三不利无所利，故举天下恶名加之，谓之暴王。

子墨子言曰："我有天志，譬若轮人之有规，匠人之有矩。轮、匠执其规、矩，以度天下之方圆，曰：'中者是也，不中者非也。'今天下之士君子之书，不可胜载，言语不可尽计，上说诸侯，下说列士②，其于仁义，则大相远也。何以知之？曰：我得天下之明法以度之。"

【注释】

①倖：为"偝"字之误，同"背"。

② 列士：指有名望的人。

【译文】

顺从天意的，就是仁义政治；违反天意的，就是暴力政治。那么义政应怎么做呢？墨子说："居于大国地位的不攻打小国，居于大家族地位的不掠夺小家族，强者不强迫弱者，富贵的不傲视贫贱的，狡诈的不欺压愚笨的。这就必然上利于天，中利于鬼，下利于人。做到这三利，就会无所不利。所以将天下最好的名声加给他，称他们为圣王。而力政则与此不同：他们言论不是这样，行动与这相反，犹如背道而驰。居于大国地位的攻伐小国，居于大家族地位的掠夺小家族，强者强迫弱者，富贵的傲视贫贱的，狡诈的欺压愚笨的。这上不利于天，中不利于鬼，下不利于人。这三者都不利，就没有什么可利的了。所以将天下最坏的名声加给他，称之为暴王。"

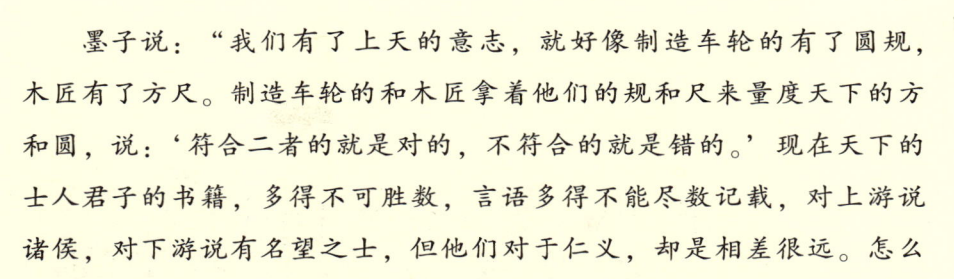

墨子说:"我们有了上天的意志,就好像制造车轮的有了圆规,木匠有了方尺。制造车轮的和木匠拿着他们的规和尺来量度天下的方和圆,说:'符合二者的就是对的,不符合的就是错的。'现在天下的士人君子的书籍,多得不可胜数,言语多得不能尽数记载,对上游说诸侯,对下游说有名望之士,但他们对于仁义,却是相差很远。怎么知道是这样的呢?回答说:我得到天下的圣明的法则来衡量他们的言论。"

【解析】

《天志》分为上、中、下三篇,此为上篇。

天志,就是上天的意志。墨子提出一个存在于天子之上的"天",正是为了以"天"的意志来表明自己的主张。他强调"天"是比天子更尊贵和有智慧的,因此天的意志是天子和天下所有人必须遵循的。并指出,顺应上天的意志就会得到上天的奖赏,违背上天的意志就会遭受上天的惩罚,天下所有人的所有行为都不能隐瞒于上天,所谓"天不可为林谷幽门无人,明必见之",所以必须按上天的意志行事。

在墨子看来,天志的具体内容概括地说就是"天欲义而恶不义"。天下人都是上天之百姓,上天兼爱他们,所以希望百姓"交相利",因此统治者只有爱民利民,才能如古代圣王一样得到上天的奖赏和百姓的赞誉,否则就会因为残害百姓而像古代暴虐的君王一样得到上天的惩罚。

其实,所谓天志,实即子墨子之志,它是墨子用以和当时统治者进行斗争的一种武器。墨子提出天有意志的说法,无疑是唯心的,但他所提倡的内容,不乏值得肯定的成分。

第二十三章　天志（中）
——追求法律的公正和平等，行义便会符合天志

【原文】

子墨子言曰："今天下之君子之欲为仁义者，则不可不察义之所从出。"既曰不可以不察义之所欲①出，然则义何从出？子墨子曰："义不从愚且贱者出，必自贵且知者出。"何以知义之不从愚且贱者出，而必自贵且知者出也？曰：义者，善政也。何以知义之为善政也？曰：天下有义则治，无义则乱，是以知义之为善政也。夫愚且贱者，不得为政乎贵且知者；然后②得为政乎愚且贱者。此吾所以知义之不从愚且贱者出，而必自贵且知者出也。然则孰为贵？孰为知？曰：天为贵、天为知而已矣。然则义果自天出矣。

【注释】

① 欲：当为"从"。
② "然后"前脱"贵且知者"四字。

【译文】

墨子说道："现在天下的君子想实行仁义，就不可不考察义是从哪里来的。"既然说不可不考察义是从哪里来的，那么义究竟从哪里来的呢？墨子说："义不是从愚蠢而卑贱的人那里来的，必定是从尊贵而聪明的人那里来的。"怎么知道义不是从愚蠢而卑贱的人那里来的，而必定是从尊贵而聪明的人那里来的呢？回答说：所谓义，就是

善政。怎么知道义就是善政呢？回答说：天下有义就能得到治理，无义则会导致混乱，所以知道义就是善政。愚蠢而卑贱的人，不能向尊贵而聪明的人施政；只有尊贵而聪明的人，才可能向愚蠢而卑贱的人施政。这就是我知道义不是从愚蠢而卑贱的人那里来的，而必定是从尊贵而聪明的人那里来的原因。既然如此，那么谁是尊贵的？谁是聪明的？回答说：天是尊贵的，天是聪明的，如此而已。那么义当然就是从上天那里来的了。

【原文】

今天下之人曰："当若天子之贵诸侯，诸侯之贵大夫，偏①明知之，然吾未知天之贵且知于天子也。"子墨子曰："吾所以知天贵且知于天子者，有矣。曰：'天子为善，天能赏之；天子为暴，天能罚之；天子有疾病祸祟，必斋戒沐浴，絜为酒醴粢盛，以祭祀天鬼，则天能除去之。然吾未知天之祈福于天子也。'此吾所以知天之贵且知于天子者。不止此而已矣，又以先王之书驯②天明不解之道也知之。曰：'明哲维天，临君下土。'则此语天之贵且知于天子。不知亦有贵、知夫③天者乎？曰：天为贵、天为知而已矣。然则义果自天出矣。"是故子墨子曰："今天下之君子，中实将欲遵道利民，本察仁义之本，天之意不可不慎④也。"

【注释】

①偏：当为"碻（què）"，同"确"。
②驯：通"训"。
③夫：当为"于"。
④慎：通"顺"。

【译文】

现在天下的人说道："应当天子比诸侯尊贵，诸侯比大夫尊贵，这是十分明确的。但是我不知道上天比天子还尊贵而且聪明。"墨子说道："我知道上天比天子还尊贵而且聪明，是有根据的。即'天子为善，上天能够赏赐他；天子行暴，上天能够惩罚他；天子有疾病灾祸，必定斋戒沐浴，干干净净地准备酒食祭品，用来祭祀上天鬼神，那么上天就能帮他除去疾病灾祸。可是我并没有听说上天向天子祈求赐福的。'这就是我知道上天比天子尊贵而且聪明的理由。不仅止此而已，还可以从先王的书籍训释上天高明而不易解说的道理中可以知道，说道：'高明圣哲的只有上天，它的光辉普照大地。'这就说明上天比天子尊贵而且聪明。不知道是否还有比上天更尊贵而且聪明的呢？回答说：'只有天是最尊贵、天是最聪明的。'既然如此，可见义就是从上天那里来的。"所以墨子说道："现在天下的君子们，如果心中确实想要遵行圣王之道，为百姓谋利，考察仁义的根本，那么天意不可不顺从。"

【原文】

　　既以天之意以为不可不慎已，然则天之将何欲何憎？子墨子曰："天之意，不欲大国之攻小国也，大家之乱小家也，强之暴寡①，诈之谋愚，贵之傲贱，此天之所不欲也。不止此而已，欲人之有力相营②，有道相教，有财相分也。又欲上之强听治也，下之强从事也。"上强听治，则国家治矣；下强从事，则财用足矣。若国家治，财用足，则内有以絜为酒醴粢盛，以祭祀天鬼；外有以为环璧珠玉，以聘挠③四邻。诸侯之冤④不兴矣，边境兵甲不作矣。内有以食饥息劳，持养其万民，则君臣上下惠忠，父子兄弟慈孝。故唯毋明乎顺天之意，奉而光⑤施之天下，则刑政治，万民和，国家富，财用足，百姓皆得暖衣饱食，便宁无忧。是故子墨子曰："今天下之君子，中实将欲遵道利民，本察仁义之本，天之意不可不慎也。"

【注释】

① 强之暴寡：按前文应为"强之劫弱，众之暴寡"。
② 营：当为"劳"。
③ 挠：当为"接"。
④ 冤：当为"怨"。
⑤ 光：通"广"。

【译文】

既然认为天意不可不顺从，那么天希望什么又憎恶什么呢？墨子说："上天的意愿，不希望大国攻打小国，大家族侵扰小家族。强大的侵暴弱小的，人多的欺负人少的，狡诈的算计愚笨的，尊贵的傲视卑贱的，这是上天所不希望的。不仅仅是这些而已，是上天希望人们有力气的要相互帮助，有道义的要相互教导，有财物的要相互分配；又希望居上位的努力听政治事，居下位的努力工作。"居上位的努力听政治事，那么国家就得到治理了；居下位的努力工作，那么财用就充足了。假若国家和家族都治理好了，财用也充足了，那么在内有能力干干净净地准备酒食祭品，用来祭祀上天鬼神；在外就能够用环璧珠玉聘问交接四方邻国。诸侯间的仇怨就不会兴起，边境上的兵争也不会产生了。在内有能力让挨饿的吃饱、辛劳者得以休息，来保养百姓，那么君臣上下就会相互施惠效忠，父子兄弟之间就会相互慈爱孝顺。所以明白并顺从上天的意愿，奉行而推行于天下，那么刑事和政治就会得到治理，百姓就会和睦，财用就会充足。百姓都得到暖衣饱食，于是安宁无忧。所以墨子说："现在天下的君子们，如果心中确实想要遵行圣王之道，为百姓谋利，考察仁义的根本，那么天意不可不顺从。"

【原文】

且夫天子之有天下也，辟①之无以异乎国君诸侯之有四境之内也。

今国君诸侯之有四境之内也，夫岂欲其臣国、万民之相为不利哉！今若处大国则攻小国，处大家则攻小家，欲以此求赏誉，终不可得，诛罚必至矣。夫天之有天下也，将无已异此。今若处大国则攻小国，处大都则伐小都，欲以此求福禄于天，福禄终不得，而祸祟必至矣。然有所不为天之所欲，而为天之所不欲，则夫天亦且不为人之所欲，而为人之所不欲矣。人之所不欲者，何也？曰：疾病祸祟也。若己不为天之所欲，而为天之所不欲，是率天下之万民以从事乎祸祟之中也。故古者圣王，明知天鬼之所福，而辟②天鬼之所憎，以求兴天下之利，而除天下之害。是以天之为寒热也，节四时、调阴阳雨露也；时五谷孰③，六畜遂，疾灾、戾疫、凶饥则不至。是故子墨子曰："今天下之君子，中实将欲遵道利民，本察仁义之本，天意不可不慎也。"

【注释】

①辟：通"譬"。

②辟：通"避"。

③孰：通"熟"。

【译文】

而且天子拥有天下，就好像国君、诸侯拥有整个国家一样没有分别。现在国君、诸侯拥有整个国家，难道希望他的百姓互为不利之事吗？现在如果居于大国地位就去攻打小国，居于大家族地位就去攻打小家族，想借此求取赏赐和赞誉，终究是得不到的，而诛戮惩罚必然降临。而上天之拥有天下，与此也没有区别。现在如果居于大国地位的就攻打小国，居于大城市地位的就攻打小城市，想以此向上天求取福禄，福禄终究是得不到的，而祸殃必然降临。既然如此，如果人不去做上天所希望的事，而去做上天所不希望的事，那么天也将不会做人所希望的事，而会做人所不希望的事。人所不希望的是什么呢？是疾病和灾祸。如果自己不做上天所希望的，而做上天所不希望的，这是率领天下的百姓去做带来灾祸的事。所以古时的圣王，明白地知道上天、鬼神所会降福的事，而避免做上天、鬼神所憎恶的事，以追求兴天下之利，而除天下之害。所以是天安排寒暑合节，四时调顺，阴阳雨露合乎时令，五谷按时成熟，六畜顺利成长，而疾病灾祸瘟疫凶饥却不会到来。所以墨子说："现在天下的君子们，如果心中确实想要遵行圣王之道，为百姓谋利，考察仁义的根本，那么天意不可不顺从。"

【原文】

且夫天下盖有不仁不祥者，曰：当若子之不事父，弟之不事兄，臣之不事君也，故天下之君子，与谓之不祥者。今夫天兼天下而爱之，撽遂①万物以利之，若豪之末，非②天之所为也，而民得而利之，则可谓否③矣。然独无报夫天，而不知其为不仁不祥也。此吾所谓君子明细而不明大也。

【注释】

①撽(yāo)：当为"邀"，通"交"。遂：育。
②"非"前脱"莫"字。
③否：为"丕"字之误，厚。

【译文】

况且，天下大概有不仁不义的人，即儿子不侍奉父亲，弟弟不服侍兄长，臣子不服侍君上，所以天下的君子都称之为不祥之人。现在上天兼有天下且爱之，养育万物而使天下百姓得利，即使如毫毛一样细小的，也没有不是上天所做的，而人民得到利益，则可谓丰厚了。然而人们唯独不知报答上天，而且也不知道他们做了不仁不义的事。这就是我所说的君子明白小的道理而不明白大的道理。

【原文】

且吾所以知天之爱民之厚者，有矣。曰：以磨①为日月星辰，以昭道之；制为四时春秋冬夏，以纪纲之；雷降雪霜雨露，以长遂五谷丝麻，使民得而财利之；列为山川溪谷，播赋百事②，以临司民之善否；为王公侯伯，使之赏贤而罚暴，贼③金木鸟兽，从事乎五谷丝麻，以为民衣食之财，自古及今，未尝不有此也。今有人于此，欢若爱其子，竭力单务以利之。其子长，而无报子求④父，故天下之君子，与⑤谓之不仁不祥。今夫天，兼天下而爱之，撽遂万物以利之，若毫之末，非天之所为，而民得而利之，则可谓否矣。然独无报夫天，而不知其为不仁不祥也，此吾所谓君子明细而不明大也。

且吾所以知天爱民之厚者，不止此而已矣。曰：杀不辜者，天予不祥。不⑥辜者谁也？曰：人也。予之不祥者谁也？曰：天也。若天不爱民之厚，夫胡说人杀不辜而天予之不祥哉？此吾之所以知天之爱民之厚也。且吾所以知天之爱民之厚者，不止此而已矣。曰：爱人利人，顺天之意，得天之赏者有之；憎人贼人，反天之意，得天之罚者亦有矣。

【注释】

①磿：为"厤（lì）"字之误，分别。

②百事：百官。

③贼：为"赋"字之误。

④子求：为"于其"之误。

⑤与：通"举"。

⑥"不"前疑脱"杀"字。

【译文】

而且我之所以知道上天爱民的原因，也是有根据的。说：天区分日月星辰，照耀天下；制定四季春夏秋冬，作为人们生活的纲纪；降下霜雪雨露，让五谷丝麻生长、成熟，使老百姓得到财用的利益；又分列为山川溪谷，布设百官执事，用以监察百姓的善恶；分别设立王、公、侯、伯，让他们赏贤而罚暴；给他们金木鸟兽，让他们从事五谷丝麻的生产，以为百姓的衣食之财，从古到今，未曾不是如此。假如现在这里有一个人，喜欢他的孩子，竭尽全力做所有事都是为了有利于孩子。他的儿子长大后却不报答父亲，所以天下的君子都说他不仁不善。现在上天兼有天下且爱之，养育万物而使天下百姓得利，即使如毫毛一样细小的，也没有不是上天所做的，而人民得到利益，则可谓丰厚了。然而人们唯独不知报答上天，而且也不知道他们做了不仁不义的事。这就是我所说的君子明白小的道理而不明白大的道理。

而且我之所以知道上天爱民深厚的理由，还不止这些。说：凡杀戮无辜的人，上天必定给他不祥。杀无辜的是谁呢？回答是人。给予不祥的是谁呢？回答是天。如果天不厚爱于人，那为什么人杀了无辜而上天给他不祥呢？这就是我用以知道上天爱民深重的理由。并且我知道上天爱民深重还不止这些。说：因为爱人利人，顺从天意，从而得到上天赏赐的人，是有的；憎人害人，违反天意，从而得到上天惩罚的人，也是有的。

【原文】

夫爱人、利人，顺天之意，得天之赏者，谁也？曰：若昔三代圣王尧、舜、禹、汤、文、武者是也。尧、舜、禹、汤、文、武，焉所从事？曰：从事"兼"，不从事"别"。兼者，处大国不攻小国，处大家不乱小家，强不劫弱，众不暴寡，诈①不谋愚，贵不傲贱；观其事，上利乎天，中利乎鬼，下利乎人，三利无所不利，是谓天德。聚敛天下之美名而加之焉，曰："此仁也，义也。爱人、利人，顺天之意，得天之赏者也。"不止此而已，书于竹帛，镂之金石，琢之盘盂，传遗后世子孙，曰："将何以为？将以识夫爱人、利人，顺天之意，得天之赏者也。"《皇矣》道之曰："帝谓文王，予怀明德，不大声以色，不长夏以革，不识不知，顺帝之则。"帝善其顺法则也，故举殷以赏之，使贵为天子，富有天下，名誉至今不息。故夫爱人、利人，顺天之意，得天之赏者，既可得留②而已。

【注释】

①诈：当为"知"。
②留：为"知"字之误。

【译文】

爱人利人，顺从天意，而得到上天赏赐的是谁呢？回答说：像从前三代的圣王尧、舜、禹、汤、文王、武王就是。尧、舜、禹、汤、文王、武王又做了些什么呢？回答说：实行"兼"，不实行"别"。所谓兼，即处在大国地位不攻打小国，处在大家族地位不侵扰小家族，

第二十三章 天志（中）

强大的不劫掠弱小的，人多的不欺负人少的，狡诈的不算计愚笨的，尊贵的不傲视卑贱的。观察他们的行事，对上有利于天，于中有利于鬼神，对下有利于人。这三者都有利了，就没有什么得不到利益的了，这就是有功德于天。人们把天下的美名聚集起来加到他们身上，说："这就是仁，这就是义，是爱人利人，顺从天意，因而得到上天的赏赐的人。"不仅仅是这样，还把他们的事迹写于简帛，刻上金石，雕于盘盂，传给后世子孙。说：这是为什么呢？想要用来铭记爱人利人、顺从天意，从而得到上天赏赐的人。《皇矣》中说道："天帝告诉文王，我思念那些明德之人，他不说大话来表现自己，不因做了诸夏之长就变更规则。他不识不知，只是遵循天帝的法则。"天帝赞赏文王顺从法则，所以把殷商的天下赏赐给他，让他贵为天子，富有天下，好名声至今流传不息。所以爱人利人，顺从天意，从而得到上天赏赐的，就已经可以得知了。

【原文】

　　夫憎人、贼人，反天之意，得天之罚者，谁也？曰：若昔者三代暴王桀、纣、幽、厉者是也。桀、纣、幽、厉，焉所从事？曰：从事"别"，不从事"兼"。别者，处大国则攻小国，处大家则乱小家，强劫弱，众暴寡，诈谋愚，贵傲贱；观其事，上不利乎天，中不利乎鬼，下不利乎人，三不利无所利，是谓天贼。聚敛天下之丑名而加之焉，曰："此非仁也、非义也。憎人、贼人，反天之意，得天之罚者也。"不止此而已，又书其事于竹帛，镂之金石，琢之盘盂，传遗后世子孙，曰："将何以为？"将以识夫憎人、贼人，反天之意，得天之罚者也。《太誓》之道之曰："纣越厥夷居①，不肯事上帝，弃厥②先神祇不祀，乃曰：'吾有命。'无廖僷务天下③，天亦纵弃纣而不葆。"察天以纵弃纣而不葆者，反天之意也。故夫憎人、贼人，反天之意，得天之罚者，既可得而知也。

【注释】

①越厥：发语词，无实义。夷居：傲慢不恭。

②厥：他的。

③廖：当为"缪"，纠正。僷（fěi）务：当作"罪历"。

【译文】

　　那憎恨人、残害人，违反天意，从而得到上天惩罚的，又是谁呢？回答说：如从前三代的暴君桀、纣、幽王、厉王就是。桀、纣、幽王、厉王做了些什么呢？回答说：他们从事"别"，不从事"兼"。所谓别，即处于大国地位的攻打小国，处于大家族地位的侵扰小家族，强大的劫掠弱小的，人多的欺负人少的，狡诈的算计愚笨的，尊贵的傲视卑贱的。看看他们所做的事情，对上不利于天，对中不利于鬼神，对下不利于百姓，这三者得不到利益就没有得到利益的了，这就是祸害于天。人们把天下的丑名都加到他们头上，说："这是不仁，这是不义，是憎恨人、残害人，违反天意，得到上天惩罚的人。"不仅如此，还将这些事迹写在简帛上，刻在金石上，雕在盘盂上，传给后世的子孙。说："为什么这样做呢？"为了使人们记住这些憎恨人、残害人，违反天意，从而得到上天惩罚的人。《大誓》中说道："纣王傲慢不恭，不肯奉事上帝，遗弃他的祖先与天地神祇不去祭祀，竟说：'我有天命保佑。'不努力从事政务，天帝也抛弃纣而不去保佑他。"考察上天抛弃纣而不去保佑他的原因，是他违反了天意。所以憎恨人、残害人，违反天意，从而得到上天惩罚的人，就可以得知了。

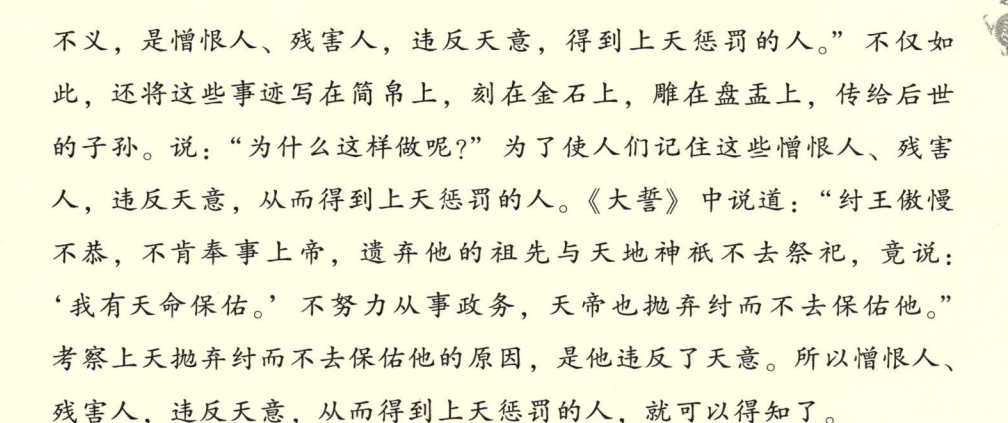

【原文】

是故子墨子之有天之①，辟人无以异乎轮人之有规、匠人之有矩也。今夫轮人操其规，将以量度天下之圜与不圜也，曰："中吾规者，谓之圜；不中吾规者，谓之不圜。"是故圜与不圜，皆可得而知也。此其故何？则圜法明也。匠人亦操其矩，将以量度天下之方与不方也，曰："中吾矩者，谓之方；不中吾矩者，谓之不方。"是以方与不方，皆可得而知之。此其故何？则方法明也。故子墨子之有天之意也，上将以度天下之王公大人为刑政也，下将以量天下之万民为文学、出言谈也。观其行②，顺天之意，谓之善意行；反天之意，谓之不善意行。观其言谈，顺天之意，谓之善言谈；反天之意，谓之不善言谈。观其刑政，顺天之意，谓之善刑政；反天之意，谓之不善刑政。故置此以为法，立此以为仪，将以量度天下之王公大人、卿、大夫之仁与不仁，譬之犹分黑白也。

是故子墨子曰："今天下之王公大人、士君子，中实将欲遵道利民，本察仁义之本，天之意不可不顺也。顺天之意者，义之法也。"

【注释】

①之：当为"志"。

②"行"前应有"德"字。

【译文】

所以墨子把握了天的意志,就像制轮的人有圆规、木匠有方尺一样没有区别。现在制轮的人拿着他的圆规,要用它来量度天下圆与不圆,说:"符合我圆规的,就是圆;不符合我圆规的,就是不圆。"因此圆和不圆,都是可以得知的。这是什么原因呢?是因为圆的标准十分明确。木匠拿着他的方尺,要用它来量度天下的方与不方,说:"符合我方尺的,就是方;不符合我方尺的,就是不方。"因此方与不方,都是可以得知的。这是什么原因呢?是因为方的标准十分明确。所以墨子把握了天的意志,对上用以量度天下的王公大臣的刑法政治,对下用以量度天下的文字与言谈。考察他们的品德行为,顺从天意的,就叫作好的品德行为;违反天意的,就叫作不好的品德行为。观察他们的言论,顺从天意的,就叫作好的言论,违反天意的,就叫作不好的言论。观察他们的刑法政治,顺从天意的,就叫作好的刑法政治;违反天意的,就叫作不好的刑法政治。所以要把天志设为法则,立为标准,拿它来量度天下王公大臣、卿大夫的仁与不仁,就好像区别黑白一样明确。

所以墨子说:"现在天下的王公大人士人君子,如果心中确实想遵循天道,造福民众,考察仁义的根本,对天意就不可不顺从。顺从天意,就是仁义所要求的法则。"

【解析】

本篇与上篇主旨相同,但比上篇更为详细地论述了要遵循上天的意志,才能得到上天的奖赏和庇护,使国家安定,百姓安居。

所谓上天的意志,概括来说,就是"不欲大国之攻小国也,大家之乱小家也,强之暴寡,诈之谋愚,贵之傲贱"。此外,就是"欲人之有力相营,有道相教,有财相分也,又欲上之强听治也,下之强从

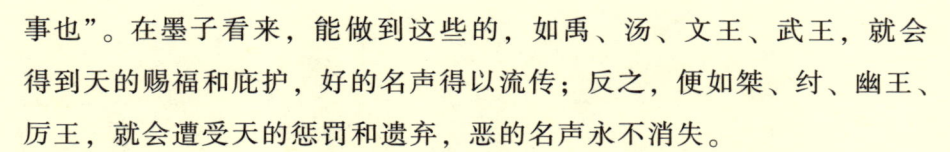

事也"。在墨子看来，能做到这些的，如禹、汤、文王、武王，就会得到天的赐福和庇护，好的名声得以流传；反之，便如桀、纣、幽王、厉王，就会遭受天的惩罚和遗弃，恶的名声永不消失。

既然上天是处于天子之上的最高权力的拥有者，何以还有违背天的意志而招致惩罚的呢？墨子认为，这就是因为天下人"明细而不明大"，不知道自己所遭受的祸患灾害是上天对人们不当行为的警戒，所以，墨子告诫所有"欲遵道利民"的"王公大人士君子"，要顺天之意以为法则。

"天志"是墨子实现其"兼相爱，交相利"的社会理想而提出的表现形式。"天"有赏善罚恶的意志，"天志"规范制约人们的思想和行为，"天志"是法律的来源，"天志"是最好的法律，"天志"的核心是"兼相爱，交相利"。

墨子推崇"天志"的目的在于强调法律的公正和平等。天志的本质是义，行义便符合天志。天志和鬼神的关系，好比法律和司法制度的关系。之所以明鬼，也是为了督促人们去按照天志来行事。

第二十四章　天志（下）

——天的意志是判断人世间一切行为的准则

【原文】

子墨子言曰："天下之所以乱者，其说将何哉？则是①天下士君子，皆明于小而不明于大。"何以知其明于小不明于大也？以其不明于天之意也。何以知其不明于天之意也？以处人之家者知之。今人处若家得罪，将犹有异家所以避逃之者；然且父以戒子，兄以戒弟，曰："戒之！慎之！处人之家，不戒不慎之，而有②处人之国者乎？"今人处若国得罪，将犹有异国所以避逃之者矣；然且父以戒子，兄以戒弟，曰："戒之！慎之！处人之国者，不可不戒慎也。"今人皆处天下而事天，得罪于天，将无所以避逃之者矣；然而莫知以相极③戒也。吾以此知大物则不知者也。

【注释】

①是：通"寔"，即"实"。
②有：当为"可"。
③极：即"儆"，告诫，警告。

【译文】

墨子说道："天下混乱的原因，将作什么解释呢？其实就是天下的士人君子，都只明白小道理而不明白大道理。"从何知道他们只明白小道理而不明白大道理呢？从他们不明白天意就可知道。从何知道

第二十四章 天志（下）

他们不明白天意呢？从他们处身家族的情况可以知道。假如现在有人在家族中得罪了家长，他还有别的家族可以逃避；然而父亲以此告诫儿子，兄长以此告诫弟弟，说："警戒呀！谨慎呀！处身家族中不警戒不谨慎，还能处身于别人的国中吗？"假如现在有人在国中得罪了国君，还有别的国可以逃避；然而父亲以此告诫儿子，兄长以此告诫弟弟，说："警戒呀！谨慎呀！处身国中不可不警戒谨慎呀！"现在的人都处身天下，侍奉上天，如果得罪了上天，将没有地方可以逃避了；然而没有人知道以此互相警戒。我因此知道他们对大道理却不知道。

【原文】

是故子墨子言曰："戒之慎之，必为天之所欲，而去天之所恶。"曰：天之所欲者，何也？所恶者，何也？

天欲义而恶其不义者也。何以知其然也？曰：义者，正也。何以知义之为正也？天下有义则治，无义则乱，我以此知义之为正也。然而正者，无自下正上者，必自上正下。是故庶人不得次①己而为正，有士正之；士不得次己而为正，有大夫正之；大夫不得次己而为正，有诸侯正之；诸侯不得次己而为正，有三公正之；三公不得次己而为正，有天子正之；天子不得次己而为政②，有天正之。今天下之士君子，皆明于天子之正天下也，而不明于天之正天子也。

【注释】

①次：应为"恣"。

②政：当为"正"，管理。

【译文】

所以墨子说道："警戒呀！谨慎呀！一定要做天所希望的事，除去天所厌恶的事。"上天所希望的是什么呢？所厌恶的是什么呢？上天希望义而厌恶不义。从何知道是这样的呢？回答是：义即是正道。因何知道义即是正道呢？天下有义就会得到治理，无义就会引起混乱，我因此知道义就是正道。然而所谓正道，没有由下面领导上面的，一定是由上面领导下面。所以庶民百姓不得肆意去做事，有士人在上面领导他们；士人也不得肆意去做事，有大夫在上面领导他们；大夫也不得肆意去做事，有诸侯在上面领导他们；诸侯也不得肆意去做事，有三公在上面领导他们；三公也不得肆意去做事，有天子在上面领导他们；天子也不得肆意去做事，有上天在上面领导他们。现在天下的士人君子对于天子领导天下人都很明白，但对上天领导天子的道理却不明白。

【原文】

是故古者圣人明以此说人，曰："天子有善，天能赏之；天子有过,天能罚之。"天子赏罚不当,听狱不中,天下疾病祸福①,霜露不时,天子必且犓豢其牛羊犬彘,絜为粢盛酒醴,以祷祠祈福于天。我未尝闻天之祷祈福于天子也,吾以此知天之重且贵②于天子也。

是故义者,不自愚且贱者出,必自贵且知者出。曰:谁③为知?天为知。然则义果自天出也。今天下之士君子之欲为义者,则不可不顺天之意矣!曰:顺天之意何若?曰:兼爱天下之人。何以知兼爱天下之人也?以兼而食之也。何以知其兼而食之也?自古及今,无有远灵孤夷④之国,皆犓豢其牛羊犬彘,絜为粢盛酒醴,以敬祭祀上帝、山川、鬼神,以此知兼而食之也。苟兼而食焉,必兼而爱之。譬之若楚、越之君:今是楚王食于楚之四境之内,故爱楚之人;越王食于越,故爱越之人。今天兼天下而食焉,我以此知其兼爱天下之人也。

【注释】

①下:降。祸福:当为"祸祟"。
②重且贵:当为"贵且知"。
③谁:据前文,前应有"谁为贵?天为贵"。
④远灵孤夷:应为"远夷虇孤"。虇:通"零"。

【译文】

所以古代的圣人明白地将此道理告诉人们,说:"天子做了好事,上天能够奖赏他;天子做了错事,上天能够惩罚他。"若天子赏罚不当,断案不公,上天就会降下疾病灾祸,使霜露失时。这时天子必须要喂养牛羊猪狗,干干净净地准备酒食祭品,去向上天祷告求福,但我从来就不曾听说过上天向天子祷告求福的。我由此知道天比天子尊贵且有智慧。

所以义不是从愚蠢而卑贱的人那里来的,必定是从尊贵而聪明的人那里来的。那么谁是尊贵的?天是尊贵的。谁是聪明的?天是聪明的。既然如此,那么义果真是从上天那里来的了。现在天下的士人君子希望奉行道义的话，那么就不可不顺从天意。顺从天意应怎样做呢？回答说：爱天下的人。怎么知道是爱天下的人呢？因为天对人民的祭祀全都享用。怎么知道天对人民的祭祀全都享用呢？自古及今，无论如何遥远偏僻的国家，都喂养牛羊狗猪，干干净净地准备酒食祭品，用以祭祀天帝、山川、鬼神，由此知道上天享用所有人的供奉。假如享用所有人的供奉，必定会爱天下所有的人。就好比楚、越的国君一样：现在楚王在楚国四境之内享用食物，所以爱楚国的人；越王在越国享用食物，所以爱越国的人。现在上天对享用所有人的供奉，我因此知道它爱天下所有的人。

【原文】

且天之爱百姓也，不尽物而止矣。今天下之国，粒食之民，杀一不辜者，必有一不祥。曰："谁杀不辜？"曰："人也。"曰："孰予之不辜①？"曰："天也。"若天之中实不爱此民也，何故而人有杀不辜、而天予之不祥哉？且天之爱百姓厚矣，天之爱百姓别②矣，既可得而知也。何以知天之爱百姓也？吾以贤者之必赏善罚暴也。何以知贤者之必赏善罚暴也？吾以昔者三代之圣王知之。故昔也三代之圣王，尧、舜、禹、汤、文、武之兼爱之天下也。从而利之，移其百姓之意焉，率以敬上帝、山川、鬼神。天以为从其所爱而爱之，从其所利而利之，于是加其赏焉，使之处上位，立为天子以法也，名之曰圣人。以此知其赏善之证。是故昔也三代之暴王，桀、纣、幽、厉之兼恶天下也，从而贼之，移其百姓之意焉，率以诟侮上帝、山川、鬼神。天以为不从其所爱而恶之，不从其所利而贼之，于是加其罚焉。使之父子离散，国家灭亡，抎③失社稷，忧以及其身。是以天下之庶民，属而毁之。业万世子孙继嗣，毁之贲④不之废也，名之曰失王⑤。以此知其罚暴之证。今天下之士君子欲为义者，则不可不顺天之意矣。

【注释】

①不辜：应为"不祥"。

②别：通"遍"。

③抎（yǔn）：坠落。

④贲：当为"者"。

⑤失王：据前文应为"暴王"。

【译文】

况且上天爱护百姓，还不仅此而已。现在天下所有的国家，凡是吃五谷的人，杀了一个无辜的人，必定会得到一种不吉祥的事。问："谁杀了无辜的人呢？"回答说："是人。"问："给他不祥的是谁呢？"回答说："是天。"假如上天内心确实不爱护这些百姓，那为什么在人杀了无辜之人后，上天要给他以不祥呢？并且上天爱护百姓是很厚重的，上天爱护百姓是很普遍的，这是可以知道的。怎么知道上天是爱护百姓的呢？我从贤者必定要赏善罚暴得知。怎么知道贤者必然赏善罚暴呢？我从前三代圣王的事迹知道这个。从前三代的圣王尧、舜、禹、汤、文王、武王兼爱天下，从而造福人民，改移百姓的心意，率领他们敬奉天帝、山川、鬼神。上天因为他们爱自己所爱的人，利自己所利的人，于是给予他们赏赐，让他们居于上位，立为天子，后世以之为表率，称之为圣人。从此可知奖赏善行的证据。从前三代的暴君，如桀、纣、幽王、厉王等，憎恶天下人，残害他们，改移百姓的心意，率领他们侮慢天帝、山川、鬼神。上天因为他们不顺从自己所爱，反而憎恶他们；不顺从自己所利，反而残害他们，于是对他们加以惩罚，使他们父子离散，国家灭亡，丧失社稷，忧患加身。而天下的百姓也都咒骂他们，经过了子孙万世以后，仍然受到人们的唾骂，称他们为暴君。这就是惩罚恶行的证据。现今天下的士人君子，若要行事合乎道义，就不可不顺从天意。

【原文】

曰：顺天之意者，兼也；反天之意者，别也。兼之为道也，义正①；别之为道也，力正。曰："义正者，何若？"曰：大不攻小也，强不侮弱也，众不贼寡也，诈②不欺愚也，贵不傲贱也，富不骄贫也，壮不夺老也。是以天下之庶国，莫以水火、毒药、兵刃以相害也。若③事上利天，中利鬼，下利人，三利而无所不利，是谓天德。故凡从事此者，圣知也，仁义也，忠惠也，慈孝也，是故聚敛天下之善名而加之。是其故何也？则顺天之意也。曰："力正者，何若？"曰：大则攻小也，强则侮弱也，众则贼寡也，诈则欺愚也，贵则傲贱也，富则骄贫也，壮则夺老也。是以天下之庶国，方以水火、毒药、兵刃以相贼害也。若事上不利天，中不利鬼，下不利人，三不利而无所利，是谓之④贼。故凡从事此者，寇乱也，盗贼也，不仁不义，不忠不惠，不慈不孝，是故聚敛天下之恶名而加之。是其故何也？则反天之意也。

【注释】

①正：通"政"。

②诈：当为"知"。

③若：当为"其"。

④之：当为"天"。

【译文】

说：顺从天意，就是"兼"；违反天意，就是"别"。兼的主张，就是以道义来治理政务；别的主张，就是以暴力来治理政务。问：以道义为治理原则是什么样呢？回答说：大国不攻打小国，强大的不欺侮弱小的，人多的不残害人少的，狡诈的不欺骗愚笨的，尊贵的不傲视卑贱的，富足的不傲慢贫困的，年壮的不掠夺年老的。所以天下众国，没有水火、毒药、刀兵相互残害的。这种事对上利于天，于中利于鬼，对下利于人。这三者都得到了利益，就没有什么得不到利益的了，这叫作有功于天。所以凡做这些事情的，就是圣智、仁义、忠惠、慈孝之人，所以人们聚集天下的好名声加到他身上。这是什么原因呢？就是顺从了天意。问道：用暴力来治理是什么样呢？回答说：大国攻打小国，强大的欺侮弱小的，人多的残害人少的，狡诈的欺骗愚笨的，尊贵的傲视卑贱的，富裕的傲慢贫困的，年壮的掠夺年老的。所以天下众国，一起拿着水火、毒药、刀兵来相互残害。这种事对上不利于天，于中不利于鬼，对下不利于人。这三者都得不到利益，就没有什么可得到利益的了，这就是祸害于天。凡做这些事的，就是寇乱、盗贼，是不仁不义、不忠不惠、不慈不孝之人，所以人们聚集天下的恶名加在他们头上。这是什么原因呢？就是违背了天意。

【原文】

故子墨子置立天之①，以为仪法，若轮人之有规、匠人之有矩也。今轮人以规，匠人以矩，以此知方圜之别矣。是故子墨子置立天之，以为仪法，吾以此知天下之士君子之去义远也！何以知天下之士君子之去义远也？今知氏大国之君宽者②然曰："吾处大国而不攻小国，吾何以为大哉？"是以差论蚤牙之士，比列其舟车之卒，以攻罚无罪之国③，入其沟境，刈其禾稼，斩其树木，残其城郭，以御其沟池，焚烧其祖庙，攘杀其牺牷④。民之格者，则到拔⑤之；不格者，则系操⑥而归，丈夫以为仆圉、胥靡，妇人以为舂酋⑦。则夫好攻伐之君，不知此为不仁义，以告四邻诸侯曰："吾攻国覆军，杀将若干人矣。"其邻国之君，亦不知此为不仁义也，有具其皮币，发其緵处⑧，使人飨贺焉。则夫好攻伐之君，有重不知此为不仁不义也，有书之竹帛，藏之府库，为人后子⑨者，必且欲顺其先君之行，曰："何不当发吾府库，视吾先君之法美⑩？"必不曰"文、武之为正者，若此矣"，曰"吾攻国覆军，杀将若干人矣"。则夫好攻伐之君，不知此为不仁不义也。其邻国之君，不知此为不仁不义也。是以攻伐世世而不已者。此吾所谓大物则不知也。

【注释】

①之：当为"志"。

②氏：当为"为"。宽者：当为"者宽"。

③蚤：当为"爪"。卒：后疑脱"伍"字。罚：通"伐"。

④牺牷：牺牲。

⑤拔：为"杀"字之误。

⑥操：为"累"字之误。

⑦酋：掌酒的奴婢。

⑧緫：为"総"字之误。総处：收藏财物之所。

⑨后子：嫡长子。

⑩美：当为"义"。

【译文】

所以墨子确立了天的意志，把它作为仪法，就像轮匠有圆规，木匠有方尺一样。现在制造车轮的人使用圆规，木匠使用方尺，以此来知道方与圆的区别。所以墨子确立了天的意志，把它作为仪法，我因此而知道天下的士人君子离开道义已经很远了。怎么知道天下的士人君子离开道义已经很远了呢？现在大国的君主自得地说："我们处于大国地位而不攻打小国，我怎能成为大国呢？"因此挑选精兵强将，排列他们的舟车队伍，用以攻伐无罪的国家。侵入他们的国境，割掉他们的庄稼，砍伐他们的树木，毁坏他们的城郭，以及填平护城沟池，焚烧他们的祖庙，屠杀他们的牲口，遇到抵抗的人，就杀掉；不抵抗的就捆缚回去，男人用作奴仆、马夫，女人用作舂米、掌酒的家奴。那些喜好攻伐的君主，不知道这是不仁不义，还以此通告四邻的国君说："我攻下了那个国家，消灭了他们的军队，杀了很多将领。"他邻国的君主，也不知道这是不仁不义，又准备皮革钱币，打开他们的宝库，派人前往祝贺。那些喜好攻伐的君主更不知道这是不仁不义，又把它写在简帛上。藏在府库中，作为后世子孙的，必定将要顺从他们先君的做法，说道："为什么不打开我们的府库，看看我们先君留下的法则呢？"那上面必定不会写着"文王、武王的为政之道就是这样的"，而必定写着"我攻下敌国，覆灭他们的军队，杀了许多将领"。那些喜好攻伐的君主不知道这是不仁不义。他们的邻国君主，也不知道这是不仁不义，因此攻伐的事情代代不休。这就是我所说的士人君子不明白大道理的原因。

【原文】

所谓小物则知之者，何若？今有人于此，入人之场园，取人之桃李瓜姜者，上得且罚之，众闻则非之。是何也？曰：不与其劳，获其实，已非其有所取之故。而况有逾于人之墙垣，担格①人之子女者乎！与角②人之府库，窃人之金玉蚤累③者乎！与逾人之栏牢，窃人之牛马者乎！而况有杀一不辜人乎！今王公大人之为政也，自杀一不辜人者，逾人之墙垣，挏格人之子女者，与角人之府库，窃人之金玉蚕累者，与逾人之栏牢，窃人之牛马者，与入人之场园，窃人之桃李瓜姜者，今王公大人之加罚此也；虽古之尧、舜、禹、汤、文、武之为政，亦无以异此矣。

今天下之诸侯，将犹皆侵凌④攻伐兼并，此为杀一不辜人者，数千万矣！此为逾人之墙垣，格人之子女者，与角人府库，窃人金玉蚕累者，数千万矣！逾人之栏牢，窃人之牛马者，与入人之场园，窃人之桃李瓜姜者，数千万矣！而自曰："义也！"

【注释】

①挏（zhā）格：攫取，掠夺。

②角：穿。

③蚕累：当为"布缫"，布帛。

④凌：侵犯。

【译文】

所谓小道理就明白，又是怎样的呢？比如现在这里有一个人，他进入别人的果场菜园，偷窃人家的桃子、李子、瓜菜和生姜，上面抓住了将会惩罚他，众人听到了就会指责他。这是什么原因呢？是因为他不参与别人的劳动，却获取了别人的劳动成果，取得了不属于自己的东西的缘故。何况还有翻越别人的围墙，抢走别人子女的呢！还有凿穿人家的府库，偷窃人家的金玉布帛的呢！还有翻越人家的牛栏马圈，盗取人家牛马的呢！何况还有杀掉一个无罪之人的人呢！当今的王公大臣治理政务，从杀掉一个无罪的人，翻越人家的围墙抢走别人的子女，凿穿别人的府库而偷取人家的金玉布帛，翻越别人的牛栏马圈而盗取牛马，进入人家的果场菜园而偷取桃李瓜果的，现在的王公大臣对这些都加重处罚。即使古代的圣王如尧、舜、禹、汤、文王、武王等处理政务，也和这没什么不同。

现在天下的诸侯，大概还在相互侵犯、攻伐、兼并，这与杀死一个无辜的人相比，罪过已是几千几万倍了。这与翻越别人的围墙而抢走别人的子女相比，与凿穿人家的府库而窃取金玉布帛相比，罪过也已几千几万倍了；与翻越别人的牛栏马圈而偷窃别人的牛马相比，与进入人家的果场菜园而窃取人家的桃、李、瓜、姜相比，罪过也已是几千几万倍了！然而他们自己却说："这是义呀！"

【原文】

故子墨子言曰："是蕡我①者，则岂有以异是蕡黑白、甘苦之辩者哉！今有人于此，少而示之黑，谓之黑；多示之黑，谓白。必曰：'吾目乱，不知黑白之别。今有人于此，能少②尝之甘，谓甘；多尝，谓苦。必曰：'吾口乱，不知其甘苦之味。'今王公大人之政也，或杀人，其国家禁之。此蚤越③有能多杀其邻国之人，因以为文④义。此岂有异蕡白黑、甘苦之别者哉？"

故子墨子置天之，以为仪法。非独子墨子以天之志为法也，于先王之书《大夏》之道之然："帝谓文王：予怀明德，毋大声以色，毋长夏以革，不识不知，顺帝之则。"此诰⑤文王之以天志为法也，而顺帝之则也。且今天下之士君子，中实将欲为仁义，求为上士，上欲中圣王之道，下欲中国家百姓之利者，当天之志而不可不察也。天之志者，义之经也。

【注释】

① 蕡："棼"之假借字，通"纷"，混淆。我：为"义"字之误。
② 能少：应为"少而"。
③ 此蚤越：当为"以斧钺"。
④ 文：当为"之"。
⑤ 诰：为"语"字之误。

【译文】

所以墨子说道:"这是混淆了义的概念。它和把黑白、甘苦混淆在一起有什么区别呢?假如现在这里有一个人,给他看少许一点黑色,他说是黑的;多给他看些黑色,他却说是白的,结果他必然会说:'我的眼睛昏乱,不知道黑白的分别。'假如现在这里有一个人,给他尝点少许甜味,他说是甜的;多多给他尝些甜味,他却说是苦的,结果他必然会说:'我的味觉混乱了,我不知道甜和苦的味道。'现在的王公大臣施政,若有人杀人,他的国家必然禁止。如果有人拿着兵器杀掉许多邻国的人,却称之为义。这难道与混淆黑白、甘苦的人有什么区别吗?"

所以墨子确立天的意志,把它作为法度标准。不仅墨子以天的意志为法度,就是先王的书《大夏》中也这样说过:"上帝对文王说:我怀念那有光明德行的人,他不大声说话来表现自己,也不

因为做了华夏之长就变革先王的法则，不识不知，顺从天帝的法则。"这是告诫周文王要以天的意志为法度，顺从天帝的法则。所以当今天下的士君子，如果心中确实希望实行仁义，追求做高尚的士人，对上希望符合圣王之道，对下希望符合国家百姓的利益，对天的意志就不可不详加考察。上天的意志，就是义的准则。

【解析】

此篇为《天志》的下篇，文字上脱漏和错乱处较多，但主旨是明确的，和上、中篇相一致。

此篇较前两篇篇幅要长，除了文字繁复以外，还运用了一些对比，更加生动形象地来论述作者关于要遵循上天的意志的主张。文中以窃人瓜果、偷人财物、抢人子女等不劳而获的事情作对比，说明天下人对这些事情加以非议，认为是不义，而对于不遵循上天的意志，不实行仁义，这样真正不仁义的事情，却不知道非议，实在是明于小物而不明于大物，因而是必须警惕的。

总之，天的意志是判断人世间一切行为的准则，要想让社会稳定，人们就必须尚同于天志。

第二十五章 非乐（上）
——凡事应该利国利民，乐之为物，而不可不禁而止

【原文】

子墨子言曰：仁之事者①，必务求兴天下之利，除天下之害，将以为法乎天下，利人乎即为，不利人乎即止。且夫仁者之为天下度也，非为其目之所美，耳之所乐，口之所甘，身体之所安，以此亏②夺民衣食之财，仁者弗为也。是故子墨子之所以非乐者，非以大钟、鸣鼓、琴瑟、竽笙之声，以为不乐也；非以刻镂、华文章③之色，以为不美也；非以犓豢煎炙之味，以为不甘也；非以高台、厚榭、邃野之居，以为不安也④。虽身知其安也，口知其甘也，目知其美也，耳知其乐也，然上考之不中圣王之事，下度之不中万民之利。是故子墨子曰："为乐，非也！"

【注释】

①仁之事者：当为"仁者之事"。

②亏：损害。

③华：为衍字。文章：错综华美的色彩或花纹。

④邃野：深居。野：通"宇"。

【译文】

墨子说："仁人做事，必须追求兴盛天下的利益，除去天下的祸

害，想要以此作为天下的准则，对人有利的就做，不利于人的就停止。"仁者替天下人考虑，并不是为了眼睛看了觉得好看，耳朵听了觉得好听，嘴巴尝了觉得好吃，身体感到安适，如果让这些享受来掠取民众的衣食财物，仁人是不做的。因此，墨子之所以反对从事音乐活动，并不是认为大钟、鸣鼓、琴瑟、竽笙的声音不好听，并不是以为雕刻、纹饰的色彩不美丽，并不是以为煎炙的豢养的牛猪等的味道不鲜美，并不是以为居住在高台厚榭深居中不舒适。即使身体知道舒适，嘴巴知道鲜美，眼睛知道美丽，耳朵知道好听，但向上考察，不符合圣王的要求；向下考虑，不符合百姓的利益。所以墨子说："从事音乐活动是不对的！"

【原文】

今王公大人，虽无造为乐器，以为事乎国家，非直掊①潦水，折壤坦②而为之也，将必厚措敛乎万民，以为大钟、鸣鼓、琴瑟、竽笙之声。古者圣王，亦尝厚措敛乎万民，以为舟车。既以成矣，曰："吾将恶许③用之？"曰："舟用之水，车用之陆，君子息其足焉，小人休其肩背焉。"故万民出财赍而予之，不敢以为戚恨者，何也？以其反中民之利也。然则乐器反中民之利，亦若此，即我弗敢非也。然则当用乐器，譬之若圣王之为舟车也，即我弗敢非也。

民有三患，饥者不得食，寒者不得衣，劳者不得息。三者，民之巨患也。然即当④为之撞巨钟、击鸣鼓、弹琴瑟、吹竽笙而扬干戚⑤，民衣食之财，将安可得乎？即我以为未必然也。意舍此，今有大国即攻小国，有大家即伐小家，强劫弱，众暴寡，诈欺愚，贵傲贱，寇乱盗贼并兴，不可禁止也。然即当为之撞巨钟、击鸣鼓、弹琴瑟、吹竽笙而扬干戚，天下之乱也，将安可得而治与？即我未必然也。是故子墨子曰："姑尝厚措敛乎万民，以为大钟、鸣鼓、琴瑟、竽笙之声，以求兴天下之利,除天下之害,而无补也。"是故子墨子曰:"为乐,非也!"

【注释】

①直:只是。掊(póu):聚敛。

②折壤坦:疑为"拆壤垣"。

③恶许:何所。

④然即:然则。当:通"尝"。

⑤干戚:指兵器。干:盾。戚:似斧形兵器。

【译文】

现在的王公大臣制造乐器,把它作为治理国家的大事,并不是像取点路上的积水、拆毁土墙那么简单,而必定要向百姓征收很重的赋税,用以制造大钟、鸣鼓、琴瑟、竽笙等乐器。古时的圣王也曾向百姓征收很重的赋税,造成船和车,制成之后,说:我将在哪里使用它们呢?说:"船用于水上,车用于地上,君子可以休息双脚,百姓可以休息肩和背。"所以百姓都拿出钱财来做这些事,并不敢因此而怨恨,这是为什么呢?因为反过来它也符合民众的利益;然而乐器要是也像这样反过来符合民众的利益,我则不敢反对。如果使用乐器像圣王造船和车那样,我也不敢反对。

百姓有三种忧患:饥饿的人得不到食物,寒冷的人得不到衣服,劳累的人得不到休息。这三样是百姓的最大忧患。那么试着为他们撞击巨钟,敲打鸣鼓,弹琴瑟,吹竽笙,舞动兵器,百姓的衣食财物就能得到解决吗?我认为未必是这样。撇开这点不谈,现在大国攻击小国,大家族攻伐小家族,强壮的掳掠弱小的,人多的欺负人少的,奸诈的欺骗愚笨的,高贵的鄙视低贱的,外寇内乱盗贼共同蜂起而不能禁止。那么试着为他们撞击巨钟,敲打鸣鼓,弹琴瑟,吹竽笙,舞动兵器,天下的纷乱将会得到治理吗?我以为未必是这样的。所以墨子说："如果向百姓征收很重的赋税，制作大钟、鸣鼓、琴瑟、竽笙等乐器，以求有利于天下，除去天下的祸害，那是于事无补的。"所以墨子说："从事音乐活动是不对的！"

【原文】

今王公大人，唯毋处高台厚榭之上而视之，钟犹是延鼎①也，弗撞击，将何乐得焉哉？其说将必撞击之。惟勿②撞击，将必不使老与迟③者。老与迟者，耳目不聪明，股肱不毕强，声不和调，明不转朴④。将必使当年，因其耳目之聪明，股肱之毕强，声之和调，眉之转朴。使丈夫为之，废丈夫耕稼树艺之时；使妇人为之，废妇人纺绩织纴之事。今王公大人，唯毋为乐，亏夺民衣食之财，以拊⑤乐如此多也。是故子墨子曰："为乐，非也！"

今大钟、鸣鼓、琴瑟、竽笙之声，既已具矣，大人锈⑥然奏而独听之，将何乐得焉哉？其说将必与贱人，不与君子⑦。与君子听之，废君子听治；与贱人听之，废贱人之从事。今王公大人，惟毋为乐，亏夺民之衣食之财，以拊乐如此多也。是故子墨子曰："为乐，非也！"

【注释】

①延鼎：覆倒之鼎。

②惟勿：发语词。

③迟：小孩子。

④明：眼。朴：字疑为"行"。转行：转动。

⑤拊（fǔ）：拍。

⑥锈："素"的繁文，安静。

⑦必与贱人，不与君子：应为"不与贱人，必与君子"。

【译文】

现在的王公大臣从高台厚榭上看去，钟犹如倒扣着的鼎一样，不撞击它，怎么会得到音乐呢？这就是说必定要撞击它，撞击时，一定不能使用老人和小孩。老人与小孩，耳不聪，目不明，四肢不强壮，声音不和谐，眼神不灵敏。一定要使用壮年人，因为其耳聪目明，四肢强壮，声音调和，眼神敏捷。如果用男人撞钟，就要浪费男人耕田、种菜、植树的时间；如果让妇女撞钟，就要荒废妇女纺纱、绩麻、织布等事情。现在的王公大臣为了从事音乐活动，掠夺民众的衣食财物，用于击奏的乐器已是这么多了。所以墨子说："从事音乐活动是不对的！"

现在的大钟、鸣鼓、琴瑟、竽笙的乐声等已齐备了，王公大臣们独自安静地欣赏音乐，将会得到什么乐趣呢？不是与君子一同来听，就是与平民一同来听，与君子同听，就会妨碍君子治理公务；与平民同听，就会荒废平民在做的工作。现在的王公大臣从事音乐活动，掠夺民众的衣食财物，用于击奏的乐器已是这么多了。所以墨子说："从事音乐活动是不对的！"

【原文】

昔者齐康公，兴乐万①，万人不可衣短褐，不可食糠糟②，曰："食饮不美，面目颜色不足视也；衣服不美，身体从容丑羸不足观也。"是以食必粱肉，衣必文绣。此掌③不从事乎衣食之财，而掌食乎人者也。是故子墨子曰：今王公大人，惟毋为乐，亏夺民衣食之财，以拊乐如此多也。是故子墨子曰："为乐，非也！"

【注释】

①万：舞名。
②糠糟：粗粮。
③掌：通"常"。

【译文】

从前齐康公作《万舞》乐曲，跳《万舞》的人不能穿粗布短衣，不能吃粗粮。说："吃得不好，脸色就不值得看了；衣服不华丽，身形动作也不值得看了。所以必须吃精粮和肉，必须穿绣有花纹的衣裳。"这些人常常不从事生产衣食财物的工作，而常常吃别人的。所以墨子说：现在的王公大臣为了从事音乐活动，掠夺民众的衣食财物，用于击奏的乐器已是这么多了。所以墨子说："从事音乐活动是不对的！"

【原文】

今人固与禽兽、麋鹿、蜚鸟、贞虫异者也①。今之禽兽、麋鹿、蜚鸟、贞虫，因其羽毛，以为衣裘；因其蹄蚤，以为绔屦②；因其水草，以为饮食。故唯使雄不耕稼树艺，雌亦不纺绩织纴，衣食之财，固已具矣。今人与此异者也，赖其力者生，不赖其力者不生。君子不强听治，即刑政乱；贱人不强从事，即财用不足。今天下之士君子，以吾言不然；然即姑尝数天下分事③，而观乐之害。王公大人，蚤朝晏退，听狱治政，此其分事也。士君子竭股肱之力，亶其思虑之智，内治官府，外收敛关市、山林、泽梁之利，以实仓廪府库，此其分事也。农夫蚤出暮入，耕稼树艺，多聚菽粟，此其分事也。妇人夙兴夜寐，纺绩织纴，多治麻丝葛绪捆布縿④，此其分事也。今惟毋在乎王公大人，说乐而听之，即必不能蚤朝晏退，听狱治政，是故国家乱而社稷危矣！今惟毋在乎士君子，说乐而听之，即必不能竭股肱之力，亶其思虑之智，内治官府，外收敛关市、山林、泽梁之利，以实仓廪府库，是故仓廪府库不实。今惟毋在乎农夫，说乐而听之，即必不能蚤出暮入，耕稼树艺，多聚菽粟，是故菽粟不足。今惟毋在乎妇人，说乐而听之，即不必⑤能夙兴夜寐，纺绩织纴，多治麻丝葛绪，捆布縿，是故布縿不兴。曰：孰为大人之听治、而废国家之从事？曰："乐也。"是故子墨子曰："为乐，非也！"

【注释】

①蜚：通"飞"。贞：通"征"。贞虫：即爬虫。

②蚤：即"爪"。绔：即"裤子"。

③分事：分职。

④绪：为"紵（zhù）"之音借字，苎麻。捆（kǔn）：此处为纺织之意。织。縿（chān）：绢帛。

⑤不必：当为"必不"。

【译文】

现在的人当然和禽兽、麋鹿、飞鸟、爬虫不同。现在的禽兽、麋鹿、飞鸟、爬虫，利用它们的羽毛作为衣裳，利用它们的蹄爪作为裤子和鞋子，把水、草作为饮食之物。所以，虽然让雄的不耕田、种菜、植树，雌的不纺纱、绩麻、织布，衣食财物也已经具备了。现在的人与它们不同的是：依赖自己的劳力才能生存，不依赖自己劳力的就不能生存。君子不努力治理政务，刑罚政令就要混乱；平民不努力从事生产，财用就会不足。现在天下的士人君子如果认为我的话不对，那么就试着列数天下人分内之事，来看看音乐的害处：王公大臣早晨上朝，晚上退朝，治理政务，这是他们的分内事。士人君子竭尽全身的力气，用尽智力思考，对内治理官府，对外征收关市、山林、河桥的赋税，充实仓廪府库，这是他们的分内事。农夫早出晚归，耕田、种菜、植树，多多收获豆子和粮食，这是他们的分内事。妇女们早起晚睡，纺纱、绩麻、织布，多多料理麻、丝、葛、苎麻，织成布帛，这是她们的分内事。现在的王公大臣都喜欢音乐而去听它，则必不能早上朝，晚退朝，处理政务，那样国家就会混乱，社稷就会危险。现在的士人君子都喜欢音乐而去听它，则必不能竭尽全身的力气，用尽智力思考，对内治理官府，对外征收关市、山林、河桥的赋税，充实仓廪府库。那么仓廪府库就不充实。现在的农夫都喜欢音乐而去听它，则必不能早出晚归，耕田、植树、种菜，多多收获豆子和粮食，那么粮食就会不足。现在的妇女都喜欢音乐而去听它，则必不能早起晚睡，纺纱、绩麻、织布，多多料理麻、丝、葛、苎麻，织成布帛，那么布帛就不够用。问：是什么荒废了大人们的听狱治国和国家的生产呢？答：是音乐。所以墨子说："从事音乐活动是不对的！"

【原文】

何以知其然也？曰：先王之书，汤之《官刑》有之。曰："其恒舞于宫，是谓巫风。其刑：君子出丝二卫①，小人否②，似二伯③"。《黄径》乃言曰："呜乎！舞佯佯，黄言孔章④，上帝弗常⑤，九有⑥以亡。上帝不顺，降之百殃⑦，其家必坏丧。"察九有之所以亡者，徒从饰乐也。于《武观》曰："启乃淫溢康乐，野于饮食，将将铭苋磬以力⑧。湛浊⑨沔于酒，渝食于野，万舞翼翼⑩，章闻于大，天用弗式⑪。"故上者，天鬼弗戒⑫，下者，万民弗利。是故子墨子曰："今天下士君子，请将欲求兴天下之利，除天下之害，当在乐之为物，将不可不禁而止也。"

【注释】

①卫：为"纬"之音借字，束。

②否：当为"倍"。

③似：通"以"。伯："帛"之音借字。

④黄：即"簧"，大竹。孔：很。

⑤常：当为"尚"。

⑥九有：九州。

⑦殃：灾祸。

⑧将将：即"锵锵"。铭：当为"铃"。苋：当为"筦"。

⑨湛：通"沉"。浊：疑为"沔（miǎn）"。湛沔：沉湎。

⑩翼翼：盛大的样子。

⑪用：因此。弗式：不以为常规。

⑫戒：当作"式"。

【译文】

怎么知道是这样的呢？答道：先王的书、商汤所作的《官刑》有记载。说："常在宫中跳舞，这叫作巫风。惩罚是：君子出两束丝，平民加倍，出两束帛。"《黄径》中也记载说："啊呀！舞蹈繁多，乐声响亮。可是上帝不保佑，九州将因此灭亡。天帝不答应，降下各种祸殃，他的家族必然要破亡。"考察九州之所以灭亡，只是因为沉迷于音乐啊！《武观》中说："夏启纵乐放荡，在野外大肆吃喝，《万舞》的场面十分浩大，声音传到天上，上天因此不需把音乐当作法度。"所以在上的天帝、鬼神不以之为法度，在下的百姓认为对他们不利。所以墨子说："现在天下的士人君子，诚心要为天下人谋利，除去天下的祸害，那么对于音乐这样的东西，就不能不加以禁止。"

【解析】

《非乐》原分上、中、下三篇，现仅存上篇。所谓非乐，就是反对从事音乐活动。墨子认为凡事应该利国利民，而百姓、国家都在为生存奔波，制造乐器需要聚敛百姓的钱财，荒废百姓的生产，而且音乐还能使人耽于荒淫。因此，必须禁止音乐。

墨子认为，制造乐器会花费百姓用于衣服食物的财用，演奏音乐会占用百姓从事生产的时间，欣赏音乐会使统治者疏于治理政务，所以音乐虽能使人愉悦，却上不利于天，下不利于民，完全是无用的。更何况，演奏音乐的人必须选择年轻力壮者，还要让他们"食必粱肉，衣必文绣"，这些人不仅不能生产，不能创造财物，还要别人供给他们以衣食，这就倍增了"乐"的弊端。最后，墨子还引用古代的书来说明先王是如何对为乐者进行惩罚的，由此得出"乐之为物，而不可不禁而止"的结论。

诚然，没有节制地沉迷于音乐是有害于国家和百姓的，但墨子将所有的音乐一概视为无用，不加辨别地否定所有的音乐，这无疑是偏激和片面的。对于音乐给人带来的精神上的享受与熏陶，我们还是应当予以适当肯定的。

第二十六章　非命（上）
——我命由我不由天，成功要靠自己的努力去创造

【原文】

子墨子言曰："古者王公大人为政①国家者，皆欲国家之富，人民之众，刑政之治。然而不得富而得贫，不得众而得寡，不得治而得乱，则是本失其所欲，得其所恶，是故何也？"

子墨子言曰："执有命者以杂于民间者众。"执有命者之言曰："命富则富，命贫则贫；命众则众，命寡则寡；命治则治，命乱则乱；命寿则寿，命夭则夭；命②虽强劲，何益哉？"以上说王公大人，下以驵③百姓之从事，故执有命者不仁。故当执有命者之言，不可不明辨。

【注释】

①为政：后当脱一"于"字。

②命：当为"力"。

③驵：通"阻"。

【译文】

墨子说："古时候治理国家的王公大臣，都想使国家富裕，人口众多，法律政事得到治理。然而结果却是求富不得反而贫困，求人口众多不得反而使人口减少，求治理不得反而得到混乱，从根本上失去了所想要的，而得到了所憎恶的，这是什么原因呢？"

墨子说过："因为，杂处于民间主张有天命的人太多了。"主张有天命的人说："命里注定富裕则富裕，命里注定贫困则贫困；命里注定人口众多则人口众多，命里注定人口少则人口少；命里注定治理得好则治理得好，命里注定混乱则混乱；命里注定长寿则长寿，命里注定短命则短命，虽然使出很强的力气，又有什么用呢？"他们用这话对上游说王公大臣，对下阻碍百姓从事生产，所以主张有天命的人是不仁义的。所以对主张有天命的人说的话，不能不明加辨析。

【原文】

然则明辨此之说，将奈何哉？子墨子言曰：必①立仪。言而毋仪，譬犹运钧②之上，而立朝夕者也，是非利害之辨，不可得而明知也。故言必有三表③。何谓三表？子墨子言曰：有本之者，有原④之者，有用之者。于何本之？上本之于古者圣王之事；于何原之？下原察百姓耳目之实；于何用之？废⑤以为刑政，观其中国家百姓人民之利。此所谓言有三表也。

然而今天下之士君子，或以命为有，盖⑥尝尚观于圣王之事？古者桀之所乱，汤受而治之；纣之所乱，武王受而治之。此世未易，民未渝，在于桀、纣，则天下乱；在于汤、武，则天下治。岂可谓有命哉！

【注释】

① "必"字前应有一"言"字。
② 钧：制陶用的转轮。
③ 表：原则。
④ 原：推断，考察。
⑤ 废：通"发"。
⑥ 盖：通"盍"，何不。

【译文】

然而如何去明加辨析这些话呢？墨子说道："必须订立言论准则。"如果说话没有准则，好比在陶轮之上放立测量时间的仪器，就不可能弄明白是非利害的区别。所以言论有三条标准。哪三条标准呢？墨子说："有考察本源的，有推断原委的，有实践应用的。"如何考察本源呢？要向上追寻古时圣王的事迹。如何推断原委呢？要向下考察百姓的所见所闻。如何实践应用呢？把它用作刑法政令，从中看看国家百姓的利益。这就是言论的三条标准。

然而现在天下的士人君子，有的认为有天命。为什么不试着向上看看圣王的事迹呢？古时候，夏桀乱国，商汤接管国家并治理它；商纣乱国，周武王接管国家并治理它。社会没有改变，人民没有变化，桀纣时则天下混乱，汤武时则天下得到治理，这难道能说它是有天命的吗？

【原文】

然而今天下之士君子，或以命为有，盖尝尚观于先王之书？先王之书，所以出①国家、布施百姓者，宪也；先王之宪亦尝有曰"福不可请，而祸不可讳，敬无益、暴无伤"者乎？所以听狱制罪者，刑也；先王之刑亦尝有曰"福不可请，祸不可讳，敬无益、暴无伤"者乎？所以整设师旅、进退师徒者，誓也；先王之誓亦尝有曰"福不可请，祸不可讳，敬无益、暴无伤"者乎？

是故子墨子言曰：吾当未盐②，数天下之良书，不可尽计数，大方③论数，而五者④是也。今虽毋求执有命者之言，不必得，不亦可错⑤乎？

【注释】

①出：疑为"士"，通"事"，治理。

②盐：为"尽"之误。

③大方：大类。

④五者：当为"三者"，即先王之宪、之刑、之誓。

⑤错：放弃。

【译文】

然而现在天下的士人君子，有人认为是有天命的。那何不向上看看先代君王的书呢？先代君王的书籍中，能够用来治理国家、向百姓颁布的，是宪法。先代君王的宪法曾说过"福不是请求来的，祸是不可避免的；恭敬没有好处，凶暴没有坏处"这样的话吗？能够用来治理政务和断案的，是刑法。先王的刑法中曾说过"福不是请求来的，祸是不可避免的，恭敬没有好处，凶暴没有坏处"这样的话吗？能够用来整治军队、指挥官兵的，是誓言；先代君王的誓言里曾说过"福不是请求来的，祸是不可避免的，恭敬没有好处，凶暴没有坏处"这样的话吗？

所以墨子说：我还没有完全统计天下的好书，也不可能统计完，大概说来，就是这三种。现在即使从中寻找主张有天命的言论，肯定也找不到，这不就可以放弃吗？

【原文】

今用执有命者之言，是覆天下之义。覆天下之义者，是立命者也，百姓之谇①也。说百姓之谇者，是灭天下之人②也。然则所为欲义在上者，何也？曰：义人在上，天下必治，上帝、山川、鬼神，必有干主③，万民被其大利。何以知之？子墨子曰："古者汤封于亳，绝长继短，方地百里，与其百姓兼相爱，交相利，移④则分，率其百姓以上尊天事鬼，是以天鬼富之，诸侯与之，百姓亲之，贤士归之，未殁其世而王天下，政诸侯。昔者文王封于岐周，绝长继短，方地百里，与其百姓兼相爱，交相利则⑤。是以近者安其政，远者归其德。闻文王者，皆起而趋之；罢⑥不肖、股肱不利者，处而愿之，曰：'奈何乎使文王之地及我，吾则吾利，岂不亦犹文王之民也哉！'是以天鬼富之，诸侯与之，百姓亲之，贤士归之。未殁其世而王天下，政诸侯。乡⑦者言曰：'义人在上，天下必治，上帝、山川、鬼神，必有干主，万民被其大利。'吾用此知之。"

【注释】

①谇：通"悴"，忧愁。

②人：通"仁"。

③干主：宗主。

④移：为"利"字之误。

⑤则：当为"利则分"。

⑥罢：通"疲"。

⑦乡：通"向"，从前。

【译文】

现在要采用主张有天命的人的言论，这是颠覆天下的道义。颠覆天下道义的人，就是那些确立有天命观点的人，是百姓的忧患所在。把百姓所伤心的事看作乐事，是要灭亡天下的仁义。既然如此，那么还要讲道义的人处在上位，这是为什么呢？答道：讲道义的人处在上位，天下必定能得到治理，上帝、山川、鬼神就有了主持祭祀的人，百姓都能得到他的好处。怎么知道是这样的呢？墨子说："古时候汤封于亳地，取长补短，据有方圆百里之地。汤与百姓相互爱戴，相互给予帮助，得利就互相分享。汤率领百姓向上尊奉天帝鬼神，所以，天帝鬼神使他富贵，诸侯归顺他，百姓亲近他，贤士归附他，没死之前就已成为天下的君王，成为诸侯之长。从前文王封于岐周，取长补短，据有方圆百里之地。汤与百姓相互爱戴，相互给予帮助，得利就互相分享。所以,近处的人安心受他管理,远处的人归顺于他的德行。听说过文王的人,都赶快投奔他。做事懒怠、没有才德、手脚不便的人,聚在一起盼望他,说:'怎样才能使文王的领地达到我们这里,我们也得到好处,岂不是也和文王的国民一样了吗?'所以天帝鬼神使他富贵,诸侯归顺他,百姓亲近他,贤士归附他,没死之前就已成为天下的君王,成为诸侯之长。前人说:'讲道义的人在上位,天下必定能得到治理。上帝、山川、鬼神就有了主事的人,万民都能得到他的好处。'我因此认识到了这一点。"

【原文】

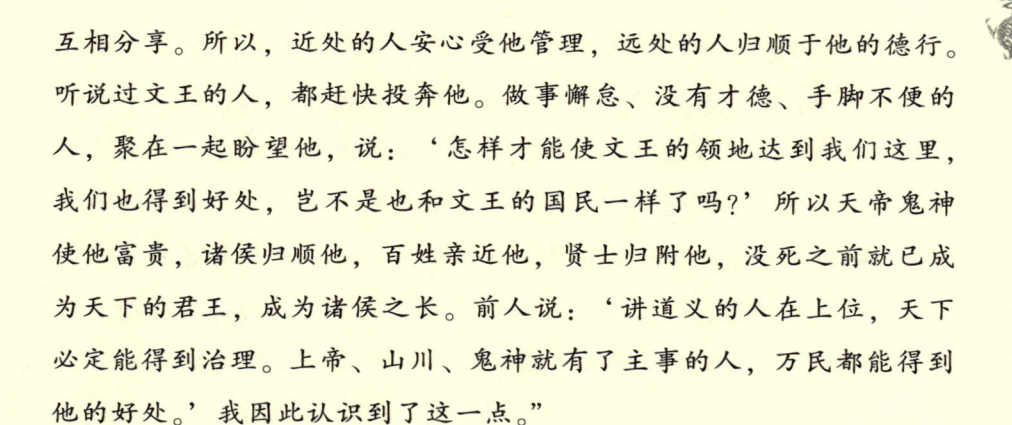

是故古之圣王,发宪出令,设以为赏罚以劝贤。是以入则孝慈于亲戚,出则弟①长于乡里,坐处有度,出入有节,男女有辨。是故使治官府,则不盗窃;守城,则不崩②叛;君有难则死,出亡则送。此上之所赏,而百姓之所誉也。执有命者之言曰:上之所赏,命固且赏,非贤故赏也;上之所罚,命固且罚,不暴故罚也。是故入则不慈孝于亲戚,出则不弟长于乡里,坐处不度,出入无节,男女无辨。是故治官府,则盗窃;守城,则崩叛;君有难则不死,出亡则不送。此上之所罚,百姓之所非毁也。执有命者言曰:上之所罚,命固且罚,不暴故罚也;上之所赏,命固且赏,非贤故赏也。以此为君则不义,为臣则不忠,为父则不慈,为子则不孝,为兄则不良,为弟则不弟。而强执此者,此特凶言之所自生,而暴人之道也!

【注释】

①弟:通"悌"。
②崩:为"背"之假借字。

【译文】

所以古时候的圣王颁布宪法和律令,设立赏罚制度以鼓励贤人。

因此贤人在家对双亲孝顺慈爱，在外能尊敬乡里的长辈，举止有礼节，出入有规矩，能区别地对待男女。因此让他们治理官府，则没有盗窃发生；守城则没有叛乱，国君有难则可以以死尽忠，国君逃亡则会护送相随。这些人就是受上面所奖赏、百姓所称誉的。主张有天命的人说："被上司奖赏，是命里本来就该受奖赏，并不是因为贤良才被赞赏的；被上司惩罚，是命里本来就该受惩罚，不是因为凶暴才受惩罚的。"所以在家对双亲不孝顺慈爱，在外对乡里长辈不尊敬，举止没有礼节，出入没有规矩，不能区别对待男女。所以让他治理官府则会发生盗窃，守城则会叛逃，国君有难不能以死尽忠，国君逃亡也不会护送相随。这些人都是受上司所惩罚百姓所责骂的。主张有天命的人说："被上司惩罚，是命里本来就该惩罚，不是因为他凶暴才受惩罚的；被上司赞赏，是命里本来该赞赏，不是因为贤良才被赞赏的。"以此来做国君则不义，做臣下则不忠，做父亲则不慈爱，做儿子则不孝顺，做兄长则不温良，做弟弟则不恭顺。如果顽固主张这种观点，就是产生不好言论的根源，是凶暴之人的行事之道。

【原文】

然则何以知命之为暴人之道？昔上世之穷民，贪于饮食，惰于从事，是以衣食之财不足，而饥寒冻馁之忧至；不知曰"我罢不肖，从事不疾"，必曰"我命固且贫"。昔上世暴王，不忍其耳目之淫，心涂之辟①，不顺其亲戚，遂以亡失国家，倾覆社稷；不知曰"我罢不肖，为政不善"，必曰"吾命固失之"。于《仲虺②之告》曰："我闻于夏人矫天命，布命于下。帝伐之恶，龚③丧厥师。"此言汤之所以非桀之执有命也。于《太誓》曰："纣夷处④，不肯事上帝鬼神，祸厥先神禔不祀⑤，乃曰：'吾民有命。'无廖排漏，天亦纵弃之而弗葆。"此言武王所以非纣执有命也。

【注释】

①涂：当为"途"，心途，即心计。辟：通"僻"。

②虺（huǐ）：传说中龙的一种，也指古书上说的一种毒蛇。

③龚：当为"用"之音近假借字，因此。

④处：当为"虐"。

⑤祸：当为"弃"。祇："祇"之误。

【译文】

既然这样，那么怎么知道天命之说是凶暴之人的行事之道呢？从前古代的穷人，好吃懒做，因此衣食财物不足，因而饥寒冻饿的忧虑就来了；他们不认为"自己懒惰无能，做事不勤勉"，却认定是"自己命里本来就要贫穷"。

古时前代的暴君，不能克制耳目的贪婪、心里的邪僻，不听从他的双亲，以至于国家灭亡，社稷绝灭；他们不认为"自己疲惫无力，管理不善"，却认定是"自己命里本来要亡国"。《仲虺之告》中说："我听说夏朝的人伪托天命，对下面的人传播天命说：上帝讨伐罪恶，因

而消灭了他的军队。"这就是说汤反对桀的主张是天命。《太誓》中说:"纣的夷灭之法非常酷虐,不肯侍奉上帝鬼神,遗弃他的祖先,不祭祀天地神灵,竟然说:'我有天命!'不努力弥补自己的罪过,天帝也就抛弃了他而不予保佑。"这就是说武王所以反对纣主张有天命的原因。

【原文】

今用执有命者之言,则上不听治,下不从事。上不听治,则刑政乱;下不从事,则财用不足;上无以供粢盛酒醴祭祀上帝鬼神,下无以降绥①天下贤可之士,外无以应待诸侯之宾客,内无以食饥衣寒,将养老弱。故命上不利于天,中不利于鬼,下不利于人。而强执此者,此特凶言之所自生,而暴人之道也!

是故子墨子言曰:今天下之士君子,忠②实欲天下之富而恶其贫,欲天下之治而恶其乱,执有命者之言,不可不非。此天下之大害也。

【注释】

①降绥:降服。绥:安。
②忠:通"中"。

【译文】

现在要采用主张有天命的人的言论,那么在上位的人就会不努力治国判案,下面的人就会不努力劳作。在上位的人不努力治国判案则法律政事就要混乱,下面的人不努力劳作则财物日用不足。对上没有洁净的酒食祭品来供奉上帝鬼神,对下没有东西可以安抚天下贤人士子;对外没有东西可以接待诸侯宾客;对内则不能让饥饿的人吃饱,不能让寒冷的人穿暖,不能抚养老弱之人。所以天命之说,上对天帝不利,中对鬼神不利,下对人不利。如果顽固主张这种观点,就是产生不好言论的根源,是凶暴之人的行事之道。

所以墨子说："现在天下的士人君子，如果想使天下富裕而怕它贫困，想使天下得到治理而怕它混乱，那么对主张有天命的人的言论，就不能不反对。这是天下的大害啊！"

【解析】

《非命》分为上、中、下三篇，此为上篇。

所谓非命，就是反对命定思想。墨子认为"命定论"使人不能努力治理国家，安心从事生产；反而容易放纵自己，走向坏的一面。"命定论"是那些暴君、坏人为自己辩护的根据。关于检验言论，墨子提出了"三表"法，即通过考察历史、社会实情，并在实践中检验言论，坚决反对误国误民的"命定论"。

墨子认为，不能治理好国家的原因在于主张有天命的人以"有命"来游说王公大人和平民百姓，让他们以为一切都是命中注定的，从而安于现状。这一方面使王公大人不努力治理混乱的政治，成为那些懈怠无能的人推卸责任的借口；另一方面也使百姓不知争取改变生活贫穷的不良处境，成为当权者愚弄百姓的手段。所以，墨子认为这是所有祸害产生的根源，是必须加以辨别和驳斥的，并主张依靠自己的力量达到国富民强的目的。

文章从三个方面来论述"天命"是不存在的。首先是推究本源，指出古代的社会和百姓都未改变，而有治乱之别，可见，"命"是不存在的；其次考察百姓耳闻目见的情况，认为也没有听到或看到"命"的存在；最后，以主张"有命"者遭受杀身亡国之灾，来说明这是暴王之所为，是天下之大祸害。

墨子坚决否定"天命"的存在，并积极主张依靠自己的力量来达到国富民强的目的，这是值得肯定的。

第二十七章 非命（中）
——人定胜天，事在人为，与天斗，其乐无穷

【原文】

子墨子言曰：凡出言谈、由①文学之为道也，则不可而不先立义法。若言而无义，譬犹立朝夕于员②钧之上也，则虽有巧工，必不能得正焉。然今天下之情伪，未可得而识也。故使言有三法。三法者何也？有本之者，有原之者，有用之者。于其本之也？考之天鬼之志，圣王之事；于其原之也？征以先王之书；用之奈何？发而为刑③。此言之三法也。

今天下之士君子，或以命为亡④。我所以知命之有与亡者，以众人耳目之情，知有与亡。有闻之，有见之，谓之有；莫之闻，莫之见，谓之亡。然胡不尝考之百姓之情？自古以及今，生民以来者，亦尝见命之物、闻命之声者乎？则未尝有也。若以百姓为愚不肖，耳目之情，不足因而为法；然则胡不尝考之诸侯之传言流语乎？自古以及今，生民以来者，亦尝有闻命之声、见命之体者乎？则未尝有也。

【注释】

①由：当作"为"。
②员：当作"运"。
③"刑"下当有一"政"字。

④ "或以命为亡"下应有"或以命为有"一句。

【译文】

墨子说:"凡发表言论、写作文章的原则,不能不先树立一个标准。如果言论没有标准,就好像把测时仪器放在转动的陶轮上。即使工匠很聪明,也不能得到正确的时间。然而现在世上的真假,不能得到辨识,所以言论有三条标准。哪三条标准呢?"墨子说:"有考查本源的,有推断原委的,有实践应用的。"怎样考察本源呢?用天帝、鬼神的意志和圣王的事迹来考察它。怎样推断原委呢?用先王的书来验证它。怎样把言语付诸实践呢?是把言论变为刑法政治。这就是言论的三条标准。

现在天下的士人君子,有的认为天命是有的,有的认为天命是没有的。我之所以知道天命的有或没有,是根据众人所见所闻的实情才知道有或没有。有听过的,有见过的,才叫"有";没听过的,没见过的,就叫"没有"。然而为什么不试着考察百姓的实际情况呢?从古到今,自有人类以来,有曾见过命的形象、听过命的声音的人吗?从来没有过。如果认为百姓愚蠢无能,他们的所见所闻不能当作标准;那么为什么不试着考察诸侯所流传的话呢?从古到今,自有人类以来,有曾听过命的声音、见过命的形体的人吗?从来没有过。

【原文】

然胡不尝考之圣王之事?古之圣王,举孝子而劝之事亲,尊贤良而劝之为善,发宪布令以教诲,明赏罚以劝沮。若此,则乱者可使治,而危者可使安矣。若以为不然,昔者桀之所乱,汤治之;纣之所乱,武王治之。此世不渝而民不改,上变政而民易教,其在汤、武则治,其在桀、纣则乱。安危治乱,在上之发政也,则岂可谓有命哉!夫曰有命云者,亦不然矣。

今夫有命者言曰：我非作之后世也，自昔三代有若言以传流矣，今故先生对之①？曰：夫有命者，不志昔也三代之圣、善人与？意亡昔三代之暴、不肖人也？何以知之？初之列士桀②大夫，慎言知③行，此上有以规谏其君长，下有以教顺其百姓。故上得其居长之赏，下得其百姓之誉。列士桀大夫，声闻不废，流传至今，而天下皆曰"其力也"，必不能曰"我见命焉"。

【注释】

①故：依孙诒让说作"胡"。对：即怼，愤恨。

②桀：通"杰"。

③知：当作"疾"。

【译文】

那么为什么不去考察圣王之事呢？古时圣王，举拔孝子而鼓励人们侍奉双亲；尊重贤良而鼓励人们多做善事，颁发宪令以教诲人民，严明赏罚以奖善止恶。这样，则可以治理混乱，使危险转为安宁。若认为不是这样，那么，从前桀搞乱了国家，汤治理好了；纣搞乱了国家，武王治理好了。这个世界不变，百姓也不变，如果君王改变了政令，百姓就容易治理了。在汤和武王时就得到了治理，在桀、纣时则变得混乱。安宁、危险、治理、混乱，原因在于君王所发布的政令，这怎能说是有"天命"呢？那些说有

"天命"的，并不是这样。

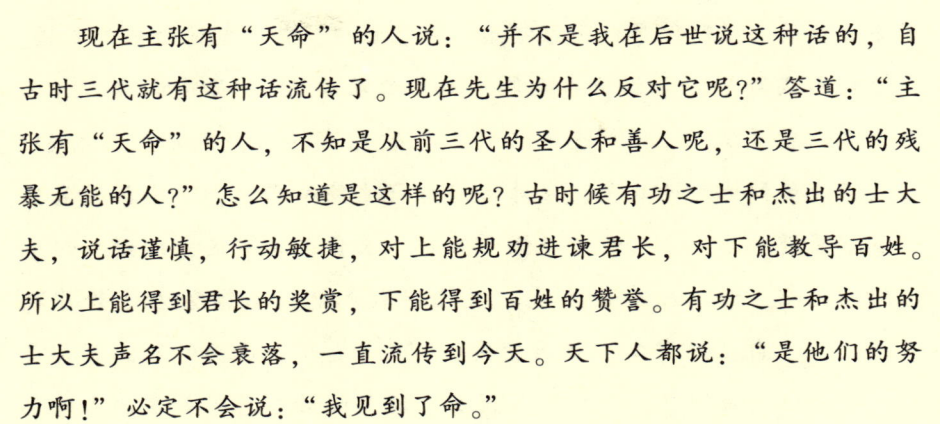

现在主张有"天命"的人说："并不是我在后世说这种话的，自古时三代就有这种话流传了。现在先生为什么反对它呢？"答道："主张有"天命"的人，不知是从前三代的圣人和善人呢，还是三代的残暴无能的人？"怎么知道是这样的呢？古时候有功之士和杰出的士大夫，说话谨慎，行动敏捷，对上能规劝进谏君长，对下能教导百姓。所以上能得到君长的奖赏，下能得到百姓的赞誉。有功之士和杰出的士大夫声名不会衰落，一直流传到今天。天下人都说："是他们的努力啊！"必定不会说："我见到了命。"

【原文】

是故昔者三代之暴王，不缪其耳目之淫，不慎其心志之辟，外之驱骋田猎毕弋①，内沉于酒乐，而不顾其国家百姓之政，繁为无用，暴逆百姓，使下不亲其上，是故国为虚厉②，身在刑僇③之中，不肯曰"我罢不肖，我为刑政不善"，必曰"我命故且亡"。虽昔也三代之穷民，亦由此也，内之不能善事其亲戚，外不能善事其君长，恶恭俭而好简易，贪饮食而惰从事，衣食之财不足，使身至有饥寒冻馁之忧，必不能曰"我罢不肖，我从事不疾"，必曰"我命固且穷"。虽昔也三代之伪民，亦犹此也，繁饰有命，以教众愚朴人久矣！

【注释】

①田猎：打猎。毕：打猎用的带柄的网。弋：用带绳子的箭射。
②虚：空虚无人。厉：后代绝灭。
③僇：通"戮"。

【译文】

所以从前三代的凶暴君王，不改正他们过多的声色享受，不谨慎他们内心的邪念，在外则驱车打猎，网兽射鸟，在内则耽于酒色，而不顾国家和百姓的政事，大量做无用的事，暴虐百姓，使下位的人不敬重上位的人。所以导致国家空虚，百姓亡种，自己也遭受杀身之祸。但他们不认为是"自己平庸无能，不善治理政事"，而是认为"自己命中本来就要灭亡"。即使是从前三代的贫穷的人，也都是这样的，对内不能好好地对待双亲，在外不能好好地侍奉君长，厌恶恭敬勤俭而喜好简慢轻率，贪于饮食而懒于劳作，衣食财物不足，以致有饥寒冻馁的忧患。但他们不认为是"自己懒散无能，不能努力地劳作"，而是认为"自己命里本来就该受穷"。即使是三代虚伪的人，也都是这样的，他们粉饰有"天命"的说法，以教唆那些愚笨朴实的人，已经由来已久了。

【原文】

圣王之患此也，故书之竹帛，琢之金石。于先王之书《仲虺之告》曰："我闻有夏人矫天命，布命于下，帝式是恶，用阙师。"此语夏王桀之执有命也，汤与仲虺共非之。先王之书《太誓》之言然，曰："纣夷之居①，而不肯事上帝、弃阙其先神而不祀也，曰：'我民有命。'毋僇其务，天不亦弃纵而不葆。"此言纣之执有命也，武王以《太誓》非之。有于三代不②国有之，曰："女毋崇天之有命也。"命三③不国亦言命之无也。于召公之《执令》亦然："且④！政哉，无天命！惟予二人，而无造言，不自降天之哉得之⑤。"在于商、夏之《诗》、《书》曰："命者，暴王作之。"

且今天下之士君子，将欲辩是非、利害之故，当天有命者，不可不疾非也。执有命者，此天下之厚害也，是故子墨子非也。

【注释】

①居：应为"虐"。
②不：疑作"百"。

③三：应为"三代"。
④且：通"徂"，往、去之意。
⑤不自降天之哉得之：此句当作"吉不降自天，自我得之。"

【译文】

圣王十分担忧这个问题，所以把它写在竹帛上，刻在金石上。在先王的书《仲虺之告》中说："我听说夏代的人诈称天命，在天上发布命令，所以天帝痛恨他，覆灭了他的军队。"这是说夏朝的君王桀主张"有天命"，汤与仲虺共同反驳他。先王的书《太誓》中也这样说，道："商纣王实行夷灭酷虐之法，不肯侍奉上帝，抛弃他的祖先，不祭祀天地神灵，却说：'我有天命！'不纠正自己的罪过，天帝也因此抛弃了他而不去保佑他。"这是说纣主张有"天命"，武王作《太誓》反驳他。在三代百国之书上也有这样的话，说："你们不要崇奉有天命。"三代百国之书也都说没有天命。召公的《执令》也是如此："去吧！要虔敬！不要相信天命。只有我俩没有说这种话，吉祥并不是上天降下的，而是我们自己努力得到的。"在商、夏时的《诗》《书》中也说："天命是凶暴的君王捏造的。"

现在天下的士人君子，想要辨明是非利害的原因，对于主张"有天命"的人，不能不强烈反对。主张"有天命"的人，是天下的大祸害，所以墨子反对他们。

【解析】

天命思想在社会生活中体现出了人们悲观无望的人生态度，其所造成的消极影响深远广大，墨子针对此现状提出"非命"，并提倡强力从事与之相辅助，其人定胜天、事在人为的自信，充分鼓舞了人民的生存斗志。

本篇首先提出，做所有的事都要符合"本""原""用"的三条标准，因此也以此来检验"天命"的说法。然后，文章逐一个加以论述。

　　作者指出，就"本"而言，上古时代，社会和百姓不改变，而汤、桀之时有治乱之别，可见，缘于统治者所采用的政令，而非得之"天命"。就"原"而言，如果有耳闻目见便可称为存在，那么，自古以来，没有人见过或听过"命"，所以天命是不存在的。同时，先王的书中也都记载是没有"天命"的。就"用"而言，从"三代之暴王"，到"三代之穷民"，再到"三代之伪民"，都不纠正自己的罪恶，反而认为一切都是命中注定的，最终招致亡国杀身之祸。所以，对于有"天命"的说法，"不可不疾非也"。

　　非命论最重要的价值在于打破儒家那套贵贱差等、贤愚贫富皆由天定的宿命观，坚信人世所有的不平等，后天皆可改变。

第二十八章　非命（下）
——执有命是天下之大害，努力奋斗掌握自己的命运

【原文】

子墨子言曰：凡出言谈，则必可①而不先立仪而言。若不先立仪而言，譬之犹运钧之上而立朝夕焉也，我以为虽有朝夕之辩②，必将终未可得而从定也，是故言有三法。

何谓三法？曰：有考之者，有原之者，有用之者。恶乎考之？考先圣大王之事；恶乎原之？察众之耳目之请③，恶乎用之？发而为政乎国，察万民而观之。此谓三法也。

【注释】

①必可：当为"必不可"。

②辩：通"辨"。

③请：通"情"，实情。

【译文】

墨子说：凡是要发表言论，不能不先树立一个标准然后再发言。如果言论没有标准，就好像把测时仪器放在转动的陶轮上。我以为虽然有早晚的区别，但这终究不能得到正确的时间，所以言论有三条标准。

哪三条标准呢？墨子说："有考察本源的，有推断原委的，有实践应用的。"怎样考察本源呢？用古代圣王的事迹来考察它；怎样推断原委呢？用众人的耳闻目见来验证它。怎样把言语付诸实践呢？将

其运用到治理政务中，并且观察百姓的反应来评论它。这就是言论的三条标准。

【原文】

故昔者三代圣王禹、汤、文、武，方为政乎天下之时，曰："必务举孝子而劝之事亲，尊贤良之人而教之为善。"是故出政施教，赏善罚暴。且以为若此，则天下之乱也，将属可得而治也；社稷之危也，将属可得而定也。若以为不然，昔桀之所乱，汤治之；纣之所乱，武王治之。当此之时，世不渝而民不易，上变政而民改俗。存乎桀、纣而天下乱，存乎汤、武而天下治。天下之治也，汤、武之力也；天下之乱也，桀、纣之罪也。若以此观之，夫安危治乱，存乎上之为政也，则夫岂可谓有命哉！故昔者禹、汤、文、武，方为政乎天下之时，曰："必使饥者得食，寒者得衣，劳者得息，乱者得治。"遂得光誉令问于天下。夫岂可以为命哉！故①以为其力也。今贤良之人，尊贤而好功②道术，故上得其王公大人之赏，下得其万民之誉，遂得光誉令问于天下。亦岂以为其命哉！又以为力也。

【注释】

① 故：通"固"。

② 功：通"攻"。

【译文】

所以古时候三代的圣王禹、汤、文、武，刚开始治理天下政事时，说："必举拔孝子而鼓励人们侍奉双亲，尊重贤良而教导人们多做善事。"所以公布政令实施教化，奖赏善良惩罚凶暴。认为这样去做，混乱的天下，将可以得到治理；危险的社稷，将可以得到安宁。如果认为不是这样，那么看看古时候桀时的混乱，汤把它治理好了；纣时的混乱，武王把它治理好了。那个时候，世界没有改变，百姓也没有变化，只是君王改变了政令，人民就改变了风俗。在桀、纣治理则天下混乱，在汤、武治理则天下大治。因此天下得到治理是汤、武的功劳；天下的混乱是桀、纣的罪过。以此来看，所谓安、危、治理、混乱，在于君上的施政。那么怎么可以说是有"天命"呢？所以古时禹、汤、文、武刚开始在天下执政时，说："必须使饥饿的人能吃上饭，让寒冷的人能穿上衣服，让劳作的人能够休息，让混乱得到治理。"这样他们获得了天下人的赞誉和好评。怎能认为是有"天命"呢？本来就是由于他们自身的努力啊！现在贤良的人，尊重贤人而喜好治国的道理方法，所以在上面得到王公大臣的奖赏，在下面得到万民的称誉，这就得到天下人的称誉与好评。怎能认为是"天命"呢？这也是由于他们自身的努力啊！

【原文】

然今夫有命者，不识昔也三代之圣善人与？意亡昔三代之暴不肖人与？若以说观之，则必非昔三代圣善人也，必暴不肖人也。

然今以命为有者。昔三代暴王桀、纣、幽、厉，贵为天子，富有天下，于此乎不而①矫其耳目之欲，而从其心意之辟②，外之驱骋田猎毕弋，内湛于酒乐，而不顾其国家百姓之政，繁为无用，暴逆百姓，遂失其宗庙。其言不曰"我罢不肖，吾听治不强"，必曰"吾命固将失之"。虽昔也三代罢不肖之民，亦犹此也。不能善事亲戚、君长，甚恶恭俭而好简易，贪饮食而惰从事，衣食之财不足，是以身有陷乎饥寒冻馁之忧，其言不曰"吾罢不肖，吾从事不强"，又曰"吾命固将穷"。昔三代伪民，亦犹此也。

【注释】

①不而：当为"而不"。
②心意：当为"心志"。辟：通"癖"。

【译文】

然而今天主张有天命的人，不知是根据从前三代的圣人善人呢，还是根据从前三代的凶暴无能的人呢？如从他们的言论来看，则必定不是从前三代的圣人、善人，一定是凶暴无能的人。

然而今天以为有天命的人，不妨看看从前三代的凶暴君王桀、纣、幽、厉，贵为天子，富有天下，如果那时不改正他们过多的声色享受，不谨慎他们内心的邪念，在外则驱车打猎，网兽射鸟，在内则耽于酒色，而不顾国家和百姓的政事，做许多无用的事，暴虐地对待百姓，就失去了他的国家。但他们不认为是"自己平庸无能，不善治理政事"，而是认为"自己命中本来就要灭亡"。即使从前三代的贫穷人，也都是这样的：在内不能好好地对待双亲，在外不能好好地侍奉君长，恶恭敬勤俭而喜好简慢轻率，贪于饮食而懒于劳作，衣食财物不足，导致有饥寒冻馁的忧患。但他们不认为是"自己懒散无能，不能努力地劳作"，而是认为"自己命里本来就该受穷"。即使三代虚伪的人，也都是这样的。

【原文】

昔者暴王作之，穷人术①之，此皆疑众迟朴②。先圣王之患之也，固在前矣，是以书之竹帛，镂之金石，琢之盘盂，传遗后世子孙。曰："何书焉存？"禹之《总德》有之曰："允不著惟天③，民不而葆。既防凶星④，天加之咎。不慎厥德，天命焉葆？"《仲虺之告》曰："我闻有夏人矫天命于下，帝式是增⑤，用爽⑥厥师。"彼用无为有，故谓矫；若有而谓有，夫岂为矫哉！昔者桀执有命而行，汤为《仲虺之告》以非之。《太誓》之言也，于去发⑦曰："恶乎君子！天有显德，其行甚章。为鉴不远，在彼殷王。谓人有命，谓敬不可行，谓祭无益，谓暴无伤。上帝不常，九有以亡；上帝不顺，祝降其丧。惟我有周，受之大帝⑧。"昔纣执有命而行，武王为《太誓》去发以非之。曰：子胡不尚考之乎商、周、虞、夏之记？从十简之篇以尚，皆无之。将何若者也？

【注释】

① 术：通"述"。
② 朴：百姓。
③ 允：诚信。著：显著，表明。惟：于。
④ 防：通"放"，放纵。星：当为"心"。
⑤ 增：当为"憎"。
⑥ 爽：伤，败。
⑦ 于去发：当为"太子发"。
⑧ 帝：当作"商"。

【译文】

古时的暴君编造了这些话，穷人复述这些话，这些都是迷惑民众、愚弄百姓的人。先代圣王早就对此深感忧虑，所以写在竹帛上，刻在金石上，雕在盘盂上，流传后世子孙，说：哪些书有这些话？禹时

《总德》上有，说："诚意不能传达给天帝，天帝就不会保佑下民。既然放纵自己的凶恶之心，天帝将会惩罚的。不谨慎而丧失了德行，天命怎会保佑呢？"《仲虺之告》中说："我听说夏人假造天命颁布于世，天帝痛恨他，因此覆灭了他的军队。"他无中生有，所以叫假造；假如本来就有而说有，怎么是假造呢？从前桀主张有天命而行事，汤作《仲虺之告》以批驳他。《太誓》中太子发说："君子啊！天有大德，其行为是光明磊落的。可以借鉴的教学方法相去甚远，殷纣王就是。他说人有天命，不必敬奉上天，祭祀也得不到好处，认为凶暴也没有害处。天帝因此不保佑他，九州因此而亡灭。上帝不保佑他，因此给他降下灭亡的灾难。只有我周朝，接受了商的天下。"从前纣主张有天命而行事，武王作《太誓》去反驳他。说："你为什么不向上考察商、周、虞、夏的记载，从十简的书卷里查找，以上都没有天命的记载，那将怎么办呢？"

【原文】

是故子墨子曰：今天下之君子之为文学、出言谈也，非将勤劳其惟舌①，而利其唇吻也，中实将欲其国家邑里万民刑政者也。今也王公大人之所以蚤朝晏退，听狱治政，终朝均分而不敢怠倦者，何也？曰：彼以为强必治，不强必乱；强必宁，不强必危，故不敢怠倦。今也卿大夫之所以竭股肱之力，殚其思虑之知，内治官府，外敛关市、山林、泽梁之利，以实官府而不敢怠倦者，何也？曰：彼以为强必贵，不强必贱；强必荣，不强必辱。故不敢怠倦。今也农夫之所以蚤出暮入，强乎耕稼树艺，多聚菽粟而不敢怠倦者，何也？曰：彼以为强必富，不强必贫；强必饱，不强必饥。故不敢怠倦。今也妇人之所以夙兴夜寐，强乎纺绩织纴，多治麻统②葛绪，捆布縿，而不敢怠倦者，何也？曰：彼以为强必富，不强必贫；强必暖，不强必寒。故不敢怠倦。

【注释】

①惟舌：当为"喉舌"。

②统（liú）：当为"丝"。

【译文】

所以墨子说："现在天下君子写文章、发表谈话，并不是想要使其喉舌勤劳，使其嘴唇利索，内心实在是想为了国家、邑里、百姓的刑法政务。"现在的王公大臣之所以要早上朝、晚退朝，听狱治政，整日分配职事而不敢倦怠，是为什么呢？答道：他认为努力必能把国家治理好，不努力国家就要混乱；努力必能使国家安宁，不努力国家就要危险，所以不敢倦怠。现在的卿大夫之所以用尽全身的力气，竭尽全部智慧，于内治理官府，于外征收关市、山林、泽梁的税赋以充实官府，而不敢倦怠，是为什么呢？答道：他以为努力必能富贵，不努力就会贫贱；努力必能带来荣耀，不努力就会招致屈辱，所以不敢倦怠。现在的农夫之所以早出晚归，努力从事耕种、植树、种菜的工作，多聚豆子和小米，而不敢倦怠，为什么呢？答道：他以为努力必能富裕，不努力就会贫穷；努力必能吃饱，不努力就要挨饿，所以不敢倦怠。现在的妇人之所以早起夜睡，努力纺纱、绩麻、织布，多多料理麻、丝、葛、苎麻，而不敢倦怠，为什么呢？答道：她以为努力必能富裕，不努力就会贫穷；努力必能穿暖，不努力就会挨冻，所以不敢倦怠。

【原文】

今虽毋在乎王公大人，蒉若①信有命而致行之，则必怠乎听狱治政矣，卿大夫必怠乎治官府矣，农夫必怠乎耕稼树艺矣，妇人必怠乎纺绩织纴矣。王公大人怠乎听狱治政，卿大夫怠乎治官府，则我以为天下必乱矣；农夫怠乎耕稼树艺，妇人怠乎纺绩织纴，则我以为天下衣食之财，将必不足矣。若以为政乎天下，上以事天鬼，天鬼不使②，下以持养百姓，百姓不利，必离散，不可得用也。是以入守则不固，出诛则不胜。故虽昔者三代暴王桀、纣、幽、厉之所以共抎其国家③，倾覆其社稷者，此也。

是故子墨子言曰：今天下之士君子，中实将欲求兴天下之利、除天下之害，当若有命者之言，不可不强非也。曰：命者，暴王所作，穷人所术，非仁者之言也。今之为仁义者，将不可不察而强非者，此也。

【注释】

①藉若：当为"藉若"，如果。

②使：当为"从"。

③共：当为"失"。抎：抛弃，坠落。

【译文】

现在的王公大臣若确信有天命，并如此去做，则必懒于听狱治政，卿大夫必懒于治理官府，农夫必懒于耕田、植树、种菜，妇人必懒于纺纱、绩麻、织布。王公大人懒于听狱治政，卿大夫懒于治理官府，那么我认为天下一定会混乱；农夫懒于耕田、植树、种菜，妇人懒于纺纱、绩麻、织布，那么我认为天下衣食财物一定会不足。如果以此来治理天下，向上侍奉天帝、鬼神，天帝、鬼神必不依从；对下以此来养育百姓，百姓没有得到利益，必定要离开，不为所用。这样对内守国则不牢固，出去杀敌则不能取胜。所以从前三代暴君如桀、纣、幽、厉之所以丧失国家、社稷倾覆，原因就是这个啊。

所以墨子说："现在天下的士人君子，内心确实希望为天下谋利，为天下除害，对于有天命的说法，就不能不努力批驳它。"说："天命，是暴君所捏造、穷人所传播的，不是仁人的话。今天行仁义之道的人，将不可不仔细辨别而极力反对它，就是这个原因啊。"

【解析】

　　此篇主要通过列举三代圣王和三代暴王之所为，来批驳有"天命"的说法。

　　首先，文中指出，三代圣王禹、汤、文、武在治理天下的时候，"举孝子而劝之事亲，尊贤良之人而教之为善"，实行"赏善罚暴"的政令，所以天下得到治理。而三代暴王桀、纣、幽、厉，在治理天下的时候，"不矫其耳目之欲，而从其心意之辟"，沉迷于畋猎酒色，所做的都是满足自己的享乐而不利于百姓的事情，所以天下混乱，百姓困苦。以此来看，社会和百姓都没有发生变化，却有治乱之别，正在于他们所施行的政令的差别，是主观作为的不同，而不是命中注定。

　　其次，文中再次强调，如果认为有"天命"的存在，主观的努力不能有任何的改变，那么王公大人就会懈怠于政务，农夫就会懈怠于耕作，妇女就会懈怠于纺织，这样，国家就会混乱，百姓就会挨饿受冻，所以对"天命"必须加以强烈批驳。

　　最后，墨子为兴天下之利，除天下之害，针锋相对地提出了非命论，并主张强力从事的积极态度，以代替听天由命的消极人生观。墨子的非命论充分肯定了人的主观能动性，上自王公大臣卿大夫，下自村野农夫妇人，皆可通过自身努力改变现状，若一味信奉有命论，则民无温饱、天下大乱。

　　总之，墨子认为"执有命是天下之大害"，主张人应该通过努力奋斗掌握自己的命运。

第二十九章 非儒（下）
——满口仁义道德，不如日行一善

【原文】

儒者曰："亲亲有术①，尊贤有等。"言亲疏尊卑之异也。其《礼》曰：丧父母三年；妻、后子三年；伯父、叔父、弟兄、庶子其②；戚族人，五月。若以亲疏为岁月之数，则亲者多而疏者少矣，是妻、后子与父同也。若以尊卑为岁月数，则是尊其妻、子与父母同，而亲伯父、宗兄而卑子也③。逆孰大焉？其亲死，列尸弗敛，登堂窥井，挑鼠穴，探涤器，而求其人④矣，以为实在，则赣愚甚矣；如其亡也必求焉，伪亦大矣！

【注释】

①术：即"杀"，差别。

②其：通"期"，一年。

③亲：当作"视"。卑子：庶子。

④求其人：指招魂。

【译文】

儒家中的人说："爱亲人应有差别，尊敬贤人也有差别。"这是说亲疏、尊卑是有区别的。但他们的《礼》中却说：服丧，为父母要服丧三年，为妻子和长子要服丧三年；为伯父、叔父、弟兄、庶子服丧一年；为亲戚族人服丧五个月。如果以亲、疏来决定服丧时间的长短，则亲的多而疏的少，那么，妻子、长子与父亲相同。如果以尊卑来决定服丧时间的长短，那么就是把妻子、儿子看作与父母一样尊贵，而把伯父、宗兄和庶子看成是一样的。还有如此大逆不道的吗？他们的父母去世了，陈列起尸体而不入殓，要先上屋顶、看水井、掏鼠穴、探看涤器，而为死人招魂。如果认为灵魂确实是存在的，那就愚蠢极了；如果知道是没有的，还一定要找，那也实在是太虚伪了。

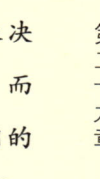

【原文】

取妻身迎，祗禵①为仆，秉辔授绥，如仰严亲；昏礼威仪，如承祭祀。颠覆上下，悖逆父母，下则②妻、子，妻、子上侵事亲。若此，可谓孝乎？儒者③："迎妻，妻之奉祭祀；子将守宗庙，故重之。"应之曰：此诬言也！其宗兄守其先宗庙数十年，死，丧之其；兄弟之妻奉其先之祭祀，弗散④；则丧妻子三年，必非以守、奉祭祀也。夫忧妻子以大负累⑤，有曰："所以重亲也。"为欲厚所至私，轻所至重，岂非大奸也哉！

有强执有命以说议曰："寿夭贫富，安危治乱，固有天命，不可损益。穷达、赏罚、幸否有极，人之知力，不能为焉！"群吏信之，则怠于分职；庶人信之，则怠于从事。吏不治则乱，农事缓则贫，贫且乱，政之本⑥，而儒者以为道教，是贼天下之人者也。

【注释】

① 祗：敬。禵：同"端"，端正。
② 则：当为"列"。
③ 儒者：当为"儒者曰"。
④ 散：当为"服"。
⑤ 忧：通"优"。大负累：指将其附上之期延为三年。

⑥ "政之本"：前疑脱一"倍"字，通"背"。

【译文】

男子娶妻，要亲自去迎接，态度恭敬端正，像仆人似的牵着马，手里拿着缰绳，把引绳递给新妇，就好像敬奉父亲一样；婚礼的仪式隆重，就像虔诚地祭祀一样。这样颠倒上下尊卑，悖逆父母，把父母下降到与妻子、长子同位，把妻子、长子抬高到父母的地位，如此侍奉父母，能叫作孝顺吗？儒家的人说："这样迎娶妻子，是因为妻子要供奉祭祀，儿子要守宗庙，所以敬重他们。"答道："这是谎话！他的宗兄守他先人宗庙几十年，死了，为他服一年丧；兄弟的妻子供奉他祖先的祭祀，却不为她们服丧，那么为妻子、长子服三年丧，一定不是他们守奉祭祀的原因。"优待妻子、长子而丧服三年，还要说"这是为了尊重父母"，这是想厚待所偏爱的人，轻视重要的人，难道不是太狡诈了吗？

顽固地坚持有天命的人又辩说道："长寿、夭折、贫富、安定危、治理混乱，本来就有天命，不能减损和增加。穷困、顺达、奖赏、惩罚，幸运、倒霉都有定数，人的知识和力量是无法改变的。"一旦官吏相信了这些话，则对分内的职责懈怠；普通人一旦相信了这些话，则对劳作懈怠。官吏不治理政务，社会就要混乱，农事懈怠就要变得贫困。既贫困又混乱，则违背了治政的本来目的，而儒家的人却把它当作教化之道，这是残害天下的人啊！

【原文】

且夫繁饰礼乐以淫人，久丧伪哀以谩①亲，立命缓贫而高浩居②，倍本弃事而安怠傲，贪于饮食，惰于作务，陷于饥寒，危于冻馁，无以违之。是若人气③，鼷鼠④藏，而羝羊视，贲彘起。君子笑之，怒曰："散人⑤焉知良儒！"夫夏乞麦禾，五谷既收，大丧是随，子姓皆从，得厌饮食。毕治数丧，足以至矣。因人之家翠以为，恃人之野以为尊⑥，富人有丧，乃大说喜，曰："此衣食之端也！"

儒者曰："君子必服古言⑦，然后仁。"应之曰：所谓古之言服者，皆尝新矣，而古人言之服之，则非君子也？然则必服非君子之服，言非君子之言，而后仁乎？

【注释】

①谩：欺骗。

②浩居：通"傲倨"。

③人气：当作"乞人"。

④鼸（jiān）鼠：田鼠。

⑤散人：庸人，闲散之人。

⑥本句当作"因人之家以为尊，恃人之野以为翠"。翠：即"膵"，肥。

⑦服古言：当作"古言服"。

【译文】

况且用繁杂的礼乐去迷乱人，用长期服丧假装哀伤以欺骗死去的双亲，设立出有天命的说法，安于贫困且态度傲倨，背离根本而放弃正事安于懈怠，贪于饮食，懒于劳作，陷于饥饿寒冷的境地，有冻死的危险，没法摆脱。就像乞

丐一样乞求温饱，像田鼠一样偷藏食物，像公羊一样贪婪地盯着食物，像野猪一样跃起吃食。君子嘲笑他们，他们就发怒说："你们这些庸人怎能理解良儒呢！"夏天乞食麦子和稻子，五谷收齐了，跟着就有人大办丧事。子孙都跟着去，吃饱喝足。办完了几次丧事，就足够了。倚仗人家家丧而尊贵，倚仗人家田野的收入而富足。富人有丧事，就非常欢喜，说："这是衣食的来源啊！"

儒家的人说："君子必须说古话、穿古衣，才能成为仁人。"答道：所谓古话、古衣，都曾经在当时是新的。而古人说它、穿它，就不是君子吗？那么则必须穿不是君子的衣服，说不是君子说的话，而后才能成为仁人吗？

【原文】

又曰："君子循而不作。"应之曰：古者羿作弓，伃作甲，奚仲作车，巧垂作舟；然则今之鲍、函①、车、匠，皆君子也，而羿、伃、奚仲、巧垂，皆小人邪？且其所循，人必或作之；然则其所循，皆小人道也。

又曰："君子胜不逐奔，掩函②弗射，施则助之胥车。"应之曰："若皆仁人也，则无说而相与③；仁人以其取舍、是非之理相告，无故从有故也，弗知从有知也，无辞必服，见善必迁，何故相？若两暴交争，其胜者欲不逐奔，掩函弗射，施则助之胥车，虽尽能，犹且不得为君子也，意暴残之国也。圣将为世除害，兴师诛罚，胜将因用儒术令士卒曰：'毋逐奔，掩函勿射，施则助之胥车。'暴乱之人也得活，天下害不除，是为群④残父母而深贱世也，不义莫大焉！"

【注释】

① 鲍：皮革匠。函：制铠匠。
② 掩：被困，陷落。函：陷阱。

③与：敌对。

④群：大。

【译文】

又说："君子只遵循前人做的而不创新。"回答说："古时后羿制造了弓，季仔制造了甲，奚仲制作了车，巧垂制作了船。既然如此，那么今天的皮革匠、甲工、车工、木匠都是君子，而后羿、季仔、奚仲、巧垂都是小人吗？并且，凡是所遵循的事情，必定有人开始去做，那么君子所遵循的就都是小人之道了？"

儒家的人又说："君子打了胜仗不追赶逃兵，不去射杀被围困的敌人，敌车陷了车轮还帮助他推车。"回答说："如果双方都是仁人，那么就不会有相敌的理由了。仁人以他取舍是非之理相告，没道理的服从有道理的，无知的服从有知的。说不出理由的必定折服，看到好的必定依从，这怎么还会相互敌对呢？如果是两方暴虐的人相互争斗，战胜的不追赶逃敌，不去射被围困的敌人，敌人陷了车还帮助推车，即使这些都做了，也不能算做君子。还是遭受残暴统治的国家，圣王要为世人除害，兴师诛伐之，战胜了就用儒家的方法下令士卒说：'不要追赶逃敌，拉弓不射，敌车陷了帮助推车。'于是暴乱之人得到活命，天下的祸害未除，这种作为大大地残害父母，并且深深地残害世人。没有比这更大的不仁义了！"

【原文】

又曰："君子若钟，击之则鸣，弗击不鸣。"应之曰："夫仁人，事上竭忠，事亲得孝，务善则美①，有过则谏，此为人臣之道也。今击之则鸣，弗击不鸣，隐知豫力，恬②漠待问而后对，虽有君、亲之大利，弗问不言；若将有大寇乱，盗贼将作，若机辟③将发也，他人不知，己独知之，虽其君、亲皆在，不问不言，是夫大乱之贼也。以是为人臣不忠，为子不孝，事兄不弟，交遇人不贞良。夫执后不言之朝，物见利使己，虽恐后言；君若言而未有利焉，则高拱下视，会噎④为深，曰：'唯其未之学也。'用谁急，遗行远矣。"

夫一道术学业仁义者，皆大以治人，小以任官，远施周偏，近以修身，不义不处，非理不行，务兴天下之利，曲直周旋，利则止，此君子之道也。以所闻孔某⑤之行，则本与此相反谬也！

【注释】

①事亲得孝，务善则美：当为"事亲务孝，得善则美"。

②恬：安。

③机辟：机关，机括。

④会噎：被饭噎住。不言之意。

⑤孔某：指孔子。

【译文】

又说："君子像钟一样，敲了就响，不敲就不响。"回答说："仁人在事上尽忠，事亲尽孝，有善就称美，有过就谏阻，这才是做人臣的道理。现在若敲他才响，不敲不响，隐藏智谋懒于用力，安静冷淡地等待君主、父母发问然后才回答，即使对君主、父母有大利，不问也不说。如果将发生大寇乱，盗贼将兴，就像机关一触即发，别人不知这事，唯独自己知道，即使君主、父母都在，不问也不说，这实际是大乱之贼。以这种态度做人臣就不忠，做儿子就不孝，做事兄就不恭顺，待人就不忠贞善良。遇事持后退不言的态度，到朝廷上看到对自己有利的东西，唯恐说得比别人晚。君上如果说了于己无利的事，就高拱两手，往下低头看，像被饭噎住一样，说：'我未曾学过。'虽然急于用他，而他却远远地躲开了。"

凡道术学业都统一于仁义，都是在大处说可以治理百姓，小处说可以任命为官，从远处说可以遍施于天下，从近处说可以修养身心。

不符合道义的地方就不停留，不符合常理的就不做，务求兴天下之利，不管何种举措，没有利的就停止，这才是君子之道。而我所听说的孔子的行为，则在根本上与此相反。

【原文】

齐景公问晏子曰："孔子为人何如？"晏子不对。公又复问，不对。景公曰："以孔某语寡人者众矣，俱以贤人也。今寡人问之，而子不对，何也？"晏子对曰："婴不肖，不足以知贤人。虽然，婴闻所谓贤人者，入人之国，必务合其君臣之亲，而弭其上下之怨。孔某之荆，知白公之谋，而奉之以石乞，君身几灭，而白公僇①。婴闻贤人得上不虚，得下不危，言听于君必利人，教行下必于上②，是以言明而易知也，行明而易从也。行义可明乎民，谋虑可通乎君臣。今孔某深虑同③谋以奉贼，劳思尽知以行邪，劝下乱上，教臣杀君，非贤人之行也。入人之国，而与人之贼，非义之类也。知人不忠，趣之为乱，非仁义之也④。逃人而后谋，避人而后言，行义不可明于民，谋虑不可通于君臣，婴不知孔某之有异于白公也，是以不对。"景公曰："呜乎！贶寡人者众矣，非夫子，则吾终身不知孔某之与白公同也。"

【注释】

①僇：通"戮"。
②教行下必于上：当作"教行于下必利上"。
③同：疑为"周"字之误。
④非仁义之也：应作"非仁义之类也"。

【译文】

齐景公问晏子说："孔子为人怎样？"晏子没有回答。齐景公又问一次，还是没有回答。景公说："对我说起孔子的人很多，都以为他是贤人。今天我问你，你总是不回答，为什么啊？"晏子答道："晏婴不才，不足以认识贤人。虽然如此，但晏婴听说的所谓贤人，进了别国，必要和合君臣的感情，平息上下的怨恨。孔子到了楚国，已经知道了白公的阴谋，却把石乞交给他。国君几乎身亡，而白公也被杀了。晏婴听说贤人得到上面的任用，不会徒得虚名；拥有下面的民心，而不会去作乱。对君王说话必然是对百姓有利，教导下民必然对君上有利。所以言论明确而且容易知晓，行义可让民众知道，考虑计策可让国君知道。今孔子精心计划去奉承叛贼，竭尽心智以做不正当的事，鼓动下面的人反抗上面，教导臣子杀国君，这不是贤人的行为啊；进入别国，而与叛贼结交，不符合道义；知道别人不忠，反而促成他叛乱，这不是仁义的行为。避在别人背后策划，避在别人背后说话，行义不让民众知晓，谋划不让君主知晓，我不知道孔子的行为和白公有何不同之处，所以没有回答。"景公说："哎呀！向我进言的人很多，如果不是您，我就终身都不知道孔子和白公是一样的啊！"

【原文】

孔某之齐见景公，景公说，欲封之以尼溪，以告晏子。晏子曰："不可！夫儒，浩居而自顺者也，不可以教下；好乐而淫人，不可使亲治；立命而怠事，不可使守职；宗丧循哀①，不可使慈民；机服②勉容，不可使导众。孔某盛容修饰以蛊世，弦歌鼓舞以聚徒，繁登降之礼以示仪，务趋翔之节以观众；博学不可使议世，劳思不可以补民；累寿不能尽其学，当年③不能行其礼，积财不能赡其乐。繁饰邪术，以营世君；盛为声乐，以淫遇④民。其道不可以期⑤世，其学不可以导众。今君封之，以利齐俗，非所以导国先众。"公曰："善。"于是厚其礼，留其封，敬见而不问其道。孔某乃恚，怒于景公与晏子，乃树鸱夷子皮⑥于田常之门，告南郭惠子以所欲为。归于鲁，有顷，间齐将伐鲁，告子贡曰："赐乎！举大事于今之时矣！"乃遣子贡之齐，因南郭惠子以见田常，劝之伐吴，以教高、国、鲍、晏，使毋得害田常之乱。劝越伐吴，三年之内，齐、吴破国之难，伏尸以言术数⑦，孔某之诛也。

【注释】

①宗：当作"崇"。循：当作"遂"。

②机服：当为"异服"。

③当年：壮年。

④遇：通"愚"。

⑤期：当作"示"。

⑥鸱夷子皮：即范蠡。

⑦言：为"意"字之误，即"亿"。术：通"率"。

【译文】

孔子到齐国拜见景公，景公很高兴，想把尼溪封给他，把这个想法告诉晏子。晏子说："不行。儒家的人十分傲慢而且自以为是，不可以教导下民；喜欢音乐而使人倦于政务，不可以让他们亲自治民；主张有天命而懒于做事，不可以让他们任官；崇办丧事哀伤不止，不可以使他们热爱百姓；穿着

异服而做出庄敬的表情，不可以使他们引导众人。孔子注重修饰外表以惑乱世人，用音乐舞蹈以召集弟子，把登降的礼节变得反复以显示礼仪，努力从事趋走、周旋的礼节让众人观看。学问虽多却不可以议论世事，劳苦思虑而对民众没什么好处，几辈子也学不完他们的学问，壮年人也无法奉行他们繁多的礼节，累积财产也不够他们享乐。多方装饰他们的邪说，来迷惑当世的国君；大肆设置音乐，来惑乱愚笨的民众。他们的道术不可公布于世，他们的学问不可以教导民众。现在君上要封孔子希望对齐国风俗有利，但这不是无法正确地引导国家和民众。"景公说："说得好！"于是只赠孔子厚礼，而不给封地，恭敬地接见他而不问他治国之道术。孔子于是对景公和晏子很怨愤，于是把范蠡推荐给田常，把自己想要做的一切告诉南郭惠子。孔子回到鲁国，过了一段时间，齐国准备讨伐鲁国，告诉子贡说："赐，现在是举大事的时候了！"于是派子贡到齐国，通过南郭惠子见到田常，劝他伐吴；又叫高、国、鲍、晏四姓不要妨碍田常叛乱；又劝越国伐吴国。三年之内，齐国和吴国都遭灭国之灾，死伤无数，这些人都是孔子杀的呀。

【原文】

孔某为鲁司寇，舍公家而奉季孙。季孙相鲁君而走，季孙与邑人争门关，决植①。孔某穷于蔡、陈之间，藜羹不糁②。十日，子路为享豚，孔某不问肉之所由来而食；号③人衣以酤酒，孔某不问酒之所由来而饮。哀公迎孔子，席不端弗坐，割不正弗食。子路进请曰："何其与陈、蔡反也？"孔某曰："来，吾语女：曩与女为苟④生，今与女为苟义。"夫饥约，则不辞妄取以活身；赢饱，则伪行以自饰。污邪诈伪，孰大于此？

孔某与其门弟子闲坐，曰："夫舜见瞽叟孰然⑤，此时天下圾⑥乎？

周公旦非其人⑦也邪？何为舍亓⑧家室而托寓也？"孔某所行，心术所至也。其徒属弟子皆效孔某：子贡、季路，辅孔悝乱乎卫，阳货乱乎齐，佛肸⑨以中牟叛，漆雕刑残，莫大焉！夫为弟子后生，其师必修其言，法其行，力不足、知弗及而后已。今孔某之行如此，儒士则可以疑矣！

【注释】

①决：通"抉"，撬开。植：关门的直木。

②糂（sǎn）：把米掺入羹中；饭粒。

③号：当为"褫（chǐ）"，剥夺。

④苟：当为"亟"，急。

⑤孰然：当为"蹴然"，吃惊不安。

⑥圾：通"岌"，危险。

⑦非其人：当为"其非人"。人：通"仁"。

⑧亓：通"其"。

⑨肸（xī）：散布、传播。

【译文】

孔某人做了鲁国的司寇，放弃公家利益而去侍奉季孙氏。季孙氏身为鲁君之相而逃亡，因为季孙氏和城中的人争抢门栓，孔子撬断门栓，放季孙氏逃走。孔子被困在陈、蔡之间，用藜叶做的羹中不见米粒。第十天，子路蒸了一只小猪，孔子不问肉的来源就吃了；又剥下别人的衣服去买酒，孔子也不问酒的来源就喝。后来鲁哀公迎接孔子，席摆得不正他不坐，肉割得不正他也不吃。子路进来请示说："您为何与在陈、蔡时的表现相反呢？"孔子说："来！我告诉你：当时我和你急于求生，现在我和你急于求义。"在饥饿困顿时就不惜妄取以求生，饱食有余时就用虚伪的行为来粉饰自己。污邪诈伪之行，还有比这更大的吗？

孔子和他的弟子闲坐，说："舜见了瞽叟就局促不安。这时天下真危险呀！周公旦不是仁义之人吧，否则为何舍弃他的家室而寄居在外呢？"孔子所为，都出于他的心术。他的弟子都效法他：子贡、季路辅佐孔悝在卫国作乱；阳货在齐国作乱；佛肸在中牟反叛；漆雕刑杀残暴，罪过没有比这更大的了。凡是弟子对于老师，必定学习他的言语，效法他的行为，直到力量不足、智力不及时才作罢。现在孔某的行为就已如此，那么一般的儒士就更值得怀疑了。

【解析】

《非儒》上、中皆佚，此篇主要是对以孔子为代表的儒家的礼义思想的批评和责难。文章首先非难儒家的婚丧礼节，认为是"厚所至私，轻所至重"，实则反对"亲有差"；然后还非难了各种繁文缛节，认为都是表面上遵循仁义，实则是谋利害世的行为；又指责儒家的礼乐与政事、生产皆无益，还通过晏婴等之口，讽刺孔子与君与民都是口头上讲仁义，实际上鼓励叛乱，惑乱人民；最后又以孔子的四件事例来说明儒者实是"饥约，则不辞妄取以活身；赢饱，则伪行以自饰"，从根本上否定了儒者。

本篇反映了儒、墨两家在思想认识上的激烈斗争。儒、墨是先秦诸子中最重要的两大学派，其学说观点互有冲突，但各有可取之处，也各有弊端和片面性。墨子在此篇中，对儒家的一些弊端的批评是切合实际的，如儒家的各种繁文缛节等，但认为儒家处世恬漠，是不符合实际情况的，文中所列举的关于孔子的一些传闻，也不尽合于史实。

第三十章　大取
——兼爱天下，尽利苍生

【原文】

天之爱人也，薄①于圣人之爱人也；其利人也，厚于圣人之利人也。大人之爱小人也，薄于小人之爱大人也；其利小人也，厚于小人之利大人也。以臧为其亲也②，而爱之，非爱其亲也；以臧为其亲也，而利之，非利其亲也。以乐为爱其子，而为其子欲之，爱其子也。以乐为利其子，而为其子求之，非利其子也。

于所体③之中，而权轻重之谓权。权，非为是也，非非为非也④。权，正也。断指以存腕，利之中取大，害之中取小也。害之中取小也，非取害也，取利也。其所取者，人之所执也。遇盗人，而断指以免身，利也；其遇盗人，害也。断指与断腕，利于天下相若，无择也。死生利若，一⑤无择也。杀一人以存天下，非杀一人以利天下也；杀己以存天下，是杀己以利天下。于事为之中而权轻重之谓求。求为之，非也。害之中取小，求为义，非为义也。

【注释】

①薄："溥"字之误。溥：大。
②臧：葬。此处指厚葬。
③体：事体。

④非非为非也：当为"非为非也"。
⑤一：当为"非"。

【译文】

上天爱人，比圣人爱人要深厚；上天施利给人，比圣人施利给人要厚重。君子爱小人，胜过小人爱君子；君子施利给小人，胜过小人施利给君子。认为厚葬是爱父母亲的表现，因而喜欢厚葬，这其实并不是真的爱父母亲；认为厚葬对父母亲有利，因而以厚葬为利，这并非是真的有利于父母亲。认为教儿子欣赏音乐是爱儿子的表现，因而到处为儿子寻求音乐，认为这是爱儿子。认为教给儿子音乐有利于儿子，因而到处为儿子寻求音乐，这并非有利于儿子。

在所做的事体中，衡量它的轻重叫作"权"。权，并不是一定对的，也不一定就是错的。权，就是讲究公正。砍断手指以保存手腕，那是在利中选取大的，在害中选取小的。在害中选取小的，并不是取害，而是取利。他所选取的，正是别人抓着的。遇上强盗，砍断手指以免招致杀身之祸，这是利；遇上强盗，这是害。砍断手指和砍断手腕，对于天下的利益来说是相似的，那就没有选择。就是生与死，只要有利于天下，也都没有选择。杀一个人以保存天下，并不是杀一个人以利天下；杀死自己以保存天下，这是杀死自己以利天下。在做事中衡量轻重叫作"求"。只注重通过"求"来行事，是不对的。在害中选取小的，追求合乎道义的部分，这并非真正的施行道义。

【原文】

为暴人语天之为是也而①性，为暴人歌②天之为非也。诸陈执既有所为，而我为之陈执；执之所为，因吾所为也。若陈执未有所为，而我为之陈执，陈执因吾所为也。暴人为我为天之，以人非为是也，而性不可正而正之。

利之中取大，非不得已也。害之中取小，不得已也。所未有而取焉，是利之中取大也。于所既有而弃焉，是害之中取小也。

【注释】

①而：同"尔"，你。

②歌：当作"语"。

【译文】

给暴戾的人说天的安排就是这样，符合你的天性，这等于对暴戾的人说真正的天的意志是不对的。各种学说既已流传天下，如果我再为它们陈说阐释，那么各种学说必因我而更加发扬光大。如果各种学说没有流传天下，如果我再为它们陈说阐述，那么，各种学说也必因我而流传天下。暴戾的人自私自利却说是天的意志，把人们认为错误的看作正确的，这些人的天性不可改正但也要想办法加以改正。

在利中选取大的，不是不得已。在害中选取小的，则是不得已。在自己未有的事物中选取，这是在利中选取大的。在自己已有的东西中舍弃，这是在害中选取小的。

【原文】

义可厚，厚之；义可薄，薄之。谓伦列。德行、君上、老长、亲戚，此皆所厚也。为长厚，不为幼薄。亲厚①，厚；亲薄，薄。亲至，薄不至。义厚亲，不称行而顾②行。

为天下厚禹，为禹也。为天下厚爱禹，乃为禹之爱人也。厚禹之加于天下，而厚禹不加于天下。若恶盗之为加于天下，而恶盗不加于天下。爱人不外己，己在所爱之中。己在所爱，爱加于己。伦列之爱己，爱人也。

【注释】

①亲厚：血缘关系近。

②顾：当作"类"。

【译文】

依据道义上可以厚爱的，就厚爱；依据道义可以薄爱的，就薄爱。这是所谓的伦常序列。儒家认为，有德行的、在君位的、年长的、亲戚之类，这些都是应当厚爱的。厚爱年长的，但也不薄爱年幼的。近亲要厚爱，远亲可薄爱。在血缘关系上有至亲，但在爱上却没有至薄的。儒家的道义是厚爱至亲的，不以那人的行为而厚爱或薄爱，而是按由亲到疏的关系来决定。

儒家为天下人而厚爱禹，这是为了禹。墨家为天下人厚爱禹，是因为禹能爱天下人。厚爱禹的作为能加利于天下，而厚爱禹并不能加利于天下。就像厌恶强盗的行为能加利于天下，而厌恶强盗并不加利于天下。爱别人并非不爱自己，自己也在所爱之中。自己既在所爱之中，爱便也加于自己。儒家伦常强行划分爱自己和爱别人的区别。

【原文】

圣人恶疾病，不恶危难。正体不动，欲人之利也，非恶人之害也。圣人不为其室臧①之故，在于臧。圣人不得为子之事。圣人之法：死亡②亲，为天下也。厚亲，分也；以死亡之，体渴③兴利。有厚薄而毋，伦列之兴利为已。

语经，语经也，非白马焉。执驹焉说求之，舞说非也，渔大之无大④，非也。三物必具，然后足以生。

臧之爱己，非为爱己之人也。厚不外己，爱无厚薄。举⑤己，非贤也。义，利；不义，害。志功为辩。

【注释】

①臧：通"藏"。

第三十章 大取

②亡：通"忘"。

③渴：当作"竭"。

④渔大之无大：当作"杀犬之无犬"。

⑤举：当作"誉"。

【译文】

圣人厌恶疾病，不厌恶危险艰难。端正形体，不为外物所动，希望人们得到利益，并不是厌恶人们的各种危害。圣人不以为自己的屋室可以藏身，就一味地藏身避祸。圣人往往不能侍奉在父母身边。圣人的法则是：父母死了，心已无知，就尽快忘却他们，全心为天下兴利。厚爱父母，是人子应尽的本分；但父母死后，之所以要尽快忘却他们，是想竭尽自己的力量为天下兴利。圣人爱人，只有厚没有薄，一视同仁地为天下兴利而已。

语经，言语的常经，辩者说"白马不是马"，又坚持认为"孤驹不曾有母亲"，这是舞弄口舌，说"杀狗不是杀犬"，也是错误的。缘故、道理、类推这三者都具备了，才足以产生言论。

奴仆爱自己，并不是爱自己的身份、为人。厚爱别人并不是不爱自己，爱别人与爱自己，要没有厚薄的区分。赞誉自己，并非贤能。义，就是利人利己；不义，就是害人害己。义与不义，应该依志向和事功来辨别。

【原文】

有有于秦马，有有于马也，智①来者之马也。爱众众②世与爱寡世相若。兼爱之，有相若。爱尚③世与爱后世，一若今之世人也。

鬼，非人也；兄之鬼，兄也。天下之利驩④。"圣人有爱而无利"，伣曰⑤之言也，乃客之言也。天下无人，子墨子之言也犹在。

不得已而欲之，非欲之也。非杀臧也⑥。专杀盗，非杀盗也。凡学爱人。小圜之圜，与大圜之圜同。方⑦至尺之不至也，与不至钟之至，不异。其不至同者，远近之谓也。

【注释】

①智：通"知"。

②爱众众：后一"众"为衍字。

③尚：通"上"。

④驩：通"欢"。

⑤伣（qiàn）曰："儒者"之误。

⑥非杀臧也："非"前应有"欲杀臧"三字。

⑦方：当作"不"。

【译文】

有人说"有秦国产的马跑来了"，有人说"有马跑来了"，我只知道来的是马即可。爱人口众多的时世与爱人口稀少的时世相同。这是"兼爱"要求的相同之爱。爱上古与爱后世，也要与爱现世的人一样。

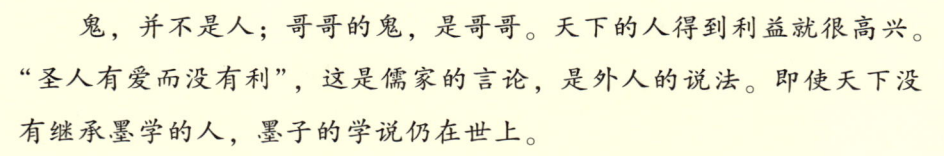

鬼，并不是人；哥哥的鬼，是哥哥。天下的人得到利益就很高兴。"圣人有爱而没有利"，这是儒家的言论，是外人的说法。即使天下没有继承墨学的人，墨子的学说仍在世上。

不得已而想要某物，并不是真正想要它。想杀奴仆，并不是杀了奴仆。说"专门杀盗"，并非真杀了盗。一切要学会爱人。

小圆的圆与大圆的圆是一样的，"不到一尺"与"不到千里"的"不到"是没有分别的。"不到"是一样的，只是远近不同罢了。

【原文】

是璜也，是玉也。意楹，非意木也，意是楹之木也。意指之也，非意人也。意获①也，乃意禽也。志功，不可以相从也。

利人也，为其人也；富人，非为其人也，有为也以富人。富人也，治人有为鬼焉。

为赏誉利一人，非为赏誉利人也，亦不至无贵于人。

智②亲之一利，未为孝也，亦不至于智不为己之利于亲也。智是之世之有盗也，尽爱是世。智是室之有盗也，不尽是室也。智其一人之盗也，不尽是二人。虽其一人之盗，苟不智其所在，尽恶其弱③也。

【注释】

①获：猎物。

②智：通"知"。

③弱：当作"朋"，同伙。

【译文】

璜虽然是半璧，但也是玉。考虑柱子，并不是考虑整个木头。考虑人的指头，并不是考虑整个人。考虑猎物，却是考虑禽鸟。动机和效果，不可以等同。

施利给人，是为了那人；使那人富有，并不是为了那人，使他富有是有目的的。使那人富有，一定是他能够处理人事和祭祀鬼神。

借着赏誉使一个人受利，并不是借着赏誉施利给全天下人，但也不至于因此就不去赏誉人。

只知道有利于自己的父母，不能算是孝；但也不至于明知自己有利于父母亲而不愿做。知道这个世界上有强盗，仍然爱这个世界上所有的人。知道这座房子里有强盗，也不要去讨厌这屋子里的人。知道其中一个人是强盗，不能随便怀疑其他人。虽然其中一个人是强盗，如果不知他在何处，就不能将所有人都当作盗贼的同伙来厌恶。

【原文】

诸圣人所先为，人欲①名实。名实不必名②。苟是石也白，败③是石也，尽与白同。是石也唯大，不与大同。是有便谓焉也。以形貌命者，必智是之某也，焉智某也。不可以形貌命者，唯不智是之某也，智某可也。诸以居运命者，苟人④于其中者，皆是也，去之因非也。诸以居运命者，若乡里齐荆者，皆是。诸以形貌命者，若山丘室庙者，皆是也。

智与意异。重同，具同，连同，同类之同，同名之同，丘同，鲋⑤同，是之同，然之同，同根之同。有非之异，有不然之异。有其异也，为其同也，为其同也异。一曰乃是而然，二曰乃是而不然，三曰迁，四曰强。

【注释】

①欲：当作效。

②名实不必名：当作"名不必实，实不必名"。

③败：打碎。

④人："入"字之误。

⑤鲋：通"附"。

【译文】

圣人首先要做的，是考核名实。有名不一定有实，有实不一定有名。如果这块石头是白色的，把这块石头打碎，它的每一小块也都是白色的，白色都相同。这块石头虽然很大，但和其他大石不同，因为大石之中仍有大小的不同，只有根据具体情况来称呼。用形貌来命名的，必须知道它反映的是什么对象，才能了解它。不是用形貌来命名的，虽然不知道它反映的是什么对象，只要知道它是什么就可以了。那些以居住和迁徙来命名的，如果进入其中居住的，就都是与之名实相符的；离去的，就不是了。那些以居住或迁徙来命名的，像乡里、齐国、楚国都是。那些以形貌来命名的，如山、丘、室、庙都是。

知道与意会是不同的，"同"的种类很多，两个名称表示同一事物，叫重同；两个物体在同一屋舍内，叫具同；事物相互连接，叫连同，还有同类之同、同名之同、两物体位于同一区域的丘同、一物附于另一物的附同以及是之同、然之同、同根之同。"不同"的种类很多，有实际不同的异，有是非各执的异。所以有异，是因为有同，才显出异。是与不是的关系有四种：第一种是"是而然"；第二种是"是而不然"；第三种叫"迁"，即从前不是，现在是；第四种叫"强"，即表面是，内心不是。

【原文】

子深其深，浅其浅，益其益，尊①其尊。次察山比因，至优指复；次察声端名因情复，匹夫辞恶者，人有以其情得焉。诸所遭执，而欲恶生者，人不必以其请得焉。

圣人之附㳫②也，仁而无利爱。利爱生于虑。昔者之虑也，非今日之虑也。昔者之爱人也，非今之爱人也。爱获③之爱人也，生于虑获之利。虑获之利，非虑臧之利也；而爱臧之爱人也，乃爱获之爱人也。

去其爱而天下利，弗能去也。昔之知啬，非今日之知啬也。贵为天子，其利人不厚于正夫。二子事亲，或遇孰，或遇凶，其亲也相若，非彼其行益也，非加也。外执无能厚吾利者。藉臧也死而天下害，吾持养臧也万倍，吾爱臧也不加厚。

【注释】

①尊：减少。

②濆：即"覆"，指天下万物。

③获：婢。

【译文】

对于墨家的学说，深奥的就深入探求，浅近的就浅近研究，增加该增添的东西，删减该减少的东西。其次明察墨家学说之所以成立的根由、学说中的比附、学说的原因，这样，就可以掌握墨家学说的精义要旨。进一步深察墨家声教的端绪、借鉴名学的方法、证明它的终因，这样，墨家学说的实情就能够了解了。普通人的言词虽然粗俗，但也是实情的论断，人们从中还可以了解实情。那些因遭囚系而不想活了的人，人们从他的言词中就不会了解实情了。

圣人抚爱天下万物，以仁为本却没有爱人利人的区别。爱人利人产生于思虑。过去的思虑，不是今日的思虑。过去的爱人，也不是今日的爱人。爱奴婢这种爱人的行为，产生于考虑奴婢的利益。考虑奴婢的利益，不是考虑奴仆的利益；但是，爱奴仆的爱人，也就是爱奴婢的爱人。如果去掉其所爱而能利于天下，那就不能不去掉了。从前讲节用，不等于今日讲节用。贵为天子，他利人并不比普通人利人更多。两个儿子侍奉父母，一个遇到丰年，一个遇到荒年，他们对父母的爱是相同的，不会因丰年而增多，也不会因荒年而减少。外物也不会使我利于双亲的心更强烈。假使奴仆死了对天下有害，我对奴仆的供养一定比之前好万倍，但我对奴仆的爱心并没有增加。

【原文】

长人之异，短人之同①，其貌同者也，故同。指之人也与首之人也异，人之体非一貌者也，故异。将剑与挺剑异②。剑，以形貌命者也，其形不一，故异。杨木之木与桃木之木也同。诸非以举量数命者，败之尽是也。故一人指，非一人也；是一人之指，乃是一人也。方之一面，非方也；方木之面，方木也。以故生③，以理长，以类行也者。立辞而不明于其所生，妄也。今人非道无所行，唯有强股肱而不明于道，其困也，可立而待也。夫辞以类行者也，立辞而不明于其类，则必困矣。

【注释】

①长人之异，短人之同：当为"长人之与短人也之同"。
②将：扶。挺：拔。
③以故生：当为"夫辞以故生"。

【译文】

高的人与矮的人相同，是因为他们的外表相同，因此就相同。人的手指与人的头是不一样的，虽然都是人体器官，因为人的形貌各异，所以不同。扶剑和拔剑是不相同的，因为剑是因形貌命名的，形貌不一，所以不同。杨木的木与桃木的木相同。那些命名时没有强调数量的事物，即使破碎成许多块，也还是该事物。所以说"一个手指"，不能断定是哪一个人的；说"一个人的手指"，才能断定是那个人的。一面是方的，不能算作方体；但方木的任何一面，都是方木。言词因缘故而产生，又顺事理而发展，借同类的事物相互推行。创立言词，却不知道言词产生的原因，实属虚妄。现在人不遵循道理，就不能做事。只拥有强壮的身体，而不知道做事的道理，就会遭遇困难，这是立等可待的。言词要依照类推才能成立，如创立言词却不明白它的类别，那么就必将陷入困难。

【原文】

故浸淫之辞，其类在鼓栗①。圣人也，为天下也，其类在于追迷。或寿或卒，其利天下也指若，其类在誉石②。一日而百万生，爱不加厚，其类在恶害。爱二③世有厚薄，而爱二世相若，其类在蛇文。爱之相若，择而杀其一人，其类在坑下之鼠。小仁④与大仁，行厚相若，其类在申。凡兴利除害也，其类在漏雍⑤。厚亲，不称行而类行，其类在江上井。"不为己"之可学也，其类在猎走。爱人非为誉也，其类在逆旅。爱人之亲，若爱其亲，其类在官苟⑥。兼爱相若，一爱相若。一爱相若，其类在死也⑦。

【注释】

①鼓栗：即"股栗"，战栗。
②誉石：疑当作"豫后"。豫：愉悦。
③二：疑为"三"字之误。
④仁：通"人"。
⑤雍：同"瓮"。
⑥官：公。苟：敬。
⑦也："蛇"字之误。

【译文】

所以亲附渐渐侵染人心的言词，目的在于使人恐惧。圣人为天下谋利，目的在于追回迷惑者归于正道。无论长寿与夭折，圣人利天下的目的都是化民向善，犹如誉石染缁。一日之中，天下有成百上万的生灵诞生，但我的爱不会加厚，这和对危害世人的事物的厌恶之情相同。对前世、今世、后世的爱有厚有薄，但爱的用心其实相同，正如蛇身的花纹都相似一样。爱心虽同，但有时却要选择其中一人杀掉，这正如杀坑下的老鼠，是为天下除害。一般人与天子，德行厚薄是相同的，主要看他能否施展才能。举凡兴利除害，正如堵住瓮的漏水之处。儒家认为厚爱自己至亲，不依他的行事而或厚爱或薄爱，而以类推由亲及疏去厚爱、薄爱，正像在江上凿井一样，虽然利人，也很有限。"不为己"是可以学的，就像打猎时追逐、奔跑一样。爱人并非为了名誉，正像旅店一样，是为了方便人。爱别人的亲人，好像爱自己的亲人，这是一种公敬的行为。兼爱，和爱自己一个人一样。能兼爱，就是自爱，就像蛇受到攻击的时候首尾相救一样，彼此救助。

【解析】

本篇是墨家世界观、价值观、伦理观的总概括。本篇各段都是简论，分别论说了墨家的基本主张，涉及"义""兼爱""节用""节葬"等很多方面。

全篇以"爱人""利人"发端，反复探究二者的真义所在。文章首先否定了厚葬、求乐为爱利父母、子女的世俗观念，进而否定了经过反复权衡而趋利避害的行为，认为这样即使有时与道义相合，却不是真正发自内心的行义。文章还将儒家观念里那种有亲疏等次之分的"爱人"，与墨家一视同仁的"兼爱"相对比，凸显出后者的公平和博大。可以说，本文堪称一篇传播墨家兼爱天下、尽利苍生精神的宣言。而篇中穿插的一些逻辑思辨性的段落，还有不少段落采用比喻的方法，则大大丰富了文章的内容与趣味性。

第三十一章　小取
——明是非、审治乱、明同异、察名实、处利害、决嫌疑

【原文】

夫辩者，将以明是非之分，审治乱之纪，明同异之处，察名实之理，处利害，决嫌疑。焉摹略万物之然，论求群言之比。以名举实，以辞抒意，以说出故。以类①取，以类予。有诸己不非诸人，无诸己不求诸人。

或也者，不尽也。假者，今不然也。效者，为之法也，所效者，所以为之法也。故中效，则是也；不中效，则非也。此效也。辟也者，举也物而以明之也。侔也者，比辞而俱行也。援也者，曰："子②然，我奚独不可以然也？"推也者，以其所不取之同于其所取者，予之也。"是犹谓"也者，同也。"吾岂谓"也者，异也。

【注释】

①类：以是否同类为标准。
②子：你。

【译文】

辩论的目的，是要分清是非的区别，审察治乱的规律，搞清同异的地方，考察名实的道理，断决利害，解决疑惑。于是要探求万事万物本来的样子，分析、比较各种不同的言论。用名称反映事物，用言

词表达思想，用推论揭示原因。按类别相同与否来决定予取。自己赞同某些论点，要允许别人反对；自己不赞同某些观点，也不要求别人反对。

或，指并不都是这样。假，指现在不是这样。效，指为事物设立法则。所效者，指设立法则所依据的标准。符合标准，就是对的；不符合标准，就是错的。这就是效。辟，指举别的事物来说明这一事物。侔，指两个词义相同的命题可以由此推彼。援，是指像"你正确，我为什么偏不可以正确呢"这种辩论方式。推，指用对方所不赞同的命题，比附于对方所赞同的命题，以此来反驳对方的论点。"是犹谓"指观点相同。"吾岂谓"，指观点不相同。

【原文】

夫物有以同而不率遂同。辞之侔也，有所至而正。其然也，有所以然也；其然也同，其所以然不必同。其取之也，有所以取之；其取之也同，其所以取之不必同。是故辟、侔、援、推之辞，行而异，转而危①，远而失，流而离本，则不可不审也，不可常用也。故言多方殊类异故，则不可偏观也。夫物或乃是而然，或是而不然，或一周而不一周，或一是而一不是也，不可常用也，故言多方殊类异故，则不可偏观也，非也。

白马，马也；乘白马，乘马也。骊马②，马也；乘骊马，乘马也。获，人也；爱获，爱人也。臧，人也；爱臧，爱人也。此乃是而然者也。

【注释】

①危：通"诡"。

②骊马：深黑色的马。

【译文】

各种事物都可能在某一方面相同，但不会全都相同。推论的

"侔"，有一定限度才正确。事物如此，有所以如此的原因；事物呈现的形态相同，其背后的原因则不一定相同。对方赞同，自然赞同的原因；赞同是相同的，赞同的原因则不一定相同。所以辟、侔、援、推这些论辩方法，运用起来就会发生变化，会转成诡辩，会离题太远而失正，会脱离论题而离开本意，这就不能不审察，不可总是运用。所以，言语有多种不同的表达方式，事物有不同的类别，事物论断的根据、理由也不同，那么，在推论中就不能有偏执观点。事物有些"是"而正确，有些"是"而不正确；有时事物在一方面具有普遍性，在另一方面却不具有普遍性；有时在一方面"是"，而另一方面则"不是"，不能总按常规来推断。所以，言语有多种不同的表达方式，事物有不同的类别，事物论断的根据、理由也不同，那么在推论中就不能偏执观点，偏执是不正确的。

白马是马，乘白马是乘马；骊马是马，乘骊马也是乘马。婢是人，爱婢是爱人；奴是人，爱奴也是爱人。这就是"是而然"的情况。

【原文】

获之亲，人也；获事其亲，非事人也。其弟，美人也；爱弟，非爱美人也。车，木也；乘车，非乘木也。船，木也；人①船，非人木也。盗人人②也；多盗，非多人也；无盗，非无人也。奚以明之？恶多盗，非恶多人也；欲无盗，非欲无人也。世相与共是之。若若是，则虽盗人人也；爱盗非爱人也；不爱盗，非不爱人也；杀盗人非杀人也，无难盗无难矣。此与彼同类，世有彼而不自非也，墨者有此而非之，无也故焉③，所谓内胶外闭与心毋空乎？内胶而不解也。此乃是而不然者也。

且夫读书，非好书也。且斗鸡，非鸡④也；好斗鸡，好鸡也。且入井，非入井也；止且入井，止入井也。且出门，非出门也；止且出门，止出门也。若若是，且夭，非夭也；寿夭也。有命，非命也；非执有命，非命也，无难矣。此与彼同类。世有彼而不自非也，墨者有此而罪⑤非之，无也⑥故焉，所谓内胶⑦外闭与心毋空乎？内胶而不解也。此乃是而不然者也。

【注释】

①人："入"字之误。后句同。
②人人：一"人"当为"衍"字。
③焉：当为"他"。
④非鸡：当为"非好鸡"。
⑤罪：衍字。
⑥也：同"他"。
⑦胶：固执。

【译文】

奴婢的双亲，是人；奴婢侍奉她的双亲，不能等同于"侍奉人"。她的弟弟，是一个美人；爱她的弟弟，不能等同于"爱美人"。车，是木头做的；乘车，不能等同于乘木。船，是木头做的；进入船，不能等同于进入木头。盗贼是人；"盗贼多"不能等同于"人多"；没有盗贼，不能等同于没有人。如何说明这点呢？厌恶盗贼多，并不是厌恶人多；希望没有盗贼，不是希望没有人。这是世人所共同认可的。如果是这样，那么虽然盗贼是人，但爱盗贼却不能等同于爱人；不爱盗贼，不能等同于不爱人；杀盗贼，也不能等同于杀人，这没有什么疑难的。这与前面那个观点是同类。然而世人赞同前面那个观点，自己却不以为是错的，墨家提出这个观点却遭到非议，没有其他缘故，不就是内心固执、耳目闭塞与心不空吗？内心固执到无法开解的程度，这就是"是而不然"的情况。

读书，不是喜欢书。将要斗鸡，不是喜欢鸡；爱好斗鸡，才是喜欢鸡。将要跳入井,不能说是入井;阻止将要入井者,才是阻止入井。将要出门,不能说是出门;阻止将要出门者,才是阻止出门。如果像这样,将要夭折,不能说是夭折,寿终才是夭折。有命运,不能说是命运;不认为有命运,才是没有命运,这没有什么疑难。这与前面那个观点是同类。然而世人赞同前面那个观点自己却不以为是错的,墨家提出这个观点却遭到非议,没有其他缘故,不就是内心固执、耳目闭塞与心不空吗?内心固执到无法开解的程度,这就是"不是而然"的情况。

【原文】

爱人,待周爱人而后为爱人。不爱人,不待周不爱人;不周爱,因为不爱人矣。乘马,不待周乘马然后为乘马也;有乘于马,因为乘马矣。逮至不乘马,待周不乘马而后不乘马。此一周而一不周者也。

居于国,则为居国;有一宅于国,而不为有国。桃之实,桃也;棘之实,非棘也。问人之病,问人也;恶人之病,非恶人也。人之鬼,非人也;兄之鬼,兄也。祭人之鬼,非祭人也;祭兄之鬼,乃祭兄也。之马之目盼①则为之马盼;之马之目大,而不谓之马大。之牛之毛黄,则谓之牛黄;之牛之毛众,而不谓之牛众。一马,马也;二马,马也。马四足者,一马而四足也,非两马而四足也。一马,马也②。马或白者,二马而或白也,非一马而或白。此乃一是而一非者也。

【注释】

①盼:"眇"字之误,眇:一目小。
②一马,马也:或为衍文。

【译文】

爱人,要等到普遍爱了所有的人,然后才可以称为爱人。不爱人,不必等到普遍不爱所有的人;不普遍爱所有的人,已经算是不爱人了。乘马,不必等到乘了所有的马才称为乘马;只要有马可乘,就可以称为乘马了。至于不乘马，要等到不乘所有的马，然后才可以称为不乘马。这是一方面普遍而另一方面不普遍的情况。

居住在某国，就是在某国。有一座房子在某国，并不是拥有整个国家。桃的果实，是桃；棘的果实，不是棘。慰问人的疾病，是慰问人；厌恶人的疾病，不是厌恶人。人的鬼魂，不是人；哥哥的鬼魂，则是哥哥。祭祀人的鬼魂，不是祭祀人；祭祀哥哥的鬼魂，则是祭祀哥哥。这匹马的眼睛一边小，就说它是眼睛一边小的马；这匹马的眼睛大，不能说这匹马大。这头牛的毛黄，就说它是一头毛黄的牛；这头牛的毛多，不能说牛多。一匹马，是马；两匹马，也是马。马有四个蹄子，是说一匹马有四个蹄子，不是两匹马有四个蹄子。有的马是白色的，是说两匹马中有一匹白色的，并不是一匹马而有时是白色的。这就是一方面对而另一方面错的情况。

【解析】

这一篇与《大取》一样，都是后世所谓"墨辩"的重要篇章，主要探讨辩论与认识事物方面的问题。

本篇探讨辩论的意义、方法，并由此引申出一系列修辞学、逻辑学方面的观点。作者开宗明义地指出论辩并非单纯的口舌之争，而是可以"明是非""审治乱""明同异""察名实""处利害""决嫌疑"，是关乎探寻真理乃至经纶天下的要务。在论辩方法上，作者举出了"辟、侔、援、推"等，并强调对它们的适当运用，不过火、不偏执。在逻辑思维方面，作者指出了事物的一般概念与特殊概念的相同与不同之处，指出了某一事物的集合与其子集合间的关联与区别，堪称中国逻辑学的源头。其中有几段以取喻的方法，解说了认识事物时的"是而然""是而不然""不是而然"等几种情况。

第三十二章 贵义
——万事莫贵于义

【原文】

子墨子曰:"万事莫贵于义。今谓人曰:'予子冠履,而断子之手足,子为之乎?'必不为。何故?则冠履不若手足之贵也。又曰:'予子天下,而杀子之身,子为之乎?'必不为。何故?则天下不若身之贵也。争一言以相杀,是贵义于其身也。故曰:万事莫贵于义也。"

子墨子自鲁即①齐,过②故人,谓子墨子曰:"今天下莫为义,子独自苦而为义,子不若已。"子墨子曰:"今有人于此,有子十人,一人耕而九人处,则耕者不可以不益急矣。何故?则食者众而耕者寡也。今天下莫为义,则子如③劝我者也,何故止我?"

【注释】

①即:去,往。

②过:拜访。

③如:宜。

【译文】

墨子说:"万事没有比义更珍贵的了。假如现在对别人说:'给你帽子和鞋子,但是要砍断你的手、脚,你愿意吗?'那人一定不愿意。为什么呢?因为帽、鞋不如手、脚珍贵。又说:'给你天下,但要杀死你,你愿意吗?'那人一定不愿意。为什么呢?因为天下不如自己的生命珍贵。因争辩一句话而互相残杀，是因为把义看得比自身珍贵。所以说，万事没有比义更珍贵的了。"

墨子从鲁国到齐国，拜访了一位老朋友。老朋友对墨子说："现在天下没有人追求道义，你何必独自苦苦地追求道义，不如就此停止吧。"墨子说："现在这里有一个人，他有十个儿子，但只有一个儿子耕种，其他九个都闲着，那么耕种的这个人就不能不更加努力啊。为什么呢？因为吃饭的人多而耕种的人少。现在天下没有人追求道义，你应该勉励我追求道义，为什么还制止我呢？"

【原文】

子墨子南游于楚，见楚献惠王，献惠王以老辞，使穆贺见子墨子。子墨子说穆贺，穆贺大说①，谓子墨子曰："子之言，则成②善矣！而君王，天下之大王也，毋乃曰'贱人之

所为'，而不用乎？"子墨子曰："唯其可行。譬若药然，草之本，天子食之，以顺其疾，岂曰'一草之本'而不食哉？今农夫入其税于大人，大人为酒醴粢盛，以祭上帝鬼神，岂曰'贱人之所为'，而不享哉？故虽贱人也，上比之农，下比之药，曾不若一草之本乎？且主君亦尝闻汤之说乎？昔者汤将往见伊尹，令彭氏之子御，彭氏之子半道而问曰：'君将何之？'汤曰：'将往见伊尹。'彭氏之子曰：'伊尹，天下之贱人也。若君欲见之，亦令召问焉，彼受赐矣。'汤曰：'非女③所知也。今有药此④，食之则耳加聪，目加明，则吾必说而强食之。今夫伊尹之于我国也，譬之良医善药也。而子不欲我见伊尹，是子不欲吾善也。'因下彭氏之子，不使御。彼苟然，然后可也。"

【注释】

①说：通"悦"。

②成：通"诚"，确实。

③女：通"汝"。

④药此：当为"药于此"。

【译文】

墨子南游到了楚国，去见楚惠王。惠王借口自己年老推辞不见，派穆贺会见墨子。墨子游说穆贺，穆贺非常高兴，对墨子说："你的主张确实好啊！但君王是天下的大王，恐怕会认为这是一个普通百姓的主张而不加采用吧！"墨子答道："只要它能行之有效就行了，比如药，是一把草根，天子吃了它，可以治愈自己的疾病，难道他会因为是一把草根而不吃吗？现在农民缴纳租税给贵族，贵族大人们以此来准备各种酒食祭品，用来祭祀上帝、鬼神，难道他会认为这是普通百姓做的而不享用吗？所以虽然是普通百姓，对上把他比作农民，对下把他比作药，难道还不如一把草根吗？况且大王也曾听说过商汤的事情吧？过去商汤去见伊尹，叫彭氏的儿子给自己驾车。彭氏之子在半路上问商汤：'您要到哪儿去呢？'商汤答道：'我要去见伊尹。'彭氏之子说：'伊尹，只不过是天下的一位普通百姓。如果您一定要见他，只要下令召见他来问话，这对他来说已是蒙受恩遇了！'商汤说：'这不是你所知道的。如果现在这里有一种药，吃了它，耳朵会更加灵敏，眼睛会更加明亮，那么我一定会喜欢而努力吃药。现在伊尹对于我国，就好像良医好药，而你却不想让我拜见伊尹，这是你不想让我好啊！'于是叫彭氏的儿子下去，不让他驾车了。如果惠王能像商汤一样，以后就可以采纳普通百姓的主张了。"

【原文】

子墨子曰："凡言凡动，利于天、鬼、百姓者为之；凡言凡动，害于天、鬼、百姓者舍之。凡言凡动，合于三代圣王尧、舜、禹、汤、文、武者为之；凡言凡动，合于三代暴王桀、纣、幽、厉者舍之。"

子墨子曰："言足以迁行者，常之；不足以迁行者，勿常。不足以迁行而常之，是荡口也。"

子墨子曰："必去六辟①。嘿②则思，言则诲，动则事，使三者代御③，必为圣人。必去喜，去怒，去乐，去悲，去爱，而用仁义。手足口鼻耳④，从事于义，必为圣人。"

子墨子谓二三子曰："为义而不能，必无排⑤其道。譬若匠人之斫而不能，无排其绳。"

子墨子曰："世之君子，使之为一犬一彘之宰，不能则辞之；使为一国之相，不能而为之。岂不悖哉！"

【注释】

①必去六辟：当移至"必去喜"之前。辟：通"僻"，邪僻。

②嘿：即"默"。

③代御：交替使用。

④耳：当为"耳目"。

⑤排：诋毁。

【译文】

墨子说："一切言论、一切行动，有利于天、鬼神、百姓的，就去做；一切言论、一切行动，有害于天、鬼神、百姓的，就舍弃。一切言论、一切行动，合乎三代圣王尧、舜、禹、商汤、周文王、周武王之道的，就去做；合乎三代暴君夏桀、商纣、周幽王、周厉王之道的，就舍弃。"

墨子说："言论足以付诸行动的，就经常说；不足以付诸行动的，就不要常说。不足以付诸行动，却要常说，那就是信口胡言了。"

墨子说："沉默之时就能思索，说话就能教导人，行动就能从成事。如果这三者交替进行，一定能成为圣人。一定要去掉六种邪僻：去掉喜，去掉怒，去掉乐，去掉悲，去掉爱，以仁义作为一切言行的准则。手、脚、口、鼻、耳、目，都用来从事仁义之事，一定会成为圣人。"

墨子对几个弟子说："奉行道义而不能做好之时，一定不能诋毁道义本身。好像木匠砍削木材不能砍削好，不能归罪于墨线一样。"

墨子说："世上的君子，让他去做宰狗杀猪的屠夫，如果干不了就推辞；让他做一国的国相，干不了却照样去做，这难道不很荒谬吗？"

【原文】

子墨子曰："今瞽曰：'钜①者白也，黔者黑也。'虽明目者无以易之。兼白黑，使瞽取焉，不能知也。故我曰瞽不知白黑者，非以其名也，以其取也。今天下之君子之名仁也，虽禹、汤无以易之。兼仁与不仁，而使天下之君子取焉，不能知也。故我曰天下之君子不知仁者，非以其名也，亦以其取也。"

子墨子曰:"今士之用身,不若商人之用一布②之慎也。商人用一布布③,不敢继苟而雠焉④,必择良者。今士之用身则不然,意之所欲则为之,厚者入刑罚,薄者被毁丑,则士之用身,不若商人之用一布之慎也。"子墨子曰:"世之君子欲其义之成,而助之修其身则愠,是犹欲其墙之成,而人助之筑则愠也。岂不悖哉!"

【注释】

①鉅:疑"银"字之误。

②布:古代钱币。

③一布布:后一"布"字当作"市",购买之意。

④继:疑"纵"字之误。雠:通"售",买。

【译文】

墨子说:"现在有一个盲人说:'银是白色的,黔是黑色的。'即使是眼睛明亮的人也不能更改它。如

果把白色的和黑色的东西放在一块儿,让盲人分辨,他就无法知道了。所以我说,盲人不知白色和黑色,不是因为他不知道它们的名称,而是因为他无法择取。现在天下的君子给'仁'下定义,即使禹、汤也无法更改它。但把符合仁和不符合仁的事物混杂在一起,让天下的君子择取,他们就不知道了。所以我说:天下的君子不知道'仁',不是因为他不知道仁的名字,而是因为他无法择取。"

墨子说:"现在士人以身处世,还不如商人使用一个钱币慎重。商人用一个钱币购买东西,不敢任意马虎地购买,一定选择好的。现在士人以身处世却不是这样,随心所欲地胡作非为。过错严重的陷入刑罚,过错轻的蒙受非议羞辱。可见,士人以身处世,不如商人使用一个钱币慎重。"墨子说:"当代的君子,想实现他的道义,而帮助他修养身心却心怀怨恨。这就像要筑成墙,而别人帮助他却很生气一样,难道不很荒谬吗?"

【原文】

子墨子曰:"古之圣王,欲传其道于后世,是故书之竹帛,镂之金石,传遗后世子孙,欲后世子孙法之也。今闻先王之遗①而不为,是废先王之传也。"

子墨子南游使卫,关中②载书甚多,弦唐子见而怪之,曰:"吾夫子教公尚过曰:'揣曲直而已。'今夫子载书甚多,何有也?"子墨子曰:"昔者周公旦朝读书百篇,夕见漆③十士,故周公旦佐相天子,其修至于今。翟上无君上之事,下无耕农之难,吾安敢废此?翟闻之:'同归之物,信有误者。'然而民听不钧④,是以书多也。今若过之心者,数逆于精微。同归之物,既已知其要矣,是以不教以书也。而子何怪焉?"

子墨子谓公良桓子曰:"卫,小国也,处于齐、晋之间,犹贫家之处于富家之间也。贫家而学富家之衣食多用，则速亡必矣。今简⑤子之家，饰车数百乘，马食菽粟者数百匹，妇人衣文绣者数百人，吾⑥取饰车食马之费，与绣衣之财，以畜士，必千人有余。若有患难，则使百人处于前，数百于后，与妇人数百人处前后，孰安？吾以为不若畜士之安也。"

【注释】

①遗："道"字之误。

②关中：指车上横阑之内，即车中。

③漆："七"之借音字。

④钧：通"均"。

⑤简：阅。

⑥吾："若"字之误。

【译文】

墨子说："古时候的圣王，想把自己的学说传给后代，因此写在竹、帛上，刻在金、石上，传留给后代子孙，要后代子孙效法它。现在听到了先王的学说却不去实行，这是废弃先王所传的学说了。"

墨子南游到卫国去，车中装载的书很多。弦唐子见了很奇怪，问道："老师您曾教导公尚过：'书不过用来衡量是非曲直罢了。'现在您装载这么多书，有什么用处呢？"墨子说："过去周公旦早晨读一百篇书，晚上见七十个士人。所以周公旦辅助天子，他的美名传到了今天。我上没有承担国君授予的职事，下没有耕种的艰难，我如何敢抛弃这些书呢？我听说过：天下万事万物殊途同归，流传的时候确实会出现差错。但是由于人们听到的不一致，所以记载其事的书就多起来了。现在像公尚过那样的人，对于事理已达到了洞察精微。对于殊途同归的天下事物，已经能够把握要领了，因此就不用把书中的东西教给他了。你又有什么奇怪的呢？"

墨子对公良桓子说："卫国是一个小国，处在齐国与晋国之间，就像穷家处在富人家之间一样。穷人家如果学富人家的穿衣、吃饭及大手大脚花钱，那么穷人家一定很快就破败了。现在看看您的家族，以纹彩装饰的车子有数百辆，吃菽、粟的马有数百匹，穿文绣的妇人有数百人。如果把装饰车辆、养马的费用和做绣花衣裳的钱财用来供养士人，一定可以供养一千多人。如果遇到危难，就命令几百人在前面，几百人在后面，这与几百个妇人站在前后，哪一个更安全呢？我以为不如供养士人安全。"

【原文】

子墨子仕人于卫，所仕者至而反①。子墨子曰："何故反②？"对曰："与我言而不当。曰'待女以千盆②'，授我五百盆，故去之也。"子墨子曰："授子过千盆，则子去之乎？"对曰："不去。"子墨子曰："然则非为其不审③也，为其寡也。"

子墨子曰："世俗之君子，视义士不若负粟者。今有人于此，负粟息于路侧，欲起而不能，君子见之，无长少贵贱，必起之。何故也？曰：义也。今为义之君子，奉承先王之道以语之，纵不说而行，又从而非毁之，则是世俗之君子之视义士也，不若视负粟者也。"

子墨子曰："商人之四方，市贾信徒④，虽有关梁⑤之难，盗贼之危，必为之。今士坐而言义，无关梁之难，盗贼之危，此为信徒，不可胜计，然而不为，则士之计利，不若商人之察也。"

【注释】

①反：通"返"。

②女：通"汝"。盆：指俸禄的数量。

③审：疑为"当"字之误。

④贾：通"价"。信："倍"字之误。徒：当为"蓰"，五倍。

⑤关梁：关卡和桥梁。

【译文】

墨子推荐一个人到卫国做官，这个人到卫国后却回来了。墨子问他："为什么回来呢？"那人回答说："卫国国君与我说话不算话。说'给你千盆的俸禄'，实际只给了我五百盆，所以我离开了卫国。"墨子又问："如果给你的俸禄超过千盆，你还离开吗？"那人答道："不离开。"墨子说："既然这样，那么你不是因为卫国说话不算话，而是因为俸禄太少。"

墨子说："世俗的君子，看待行义之人还不如一个背米的人。现在这里有一个人，背着米在路边休息，想站起来却起不来了。君子见了，不管他是少、长、贵、贱，一定会帮助他站起来。为什么呢？说：这就是道义。现在行义的君子奉行先王的道义来告诫世俗的君子，世俗的君子即使不喜欢、不实行就算了，却又加以非议、诋毁。这就是世俗的君子看待行义之士，还不如一个背米的人了。"

墨子说："商人到四方去，买进和卖出的价钱相差一倍或数倍，即使有重重关卡和艰难以及碰见盗贼那种危险，也一定去做买卖。现在士人坐谈道义，没有重重关卡的艰难，没有遇到盗贼的危险，即使这样还不去做。那么士人计算利益，还不如商人明察。"

【原文】

子墨子北之齐，遇日者①。日者曰："帝以今日杀黑龙于北方，而先生之色黑，不可以北。"子墨子不听，遂北。至淄水，不遂而反焉。日者曰："我谓先生不可以北。"子墨子曰："南之人不得北，北之人不得南，其色有黑者，有白者，何故皆不遂也？且帝以甲乙②杀青龙于东方，以丙丁杀赤龙于南方，以庚辛杀白龙于西方，以壬癸杀黑龙于北方，若用子之言，则是禁天下之行者也。是围③心而虚天下也，子之言不可用也。"

子墨子曰："吾言足用矣，舍言④革思者，是犹舍获而攟⑤粟也。以其言非吾言者，是犹以卵投石也。尽天下之卵，其石犹是也，不可毁也。"

【注释】

①日者：古时候根据天象变化预测吉凶的人。

②甲乙：指甲日和乙日。下同。

③围：当作"圉"，阻止。

④舍言：当作"舍吾言"。

⑤攟（jùn）：古同"捃"，拾取。

【译文】

墨子往北到齐国去，遇到一个占卦先生。占卦先生说："历史上的今天，黄帝在北方杀死了黑龙，你的脸色发黑，不能向北去。"墨子不听，继续向北走。到淄水边，没有渡河就返了回来。占卦先生说："我对你说过不能向北走。"墨子说："淄水以南的人不能渡淄水北去，淄水以北的人也不能渡淄水南行，他们的脸色有黑的、有白的，为什么都不能渡河呢？况且黄帝甲乙日在东方杀死了青龙，丙丁日在南方杀死了赤龙，庚辛日在西方杀死了白龙，壬癸日在北方杀死了黑龙，假如按照你说的话，这是禁止天下所有的人来往了。这是困蔽人心，使天下如同虚空无人迹一样，所以你的话不能听。"

墨子说："我的学说足够用了！舍弃我的学说主张而思虑别的，这就像放弃收割而去捡拾别人遗留的谷穗一样。用别人的言论否定我的言论，这就像用鸡蛋去碰石头一样。用尽天下的鸡蛋，石头还是这个样子，并不能毁坏它。"

【解析】

本篇取首句"贵义"二字作为题目，各段都以语录体形式记载墨子与他人的对话，当出于其弟子之手。

本篇主要说的是"义"的问题。墨子提出，万事没有比义更珍贵的了，人们的一切言论行动，都要从事于义。墨子批评世俗君子，光嘴上道说仁义，实际上却不能实行仁义。

墨子尤其批判了那些满嘴仁义，实则所为却与仁义相悖的人，认为其无异于只知黑白之名，而不辨黑白之实的盲者。可见，墨子认为"足以迁行"之言才是当言者，如果是不足以付诸实践的言论就是"荡口"。

全文分段较细，各段间无必然联系，结构较为分散，但中心明确。作者认为"义"本身是绝对正确的，若不能行义，只能归咎于自己，而不能"排其道"。

第三十三章 公输
——不尚空谈，不辞辛苦，维护正义

【原文】

公输盘①为楚造云梯之械，成，将以攻宋。子墨子闻之，起于齐，行十日十夜而至于郢，见公输盘。公输盘曰："夫子何命焉为？"子墨子曰："北方有侮臣者，愿借子杀之。"

公输盘不说。子墨子曰："请献十金。"公输盘曰："吾义固不杀人。"子墨子起，再拜曰："请说之。吾从北方闻子为梯，将以攻宋。宋何罪之有？荆国有余于地，而不足于民，杀所不足，而争所有余，不可谓智。宋无罪而攻之，不可谓仁。知而不争，不可谓忠。争而不得，不可谓强。义不杀少而杀众，不可谓知类。"公输盘服。子墨子曰："然，乎②不已乎？"公输盘曰："不可，吾既已言之王矣。"子墨子曰："胡不见我于王？"公输盘曰："诺。"

【注释】

①公输盘：春秋鲁国人，又称公输般。
②乎：为"胡"之误，何。

【译文】

公输盘为楚国制造攻城器械云梯，造成后，准备用它攻打宋国。墨子听说了，就从齐国起身，行走了十天十夜才到达楚国国都郢，会见公输盘。

公输盘说:"先生有何见教?"墨子说:"北方有一个欺侮我的人,我想请你帮我杀了他。"公输盘很不高兴。墨子说:"我愿意献给你十镒黄金。"公输盘说:"我奉行道义,绝不杀人。"墨子站起来,再一次对公输盘行了拜礼,说:"那么让我来说一说。我在北方听说你造云梯,准备用它攻打宋国。宋国有什么罪呢?楚国有多余的土地,人口却不足。现在牺牲不足的人口,掠夺有余的土地,不能认为是智慧。宋国没有罪却攻打它,不能说是仁。知道这些,不去争辩,不能称作忠。争辩却没有结果,不能算是强。你奉行道义,不杀一个人,而去杀害众多百姓,不可说是懂得类推事理。"公输盘被说服了。墨子又问他:"那么,为什么不取消进攻宋国的计划呢?"公输盘说:"不行。我已经把这件事对大王说了。"墨子说:"为什么不向大王引见我呢?"公输盘说:"行。"

【原文】

子墨子见王,曰:"今有人于此,舍其文轩①,邻有敝舆②,而欲窃之;舍其锦绣,邻有短褐,而欲窃之;舍其粱肉,邻有糠糟,而欲窃之。此为何若人?"王曰:"必为窃疾矣。"子墨子曰:"荆之地,方五千里，宋之地，方五百里，此犹文轩之与敝舆也；荆有云梦，犀兕麋鹿满之，江汉之鱼鳖鼋鼍为天下富，宋所为无雉兔狐狸者也，此犹梁肉之与糠糟也；荆有长松、文梓、楩、枬、楠、豫章，宋无长木，此犹锦绣之与短褐也。臣以三事之攻宋也，为与此同类。臣见大王之必伤义而不得。"王曰："善哉！虽然，公输盘为我为云梯，必取宋。"

【注释】

① 文轩：彩车。
② 敝舆（yú）：破烂的车子。

【译文】

墨子见了楚王，说："现在这里有一个人，舍弃他的华丽彩车，邻居家有辆破车，却想去偷；舍弃他的锦绣衣裳，邻居有一件粗布的短衣，却打算去偷；舍弃他的美食佳肴，邻居只有糟糠，却打算去偷。这是怎样的一个人呢？"楚王回答说："这人一定患了偷窃病。"墨子说："楚国的地方，方圆五千里；宋国的地方，方圆五百里，这就像彩车与破车相比。楚国有云梦大泽，犀、兕、麋鹿充满其中，长江、汉水中的鱼、鳖、鼋、鼍富甲天下；宋国却连野鸡、兔子、狐狸都没有，这就像美食佳肴与糟糠相比。楚国有巨松、梓树、楠、樟等名贵木材；宋国连棵大树都没有，这就像华丽的丝织品与粗布短衣相比。从这三方面的比较来看，我认为楚国进攻宋国，与有偷窃病的人是同一种类型。我认为大王您如果这样做，一定会损害道义，却不会有什么收获。"楚王说："说得好！可即使这样，公输盘已经给我造了云梯，我还是一定要攻取宋国。"

【原文】

于是见公输盘。子墨子解带为城，以牒①为械，公输盘九②设攻城之机变，子墨子九距③之。公输盘之攻械尽，子墨子之守圉有余。公

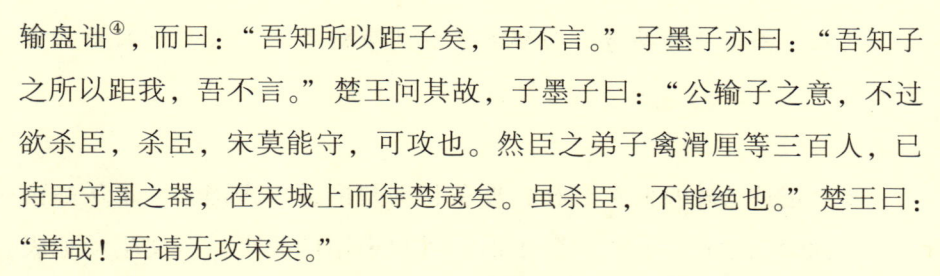

输盘诎④，而曰："吾知所以距子矣，吾不言。"子墨子亦曰："吾知子之所以距我，吾不言。"楚王问其故，子墨子曰："公输子之意，不过欲杀臣，杀臣，宋莫能守，可攻也。然臣之弟子禽滑厘等三百人，已持臣守圉之器，在宋城上而待楚寇矣。虽杀臣，不能绝也。"楚王曰："善哉！吾请无攻宋矣。"

子墨子归，过宋。天雨，庇其闾中，守闾者不内⑤也。故曰："治于神⑥者，众人不知其功；争于明者，众人知之。"

【注释】

①牒：小木片。

②九：虚数，指多次。

③距：通"拒"。

④诎：同"屈"。

⑤内：通"纳"。

⑥神：事变处在酝酿的隐微阶段。

【译文】

于是又叫来公输盘见面。墨子解下腰带，围作一座城的样子，用小木片作为守备的器械。公输盘多次陈设攻城用的机巧多变的器械，墨子也多次击退了他的进攻。公输盘攻战用的器械用尽了，墨子的守御战术仍是绰绰有余。公输盘认输了，却说："我知道用什么办法对付你了，但我不说。"楚王问原因。墨子回答说："公输盘的意思，不过是杀了我；杀了我，宋国没有人能防守了，就可以进攻了。但是，我的弟子禽滑厘等三百人，已经手持我守御用的器械，在宋国的都城上等待楚国入侵呢。即使杀了我，守御的人却是杀不尽的。"楚王说："好吧！那我不攻打宋国了。"

墨子从楚国归来，经过宋国，突然下起雨来，他便到闾门去避雨，守闾门的人却不让他进去。所以说："那些把灾祸消灭在萌芽阶段的人，众人不知道他的功劳；而那些于明处争辩不休的人，众人却都知道他。"

【解析】

本篇记述公输盘制造云梯，准备帮助楚国进攻宋国，墨子从齐国起身，到楚国制止公输盘、楚王准备进攻宋国的故事。全文生动地表现了墨子"兼爱""非攻"的主张，从故事中我们也可以看到墨子不辞辛苦维护正义的品格和机智、果敢的才能。

本篇是《墨子》中艺术性和情节性都很强的作品，充分表现了这位墨家领袖不崇尚空谈、为了维护正义而不辞奔劳的可贵精神和勇敢机智的品性。鲁迅先生《故事新编》中的《非攻》篇，即是以此为本而进行再创作的。

第三十四章 备高临
——城池防守战术之一,破解居高临下攻城法

【原文】

禽子再拜再拜曰:"敢问适①人积土为高,以临吾城,薪土俱上,以为羊黔②,蒙橹③俱前,遂属之城,兵弩俱上,为之奈何?"

子墨子曰:"子问羊黔之守邪?羊黔者,将之拙者也,足以劳卒,不足以害城。守为台城,以临羊黔,左右出巨,各二十尺,行城三十尺,强弩④之,技机藉之,奇器□□(原缺)之,然则羊黔之攻败矣。"

【注释】

①适:通"敌"。

②羊黔:古代一种攻城战具。

③橹:大盾牌。

④"强弩"后应加"射"字。

【译文】

禽滑厘一再谦拜后说:"请问:如果敌人用土堆积筑成高台,对我城造成居高临下之势,木头土石一齐上,构筑成名叫羊黔的土山,兵士以大盾牌作掩护从高台土山上一齐攻来,迅速接近我方的城头,兵器、弩箭齐发,那该怎么对付呢?"

墨子回答说："你问的是对付羊黔进攻的防守办法吗？羊黔这种攻城方法，是带兵打仗者的蠢办法，只会将自己的士兵弄得疲劳不堪，却不足以给守城一方造成危胁。守城的一方只要将城头继续加高为"台城"，依然对羊黔保持居高临下之势。台城左右用大木编连起来，两旁各横出二十尺。这种临时做的台城又叫行城，高度为三十尺。在上面用强劲的弓箭射击敌人，凭借各种技巧机关和精妙的武器对付敌人。这样一来，用羊黔进攻之法就失败了。"

【原文】

备临以连弩之车，材大方一方一尺①，长称城之薄厚。两轴三轮，轮居筐中，重下上筐。左右旁二植，左右有衡植②，衡植左右皆圜内③，内径四寸。左右缚弩皆于植，以弦钩弦，至于大弦。弩臂前后与筐齐，筐高八尺，弩轴去下筐三尺五寸。连弩机郭同④铜，一石三十钧。引弦鹿长奴⑤。筐大三围半，左右有钩距，方三寸，轮厚尺二寸，钩距臂博尺四寸，厚七寸，长六尺。横臂齐筐外，蚤⑥尺五寸，有距，博六寸，厚三寸，长如筐有仪，有讪胜⑦，可上下，为武⑧重一石，以材大围五寸。矢长十尺，以绳□□（原缺）矢端，如如戈射⑨，以磨鹿⑩卷收。矢高弩臂三尺，用弩无数，出⑪人六十枚，用小矢无留。十人主此车，遂具⑫寇，为高楼以射道⑬，城上以荅罗矢。

【注释】

① "尺"字前疑重"方一"二字。
② 衡植：大横梁。
③ 内：同"枘（ruì）"，榫头。
④ 同：应作"用"。
⑤ 长奴：应作"卢收"。
⑥ 蚤：通"爪"。

⑦诎胜：通"屈伸"。

⑧武：弩床。

⑨如如：衍一字。戈：应作"弋"。

⑩磨鹿：应作"磨鹿"，连弩车上的辘轳。

⑪出：应作"矢"。

⑫具：当作"见"。

⑬道：应作"适"，通"敌"。

【译文】

对付敌人筑高台居高临下的进攻，还可以使用一种连弩车。造这种车的木材，要大小一尺见方，长度相当于城墙的厚度。两根车轴，三个轮子，轮子装在车箱当中；车箱共有上下两个，左右各做两根立柱；还有两根横梁，横梁的左右两头都是圆榫头，榫头直径四寸。把弩箭都捆在左右两边的柱子上，弓弦互相勾连，连到一根总的大弦上。弩臂前后与车箱齐平，车箱高八尺，弩轴距下面的车箱三尺五寸。连弩的机括用铜铸成，重一百五十斤，用辘轳收引弓弦。车箱周长为三围半，左右两边装有三寸见方的"钩距"，车轮厚一尺二寸，钩距臂宽一尺四寸，厚七寸，长六尺。横臂与车箱外缘齐平，臂端一尺五寸的地方装有叫作"距"的横柄，柄宽六寸，厚三寸，长度与车箱相同。还装有一种瞄准仪，可以上下伸缩调整。再用大小一尺五寸的木料做一个弩床，床重一百二十斤。箭长十尺，用绳子拴住箭尾，就像用细丝绳系住射鸟用的箭一样，以便用辘轳将箭收回。箭高出弩臂三尺，用箭没有固定数量，但至少要保证每人有六十枚大箭，小箭就不必收回了。像这样的连弩车，由十人掌管使用一辆。见到敌人，便筑高楼射击敌人，还得在城上用多重皮革制作的掩体来遮挡和收取敌方射来的箭。

【解析】

《备高临》是墨子研究城池防守战术的篇章之一。主要阐述如何对付敌人采用居高临下攻城方法的战术。

作者分析当敌军积土成山、居高临下而发起进攻时，防守方应采取怎样的应对策略。进攻者"蒙橹俱前""兵弩俱上"，看似来势汹汹，然而只要依照墨子所说，建高城、备强弩，将精巧的防御机关和武器协作使用，便可挫败敌人的攻势。

文中对"连弩车"的说明，极其真实细致，堪称先秦文章中难得的说明文佳品。

第三十五章　备梯
——城池防守战术之一，破解云梯攻城法

【原文】

禽滑厘子事子墨子三年，手足胼胝①，面目黧黑，役身给使，不敢问欲。子墨子其②哀之，乃管酒块脯，寄于大山③，昧葇④坐之，以樵⑤禽子。禽子再拜而叹。子墨子曰："亦何欲乎?"禽子再拜再拜曰："敢问守道?"子墨子曰："姑亡⑥，姑亡。古有其术者，内不亲民，外不约治，以少间众，以弱轻强，身死国亡，为天下笑。子其慎之，恐为身薑⑦。"

【注释】

①胼胝（pián zhī）：手脚磨起老茧，指辛勤劳动。

②其：应作"甚"。

③大山：即泰山。

④葇：茅草。

⑤樵：通"醮"，意思是犒劳。

⑥亡：通"无"。

⑦薑：通"僵"，死亡。

【译文】

禽滑厘侍奉墨子三年，手脚都起了老茧，脸晒得黑黑的，干仆役

的活任凭墨子使唤，却不敢问自己想要问的事。墨子先生很怜惜他，于是备了酒和干肉，来到泰山，垫些茅草坐在上面，用酒菜酬劳禽滑厘。禽子行了再拜礼之后，叹了口气。墨子问他："你有什么要问的吗？"禽滑厘又行了两次再拜礼，说道："我想问守城的方法。"墨子回答说："先不要问，先不要问。古代也曾有懂得守城方法的人，但对内不亲抚百姓，对外不维护和平，自己兵力少却疏远兵力多的国家，自己力量弱却轻视强大的国家，结果身死国亡，被天下人所耻笑。你对此可要慎重对待，弄不好会有杀身之祸啊！"

【原文】

禽子再拜顿首，愿遂问守道。曰："敢问客众而勇，烟资吾池①，军卒并进，云梯既施，攻备已具，武士又多，争上吾城，为之奈何？"

子墨子曰：问云梯之守邪？云梯者重器也，其动移甚难。守为行城，杂楼相见②，以环其中。以适广陕③为度，环中藉幕，毋广其处。

行城之法，高城二十尺，上加堞，广十尺，左右出巨各二十尺，高、广如行城之法。

【注释】

①烟资：应作"堙茨"，用草填埋。

②相见：相间。

③陕：通"狭"。

【译文】

禽滑厘行再拜礼后又伏地叩头行稽首礼，希望能弄清守城之道，说："我还是冒昧地问问，如果攻城一方兵士众多又勇猛，堵塞了我方护城河，军士一齐进攻，架起攻城云梯，备齐进攻武器，勇敢的士兵蜂拥而至，争先恐后爬上我方城墙，该如何对付呢？"

墨子回答说：你问的是对付云梯的防卫办法吗？云梯是笨重的攻城器械，移动十分困难。守城一方可以在城墙上筑起行城，多座楼之间相隔一定距离，将己方士兵围在中间。根据各行城之间的宽窄，拉上防护用的遮幕，因此距度不宜过宽。筑行城的方法是：行城高出原城墙二十尺，上面加上锯齿状的城堞，宽十尺，左右两边所编大木横出各二十尺，高度和宽度与行城一致。

【原文】

为爵穴、煇鼠①，施苔其外，机、冲、钱②、城，广与队等，杂其间以镌③剑，持冲十人，执剑五人，皆以有力者。令案目者视适④，以鼓发之，夹而射之，重而射⑤，披⑥机藉之，城上繁下矢、石、沙、炭以雨之，薪火、水汤以济之，审赏行罚，以静为故，从之以急，毋使生虑。若此，则云梯之攻败矣。

守为行堞，堞高六尺而一等，施剑其面，以机发之，冲至则去之。不至则施之。爵穴，三尺而一。蒺藜投必遂⑦而立，以车推引之。裾城外⑧，去城十尺，裾厚十尺。伐裾⑨，小大尽本断之，以十尺为传⑩，离而深埋之，坚筑，毋使可拔。二十步一杀，杀有一鬲，鬲厚十尺。杀有两门，门广五尺。裾门一，施浅埋，弗筑，令易拔。城希裾门而直桀⑪。

【注释】

①爵穴、輝鼠：均指较小的洞穴。

②钱：应作"栈"，指城上架设的栈道。

③镌：当为"斲（zhuó）"，凿破云梯的工具。

④案目者：视力非常好的人。适：通"敌"。

⑤"射"字后疑漏一"之"字。

⑥披：应作"技"。

⑦遂：通"队"，指面向敌军进攻队列。

⑧"裾城外"三字前疑漏一"置"字。裾：通"椐"，以树木编成的藩篱，用以阻挡敌军。

⑨"伐裾"后疑漏"之法"二字。

⑩传：应作"断"。

⑪"城"后漏一"上"字。直：通"置"。桀：通"楬"，作标记用的小木桩。

【译文】

城堞下部凿开名叫"爵穴""輝鼠"的小孔，孔外用皮革遮挡起来，还要备好供投掷的技机、抵挡冲撞的冲撞车、供出外救援用的行栈、临时用的行城等器械，其排列的宽度应与敌人进攻的广度相等。各器械之间安插进持斲和持剑的士兵，其中掌冲车的十人，拿剑的五人，都应挑选力大的精兵担任。用视力最好的兵士观察敌人，用鼓声发出抗击号令，从两边向敌人交叉射击，重点射其关键人员，再借助技机向敌人掷械，从城上雨点般地将箭、砂石、灰土倾泄给城下之敌，再辅之以往下投掷火把、倾倒滚烫的开水。同时要做到赏罚严明，处事镇静，但要当机立断，不致发生其他变故。像这样防守，云梯攻城之法就被打败了。

守城一方在行城上筑起临时用的城堞，高度统一为六尺，在墙外安装箭，用机械发射，敌方的冲撞器来了就撤掉发射机，没来就使用它。矫墙下部开的名叫爵穴的小洞，每三尺一个。蒺藜投一定要针对敌方进攻的范围摆放，用车推下城墙然后再用车拉上来，以便反复使用。在城外十尺远的地方安置断树，这称之为"椐"，厚度为十尺。采伐椐木的方法是，无论大小，一律连根拔起，锯成十尺一段，间隔一段距离浅埋于地下，不要太牢实，以便能轻易拔出来。城上对着椐门的地方放置小木桩作为标记，以便我军识别。

【原文】

县①火，四尺一钩樴②。五步一灶，灶门有炉炭。令适人尽入，辉火烧门，县火次之。出载而立，其广终队。两载之间一火，皆立而待鼓而然火，即具发之。适人除火而复攻，县火复下。适人甚病，故引兵而去，则令我死士左右出穴门击遗师，令贲士③、主将皆听城鼓之音而出，又听城鼓之音而入。因素④出兵施伏，夜半城上四面鼓噪，适人必或⑤，有此必破军杀将。以白衣为服，以号相得，若此，则云梯之攻败矣。

【注释】

①县：通"悬"。

②钩樴：带绳子的挂钩。

③贲士：勇武有力之士。

④素：照例。

⑤或：通"惑"。

【译文】

城上悬挂有火具,叫悬火,每隔四尺设置一个挂火具的绳钩。每隔五步设一口灶,灶门备有炉炭。待敌人全部进入就放火烧门,接着投掷悬火。排列的作战器具,要根据敌人的进攻范围相应摆放。两个作战器械之间设置一个悬火,等到鼓声一响就点燃悬火,投向敌军。敌人如将悬火打灭,就再次投放不绝。如此反复多次,敌人必定疲惫不堪,因此会领兵而去。敌人一旦退出,就命令敢死队从左右出穴门追击溃逃之敌,但勇士和主将务必依照城上的鼓声从城内出去或退入城内。照例再趁着反击时布置埋伏,半夜三更时城上四面击鼓呐喊,敌人必定惊慌失措,如此伏兵乘机必能攻破敌军军营、擒杀敌军首领。不过伏兵要用白衣做军服,凭暗号相互联络。如此一来,用云梯攻城的方法就失败了。

【解析】

本篇是墨子研究城池防守战

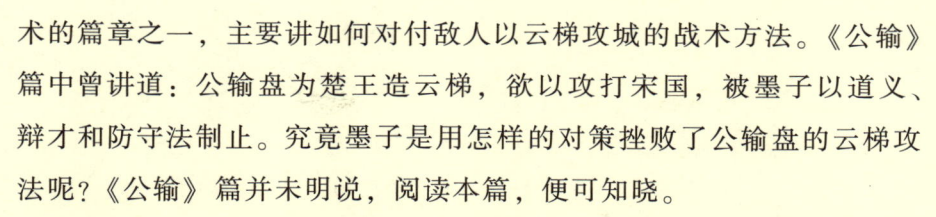

术的篇章之一，主要讲如何对付敌人以云梯攻城的战术方法。《公输》篇中曾讲道：公输盘为楚王造云梯，欲以攻打宋国，被墨子以道义、辩才和防守法制止。究竟墨子是用怎样的对策挫败了公输盘的云梯攻法呢？《公输》篇并未明说，阅读本篇，便可知晓。

另外，由本篇开头对禽滑厘的行貌举止的描绘，从他那"手足胼胝，面目黧黑"的形容中，我们可以领略先秦墨家身体力行、不避勤苦的风范。而墨子言谈中体现出的对战争的谨慎态度，让我们再一次领略了他的"非攻"思想，并且进一步明白了"非攻"并非仅仅针对恃强凌弱的大国，也针对那些不自量力、自取灭亡的小弱之国。

另外，墨子还指出，守城的战术方法固然重要，但更重要的还是外交战略。

第三十六章　备水
——城池防守战术之一，破解以水攻城法

【原文】

城内堑外，周道广八步，备水，谨度四旁高下。城地中徧下①，令耳②其内，及下地，地深穿之，令漏泉。置则瓦井中，视外水深丈以上，凿城内水耳。

【注释】

①地中：应作"中地"。徧：同"偏"。
②耳：应作"巨"，通"渠"。

【译文】

在城内壕堑之外，设有周道宽八步，在这里要防备敌人以水灌城，必须仔细审视四周的地势情况。城中地势低的地方，要下令开挖渠道；至于地势更低的地方，则命令深挖成井，使其能互相贯通，以便引水泄漏。在井中置放测量水位高低的则"瓦"，如发现城外水深已有一丈以上，就开凿城内的水渠。

【原文】

并船以为十临，临三十人，人擅弩，计四有方①，必善以船为轒辒②。二十船为一队，选材士有力者三十人共船，其二十人，人擅有方，剑甲鞮瞀③，十人，人擅苗④。

先养材士，为异舍食其父母妻子以为质。视水可决，以临鲼辒，决外堤，城上为射机，疾佐之。

【注释】

①计四：当为"什四"，十分之四。有方：锄头。
②鲼辒（fén wēn）：古代用于攻城的战车。
③鞮瞀（dī mào）：古代战士的头盔。
④苗：通"矛"。

【译文】

每两只船连在一起为"一临"，将船组成"十临"，每一临备三十人，要求人人都擅长射箭，其中十二人还须带有锄头。必须善于用这种船，作为冲毁敌方堤防的撞车。每二十只船为一队，挑选勇武力大的兵士三十人共乘一只船，其中二十人每人备有一把锄头，穿戴厚实的盔甲皮靴，其余十人，人人擅使长矛。

当然，这些勇武之人要预先供养，另供给房子，安排供养他们的父母、妻子、儿女，作为人质。发现可以决开水堤时，用两只船并联组成的撞车冲决外堤，同时城上赶紧用射箭机向敌人放箭，以掩护决堤的船队。

【解析】

《备水》是墨子研究城池防守战术的篇章之一，主要讲如何防备敌人以水攻城的战术方法。

作者从被动和主动两方面来分析：前者为挖堑防水、掘井泄水；后者则是主动性地驾船出击、冲破敌军堤防。双管齐下，必可挫败进攻者的水攻之计。

第三十七章 备突
——城池防守战术之一,破解从城墙突入攻城法

【原文】

城百步一突门①,突门各为窑灶,窦②入门四五尺,为其门上瓦屋,毋令水潦能入门中。吏主塞突门,用车两轮,以木束之,涂其上,维③置突门内,使度门广狭,令之入门中四五尺。置窑灶,门旁为橐,充灶伏柴艾④,寇即入,下轮而塞之,鼓橐而熏之。

【注释】

①突门:用于防御的门,便于出城突袭。

②窦:当为"灶"。

③维:用绳拴住。

④伏:应作"状"。

【译文】

城墙内每百步设置一个"突门",各个"突门"内都砌有一个瓦窑形的灶。灶砌在门内四五尺处。突门上方建起瓦屋,不让雨水流入门内。任命一名军吏负责堵塞突门,方法是:将木头捆在一辆两轮车上,上面涂上泥巴,用绳索系住将其悬挂在"突门"内,根据门的宽窄,使车轮挂在门中四五尺处。砌一窑灶,门旁再安装上皮风箱,灶中塞满柴禾艾叶。敌人攻进来时,就放下车轮堵塞住通道,点燃灶里

的柴火，鼓动风箱，用烟火熏烤敌人。

【解析】

《备突》是墨子研究城池防守战术的篇章之一，主要讲如何防备敌人从城墙"突门"攻入的战术方法。

依照标题，本篇应当讲解防御"突"即穿挖城墙攻法的措施。但是就现存文字而言，却与防"突"法无关。因此，本篇应有不少脱漏，原貌已不存。

第三十八章　杂守
——打好防御战，立足于不败之地

【原文】

禽子问曰："客众而勇，轻意见威，以骇主人；薪土俱上，以为羊坽①，积土为高，以临民②，蒙櫓俱前，遂属之城，兵弩俱上，为之奈何？"

【注释】

①羊坽：用木头和土堆砌的高台。

②"民"前疑脱一"吾"字。

【译文】

禽滑厘问道："敌人人多势众而勇猛，纵意逞威，来威吓守城者；木头土石一起用上，筑成名叫'羊坽'的高地，堆积土石筑成高台，居高临下威胁我方；敌兵以大盾牌为掩护从高台猛攻下来，迅速接近我方城头，刀箭齐上，这时候该怎么对付呢？"

【原文】

子墨子曰：子问羊坽之守邪？羊坽者，攻之拙者也，足以劳卒，不足以害城。羊坽之政①，远攻则远害，近城②则近害，不至城③。矢石无休，左右趣射，兰为柱石④，□（原缺）望以固。厉吾锐卒，慎无使顾，守者重下，攻者轻去。养勇高奋，民心百倍，多执数少⑤，卒乃不怠。

作士⑥不休，不能禁御，遂属之城，以御云梯之法应之。凡待烟⑦冲、云梯、临之法，必应⑧城以御之，曰不足，则以木樟之。左百步，右百步，繁下矢、石、沙、炭，以雨之，薪火、水汤以济之。选厉锐卒，慎无使顾，审赏行罚，以静为故，从之以急，无使生虑。恚⑨高愤，民心百倍，多执数赏，卒乃不怠。冲、临、梯皆以冲冲之。

【注释】

①政：应作"攻"。

②城：应作"攻"。

③不至城：应为"害不至城"。

④兰：应作"蘭"，即大石。柱石：意为后盾。

⑤少：应作"赏"。

⑥士：应作"土"。

⑦烟：应作"堙"，填塞。

⑧应：应作"广"。

⑨恚（huì）：应作"恙"。恚：意为勇。

【译文】

墨子回答说：你问的是对付"羊坽"进攻的防守办法吗？羊坽这种攻城方法是进攻的蠢法子，只会使进攻一方士兵疲惫不堪，不足以构成对守城一方的危害。敌人用羊坽进攻，远攻就以远攻的办法对付它，近攻就以近攻的方法对抗它，城池不会受到威胁。箭矢和擂石不停地从左右两边交叉发射，小擂石之后又是大摆石，希望能以此固守。激励精兵，谨慎而又不使他们产生顾虑，守城的兵士个个敬重击退敌人的人，攻击敌人的兵士鄙视离开战斗岗位的人。培养兵士高昂的士气，军心百倍加强，多捉拿敌人就多奖赏，这样兵士就不会懈怠。

敌兵不断筑土堆造成高台以便进攻，如果不能有效地阻挡，敌军一下子就接近了我方城头，这时我方就用防御云梯攻城的办法予以对付。对于敌人填塞护城河、冲车攻城、云梯爬城、筑土为山居高临下等进攻方法，需要加固加高城池来防御，如加筑不够高厚或时间来不及，就用打桩的方法加高加固，范围为左边百步，右边百步。将弓箭、石头、沙子、炭灰像雨点一样频繁地掷下攻击敌兵，再用火把、开水助战，再挑选精兵，加以激励，增强锐气，千万注意不要使士兵有所顾虑。赏罚要分明，以镇静为上但又须当机立断，不使发生变故。培养高昂的士气，使民心百倍增强，多抓俘虏多给奖赏，兵士便不致懈怠。冲车、高临、云梯都可以用冲机撞击并摧毁它们。

【原文】

渠长丈五尺，其埋者三尺，矢①长丈二尺。渠广丈六尺，其弟②丈二尺，渠之垂者四尺。树渠无傅叶③五寸，梯渠十丈一梯，渠、荅大数，里二百五十八④，渠、荅百二十九。诸外道可要塞以难寇，其甚害者为筑三亭，亭三隅，织女之，令能相救。诸距阜、山林、沟渎、丘陵、阡陌、郭门若阎术⑤，可要塞及为微职⑥，可以迹知往来者少多即所伏藏之处。

葆民，先举城中官府、民宅、室署，大小调处，葆者或欲从兄弟、知识⑦者许之。外宅粟米、畜产、财物诸可以佐城者，送入城中，事即急，则使积门内。民献粟米、布帛、金钱、牛马、畜产，皆为置平贾，与主券书之。使人各得其所长，天下事当；钧其分职，天下事得；皆其所喜，天下事备；强弱有数，天下事具矣。

【注释】

① 矢：应伯"夫"。
② 弟：应作"梯"。

③叶：应作"堞"。
④"二百五十八"后应脱一"步"字。
⑤阎术：泛指里巷街道。
⑥职：通"帜"。
⑦知识：熟识的人。

【译文】

渠柱长一丈五尺，埋三尺在地下，地上部分长一丈二尺。渠宽一丈六尺，梯长一丈二尺，渠下垂部分四尺。建渠时不要靠在城堞上，要留出五寸的间隙；梯渠每十丈设一梯，渠和荅大约是一里二百五十八步，渠、荅共一百二十九具。城外各种交通路口可以筑起要塞阻挡敌人，在极为要害的地方可筑三个瞭望亭，三亭的位置按织女三星构成三角形，使三个亭之间可以互相救援。在各种大土山、山林、河沟、丘陵田野、城郭门户和里门要道，可以筑要塞设立旗帜标志，以此侦察敌情，根据敌人留下的踪迹推知往来人数多寡和敌兵埋伏之处。

要妥善安置入城民众，先取城中官府、民房、内室、外厅，按大小分派居住，被疏散的人准许兄弟朋友住在一起，外面的粮食、牲畜等所有可以帮助守城的财物，统统都送入城里，如情况紧急，就堆在城门内。对于百姓所缴纳的粮食、布匹、金钱、牛马牲畜，一律要公平核价，给予收据，写清数量价值。

要让人们各尽所能，天下的事情就能办妥；各负其责，职责均衡，天下的事情就能办得合理；分派的工作都是各人所爱，天下的事情就完备了；强弱各有定数，天下的事情就万事俱备了。

【原文】

筑邮亭者圜之，高三丈以上，令侍①杀。为辟梯，梯两臂，长三尺，连门②三尺，报以绳连之。椠③再杂，为县梁。聋④灶，亭一鼓。

寇烽、惊烽、乱烽，传火以次应之，至主国止，其事急者引而上下之。烽火以举，辄五鼓传，又以火属之，言寇所从来者少多，且奔还去来属次⑤，烽勿罢。望见寇，举一烽；入境，举二烽；射妻，举三烽一蓝；郭会，举四烽二蓝；城会，举五烽五蓝；夜以火，如此数。守烽者事急。

候无过五十，寇至叶，随去之，唯弇逮⑥。日暮出之，令皆为微职。距阜、山林皆令可以迹，平明而迹，无⑦，迹各立其表，下城之应⑧。候出置田表，斥坐郭内外，立旗帜，卒半在内，令多少无可知。即有惊，举孔⑨表，见寇，举牧⑩表。城上以麾指之，斥步鼓整旗，旗以备战从麾所指。田者男子以战备从斥，女子亟走入。即见放⑪，到⑫，传到城止。守表者三人，更立捶表而望，守数令骑若吏行旁视，有以知为⑬所为。其曹一鼓。望见寇，鼓，传到城止。

【注释】

①侍：应作"倚"。
②门：应作"版"。

③槩：应作"堑"。

④聋：应作"垄"。

⑤旦：应作"毋"。弇：应作"淹"。还：应作"逮"。

⑥唯弇逮：应作"无厌逮"。

⑦"无"前疑脱"迹者"；"无"后疑脱"下里三人"。

⑧下城：应作"城上"。之应：应作"应之"。

⑨孔：应作"外"。

⑩牧：应作"次"。

⑪放：应作"冠"。

⑫到：应作"鼓"。

⑬为：应作"其"。

【译文】

　　建造供守望敌人用的邮亭要做成圆形的，三丈高以上，顶部呈斜尖形状。设置双柱梯子，宽三尺，每级梯板相距三尺，将梯板和双柱用绳子扎起来。修壕沟要修成内外两圈，架上悬梁。再安置垄灶，每个亭子备一鼓。再准备三种烽火：报告敌人来进攻时的烽火，情况十分紧急时的烽火，混战时的烽火，要依次传火，直至传到国都为止。假如军情紧急异常，还要上下牵引烽火。烽火点燃后，就先用鼓击五次传板，接着以烽火报告敌人的来向和人数的多少，切不可淹滞误事。敌人往复来去，烽火不要熄灭。初见敌兵时，燃一堆烽烟；敌人已入境，烧两堆烽烟；敌人距离外城只一箭之地了，烧三堆烽烟，擂鼓一通；敌人都聚集在外城，烧四堆烽火，擂鼓两通；敌人若聚集到城墙下，则烧五堆烽烟，擂鼓五通。夜晚时就用烽火代替烽烟，数目同上数相同。守候烽火者的工作都很紧急。

　　派出警戒兵时，每次不要超过五十名，若敌人到达外面矮墙，应赶紧离开入城去，不要滞留。天黑派兵出城，务必佩戴徽章标志。一切可以探察敌人踪迹的地方如大土山、山林等地，天亮时都要派人探察。要探察的地段，每里路派出者不能少于三人，他们各自都要树立标志向城上报告，城上看到标记则做出相应的反应。警戒兵出城立田表，城内警戒兵令其坐在郭内外，竖起旗帜，城内的警戒兵一半在郭内，使警戒兵的数目外人无法得知。一旦有紧急情况，就举起野外的标志，敌人进入视线就举近距离的标志。城上用旗号指挥，警戒兵击鼓竖旗、预备战斗，都要按城上的旗帜指挥行动。在城外田野里劳动的男子应跟随警戒兵一起作战，女人便赶紧入城。如果见到敌人就赶紧击鼓，直到传到城上为止。守联络标志的三个人，还要立烽火烽烟标志和观望别的地方的标志。守城的主将要不断地派出骑兵和官吏到处巡视，以了解他们的行动。守标志的警戒兵备有一鼓，望见敌人，依次出鼓报告，直到传到城上为止。

【原文】

斗食，终岁三十六石；参食，终岁二十四石；四食，终岁十八石；五食，终岁十四石四斗；六食，终岁十二石。斗食食五升，参食食参升小半，四食食二升半，五食食二升，六食食一升大半，日再食。救死之时，日二升者二十日，日三升者三十日，日四升者四十日，如是而民免于九十日之约矣。

寇近，亟收诸杂乡金器若铜铁及他可以左[1]守事者。先举县官室居、官府不急者，材之大小长短及凡数，即急先发。寇薄，发屋，伐木，虽有请谒，勿听。入柴，勿积鱼鳞簪[2]，当队，令易取也。材木不能尽入者，燔之，无令寇得用之。积木，各以长短、大小、恶美形相从。城四面外各积其内，诸木大者皆以为关鼻[3]，乃积聚之。

【注释】

①左：应作"佐"。

②积鱼鳞簪：像鱼鳞一样平面散放。

③关鼻：能够穿绳拖拽的环钮。

【译文】

如果每天吃一斗粮，一年则吃三十六担；如果每天吃三分之二斗，一年则吃二十四担四斗；如果每天吃六分之二斗，则一年吃十八担；如果每天吃五分之二斗，则一年吃十四担四斗；如果每天吃六分之二斗，则一年吃十二担；如果每天吃一斗，则每餐吃五升；如果每天吃三分之二斗，则每餐吃三升又一小半升；如果每天吃四分之二斗，则每餐吃二升半；如果每天吃五分之二斗，则每餐吃二升；如果每天吃六分之二斗，则每餐吃一升加大半升；每日吃两餐。粮食十分紧缺的时期，每人每天按二升可吃二十天，每天三升可吃三十天，每天四升可吃四十天。照这样推算和实施，每人只要节约九十天，就有一个老百姓不致饿死。

如敌兵逼近，就加紧收集各乡的金器，铜铁及其他可以用来帮助守城用的物品。先收取登记县中官吏、官府中不急需用的物品，计算木材大小、长短及总数，赶紧先发送进城。敌人一接近，就摧毁房舍，砍伐树木，即使有人求情也不能破例。运进城里的柴草，不要像鱼鳞一样平散堆放，要堆到当路的地方，以便拿取。不能全数运进城的木材就就地烧掉，避免落入敌手。堆放木材，分别按长短、大小、好坏和曲直堆放。城外四面运来的财物仍各按四面堆放在城内，所有大木头都要安装环钮，以便搬运到一起。

【原文】

城守，司马以上父母、昆弟、妻子有质在主所，乃可以坚守。署都司空，大城四人，候二人，县候面一，亭尉、次司空、亭一人。吏侍守所者财①足廉信，父母、昆弟、妻子有在葆宫中者，乃得为侍吏。

诸吏必有质，乃得任事。守大门者二人，夹门而立，令行者趣其外。各四戟，夹门立，而其人坐其下。吏日五阅之，上逋者名。

池外廉②有要有害，必为疑人，令往来行夜者射之，谋③其疏者。墙外水中为竹箭，箭尺广二步，箭下于水五寸，杂长短，前外廉三行，外外乡，内亦内乡。三十步一弩庐，庐广十尺，袤丈二尺。

【注释】

①财：通"才"。

②池外廉：护城河外沿。

③谋：应作"诛"。

【译文】

守卫城池的官吏，职位在司马以上的，父母、兄弟、妻子和儿女有人质留在主帅府，才可以坚守。任命都司空、大城四人，候二人；城四面各有一位县候。任命亭尉、次司空，每亭一人。在守城主将衙署中任职的官吏，要选择有才能足以任事。廉洁而诚实，父母、兄弟、妻子儿女有在葆宫中的人，才能担任侍吏。所有官吏都一定要留有人质，才能让他承担任务。守卫城防大门的两名卫士，夹门站着，促行人快步走开，每个城门有四把戟，夹门放着，卫兵坐在戟下面。头目每天巡检五次，报告逃离卫兵的姓名。

壕池外边岸上的要害之处，如果发现有可疑之人，则命令往来巡夜的士兵向其射箭，对疏忽大意者斩首。城外的水中插上竹箭，插竹箭的地方宽一丈二尺，箭插入水中要比水面低五寸以上，长短错杂，前排外边三行，外边的竹箭尖向外斜，内边的竹箭尖向内斜。每隔三十步修一座箭仓，每间宽十尺，长一丈二尺。

【原文】

队有急，极发其近者往佐，其次袭其处。

守节：出入使，主节必疏书，署其情，令若其事，而须其还报以剑①验之。节出：使所出门者，辄言节出时操者名。

百步一队。

阁通守舍，相错穿室。治复道，为筑墉，墉善其上。

取疏：令民家有三年畜蔬食，以备湛旱、岁不为。常令边县豫种畜芫、芸②、乌喙、袾③叶，外宅沟井可填塞，不可，置此其中。安则示以危，危示以安。

【注释】

①剑：应作"参"。

②芸：应作"芒"。

③袾（zhū）：应作"椒"。

【译文】

哪一个部队有紧急情况，就立即派附近的其他部队前去增援，再拨出次近的部队去接替防务。

守城主将发出的符节凭证：凡是出入的使者，掌管凭证的官吏一定要书写记录在案，记载其详情，等他回报时予以验证。凭证发出，使者凭证出门，无论从某门经过，一律要向上报告凭证出门的时间和拿凭证人的姓名。

每一百步远布置一支分队。

主将衙门的边门与守城主将的房舍相通，旁门互相交错穿插；修建上下复道，筑好墙，在墙上垒放破瓦等物。

要储存蔬菜食物：使百姓家储存的蔬菜粮食供够三年吃，用来防备水旱天灾和没有收成的年景。要经常让边远县预种一些芫华、莽草、乌头、椒叶等毒性植物，外宅的水沟水井可以填掉，不能填掉的就将上述毒性植物投入其中。在和平安定的时期，要向百姓说明战争存在的危险，战乱期间要让百姓安心而不致恐慌。

【原文】

寇至，诸门户令皆凿而类窍之，各为二类，一凿而属绳，绳长四尺，大如指。寇至，先杀牛、羊、鸡、狗、乌①、雁，收其皮革、筋、角、脂、脑、羽。彘皆剥之。吏樿②桐为铁錍，厚简为衡枉③。事急，卒不可远，令掘外宅林。谋④多少，若治城为击，三隅之。重五斤已上，诸林⑤木，渥水中，无过一茷⑥。涂茅屋若积薪者，厚五寸已上。吏各举其步界中财物可以左守备者上。

有逸人，有利人，有恶人，有善人，有长人，有谋士，有勇士，有巧士，有使士，有内人者，外人者，有善人者，有善门⑦人者，守必察其所以然者，应名乃内之。民相恶若议吏，吏所解，皆札书藏之，以须告之至以参验之。睥者⑧小五尺，不可卒者，为署吏，令给事官府若舍。

【注释】

①乌：当作"兔"。

②樿：应作"槾"。

③枉：应作"柱"。

④谋：应作"课"。

⑤林：应作"材"。

⑥一茷：一排。

⑦门：应为"斗"。

⑧睥者：身材矮小的人。

【译文】

敌人打来时，所有的门户都要凿上两种孔洞，其中一种孔是用来穿绳子用的。绳子长四尺，指头大小。敌人打来了，就先杀掉牛、羊、鸡、狗、兔、雁等家畜家禽，并收集这些牲畜的皮革、筋骨、角、油脂、脑、羽毛。猪都要剥下皮。官吏们选取槾木、桐木等制成铁錍，

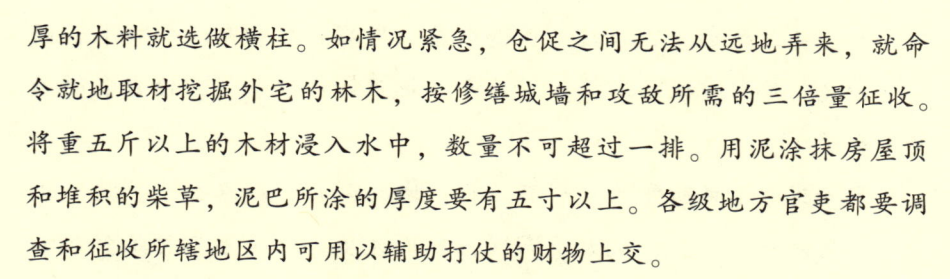

厚的木料就选做横柱。如情况紧急，仓促之间无法从远地弄来，就命令就地取材挖掘外宅的林木，按修缮城墙和攻敌所需的三倍量征收。将重五斤以上的木材浸入水中，数量不可超过一排。用泥涂抹房屋顶和堆积的柴草，泥巴所涂的厚度要有五寸以上。各级地方官吏都要调查和征收所辖地区内可用以辅助打仗的财物上交。

世上有谄佞之人，有贪利之人，有恶人，有善人，有具有专长的人，有谋士，有勇士，有巧士，有使士，有能容人者，有不能容人者，有与人为善的，有好勇斗狠的，守城主将务必要考察他们为何具备那种品性或特长，名副其实的便接纳使用。百姓们彼此仇恨或对官吏提出控告，以及被告的辩护，都要一起记录在案存档，以待控告人到来时用以参考验证。那些身高仅五尺不能当兵的人，就让其在官府中当差或者让他们在官府和个人家里服务尽责。

【原文】

蔺石、厉矢诸材器用皆谨部，各有积分数。为解车以枱，城矢①以轺车，轮轱广十尺，辕长丈，为三辐，广三尺。为板箱，长与辕等，高四尺，善盖上治，令可载矢。

子墨子曰：凡不守者有五：城大人少，一不守也；城小人众，二不守也；人众食寡，三不守也；市去城远，四不守也；畜积在外，富人在虚，五不守也。率②万家而城方三里。

【注释】

①城矢：应作"盛矢"。

②率：大概。

【译文】

所有防守用的军事器材如擂石、利箭等都要小心部署，并且分别记录存放的固定数目。用枱木制造轺车装载弓箭，车辕长一丈，有轮子三个，轮与轮之间宽六尺。拼造车箱，车箱长度和车辕一样长，高度为四尺。要好好地给车箱加上盖子并把里面修治整齐，使它能够多装弓箭。

墨子说：不便防守的情形有五种：城太大而守城人数少，这是第一种不便防守的情形；城太小而城内军民太多，这是第二种不便防守的情形；人多而粮食少，这是第三种不便防守的情形；集市离城太远，这是第四种不便防守的情形；储备屯积的守城物资在城外，富裕的百姓也不在城中，这是第五种不便防守的情形。大概说起来，城中居民一万家、城邑方圆三里是比较理想的防守形势。

【解析】

本篇是墨子研究城池防守战术的篇章之一，主要说明前文所述各种具体防守战术之外的其他方法和注意事项，比较复杂，但也具有综论性质。

由篇名即可看出，本篇主要讲解进行守城战时的若干零碎但不可忽略的细节。这些细节包括如何派遣侦察队、如何根据敌军动向燃举不同数目的烽火、如何安排城内口粮分配乃至如何收集、存放城外乡郊的金属器皿和木材等。可以说事无巨细，一无所遗，延续了墨家防御战思想一贯的谨慎、稳重以求立足于不败之地的主张。

除此之外，本篇还有另外两个闪光点：一是"保民"思想，提出将城内宫室、官署都用来收留战时城外逃难的民众，这是墨家防御战的正义性所在，又是墨家"兼爱"思想在战时特殊环境下的具体体现；二是"使人各得其所长"的用人思路，作者认为这不但是取得防御战胜利的条件，同时关乎"天下事当""天下事得""天下事备"的重要因素，这一观念背后，回响着墨家"尚贤"主张的强音。